Michael Grauer-Brecht

Interview mit Elyah

Antworten des Sternenwesens Elyah auf Fragen, die die Menschheit bewegen

Haftung

Die Informationen dieses Buches sind nach bestem Wissen und Gewissen dargestellt. Sie ersetzen nicht die Betreuung durch einen Arzt, Heilpraktiker oder Psychotherapeuten, wenn Verdacht auf eine ernsthafte Gesundheitsstörung besteht. Weder Autor noch Verlag übernehmen eine Haftung für Schäden irgendwelcher Art, die direkt oder indirekt aus der Anwendung des Inhalts dieses Buches entstehen könnten.

Bitte fordern Sie unser kostenloses Verlagsverzeichnis an:

Smaragd Verlag
In der Steubach 1
57614 Woldert (Ww.)
Tel.: 02684.978808
Fax: 02684.978805
E-Mail: info@smaragd-verlag.de
www.smaragd-verlag.de

Oder besuchen Sie uns im Internet unter obiger Adresse.

Deutsche Erstausgabe Juni 2006
Umschlaggestaltung: preData
Satz: Heuchemer, Smaragd Verlag
Printed in Czech Republic
ISBN 10: 3-938489-27-8
ISBN 13: 978-3-938489-27-7

Michael Grauer-Brecht

Interview mit Elyah

Antworten des Sternenwesens Elyah auf Fragen, die die Menschheit bewegen

Smaragd Verlag

Über den Autor

Michael Grauer-Brecht, Jahrgang 1963, ist seit seiner frühesten Jugend hellsichtig und wurde im Alter von sechzehn Jahren von der Gemeinschaft der Essener zum Trancemedium ausgebildet.

Nach einer sozialpädagogischen Ausbildung, arbeitete er lange in den Bereichen der Jugend- und Erwachsenenbildung. Im Jahr 1994 öffnete sich sein Kanal für die Aufgestiegene Meisterin Lady Nada. Seit dieser Zeit arbeitet er als Medium und spiritueller Lehrer für die Große Weiße Schwestern- und Bruderschaft.

Am 20.06.2000 nahm zum ersten Mal die Sternenwesenheit Elyah aus dem Sternbild Kassiopeia Kontakt zu ihm auf, in dieser Zeit leitete er das Seminarzentrum Les Champs Chamagne in Frankreich. Elyah veränderte durch die herzliche Klarheit ihrer Aussagen sein Verständnis von geistigen Zusammenhängen „Schuld kann nicht mehr die Triebfeder für Veränderung sein, sondern nur das Erleben von kosmischer Liebe".

Dieses aus der Geistigen Welt übermittelte Wissen gibt er in Büchern, zahlreichen Seminaren, Channelausbildungen, Bewusstseinsschulungen und Erdheilungsreisen weiter.

Heute lebt Michael mit Ehemann, Hund und Katze in Stuttgart.

Informationen zur Arbeit von Michael Grauer-Brecht unter www.elyah.net.

„Sternenwesen führen Menschenwesen auf das Parkett zum Kosmischen Menschen“

Elyah

Inhalt

Einführung

Das Sternenwesen Elyah beantwortet Fragen des Erdensternenkindes Mensch

Elyah ist ein kollektives Sternenwesen aus dem Sternbild Kassiopeia. Sie bildete sich aus vielen tausenden von Einzelbewusstseinen, die während des Untergangs der Kassiopeianischen Kultur ihre Heimat verließen und zu diesem Wesen Elyah verschmolzen sind.

Zum ersten Mal nahm sie zu mir im Juni des Jahres 2000 Kontakt auf. Ich war zu dieser Zeit Kanal für Lady Nada, und Channeln war für mich nichts Ungewöhnliches, jedoch mit Elyah sollte nun alles anders werden. Sie bat mich, mit meinem Bewusstsein verschmelzen zu dürfen, und ich ließ es einfach geschehen. Ich sagte Ja zu ihr, und so begann für mich eine neue Epoche des Channelns und des Bewusstwerdens.

Die Konsequenz meines Ja-Sagens war mir zum damaligen Zeitpunkt nicht wirklich klar, und ich erkannte, wie liebevoll die Geistige Welt unsere Evolution Schritt für Schritt führt. Elyah war nun permanent präsent, egal, was ich tat, ob ich im Garten Unkraut zupfte, oder ob ich Geschirr abwusch. Seit dieser Zeit umgibt mich Elyah, und mein Leben nahm eine radikale Wende.

Ich war es bis dahin nicht gewohnt, dass immer und überall ein Geistwesen mit mir meine alltäglichsten Dinge teilte, meine Ernährung umstellte, mein Verhalten veränderte und mit mir neue Strategien des geistigen Lebens entwickelte. Langsam gewöhnte ich mich an ihre Omnipräsenz, was oft zu komischen und humorvollen Situationen in meinem Umfeld führte. Durch sie entdeckte ich, dass ich ein kosmisches Wesen bin, das auf der Erde zu Hause ist und dass es ein wesentlicher Grund meines Hierseins ist, den Planeten Erde von den Auswirkungen der nichtgeheilten Dualität zu befreien.

Immer mehr Menschen kamen und erlebten Elyah, Menschen begannen sich zu verändern, ihren kosmischen Auftrag und ihren Grund des Daseins zu erkennen. Elyah inspirierte Menschen zu Büchern, Meditationen und Seminaren, und sie begleitete viele durch Lebenskrisen und schwierige Zeiten. Dieses tat sie immer sehr liebevoll, manchmal streng, aber immer auf einen lichten Ausgang der Entwicklung bedacht.

Wir sind nicht alleine in der nachtblauen Schwärze des Universums, wir werden durch Lichtmeister und Sternenemanationen durch diese Dritte Dimension geführt. Durch ihre Schwingungen und Durchgaben helfen sie uns, unseren Platz in diesem großen kosmischen Spiel einzunehmen und unseren Teil des Liedes des Lebens zu singen. Elyah lehrt uns im Zusammenhang mit den hier gesammelten Fragen und Antworten, unser Leben als einen Teil eines gigantischen kosmischen Orchesters zu begreifen, das eben dieses Lebenslied mit seinen ewigen Strophen singt und spielt. Es singt von der unendlichen Schönheit der Liebe in Allem-Was-Ist.

Die Idee zu diesem Buch entstand im vergangenen Juni 2005. Während eines Elyah-Meditationskreises in Stuttgart schlug Elyah vor, dass Menschen dieses Kreises ihre Fragen sammeln sollten, die sie beantworten würde. Schon bald brandete eine Flut von Fragen per Post und Internet beim Elyah-Team an. In einer Marathonsitzung mit Elyah begann sie, alle Fragen ausführlich zu beantworten, wir nahmen alles per MP3-Player auf, und das große Schreiben begann. Es wurde viel geschrieben, diskutiert und überlegt, aber wir hatten auch sehr viel Freude, und oftmals erschallte herzliches Gelächter. Voller Zuversicht und Liebe entstand dann in „Windeseile" dieses Buch; Elyah unterstützte die Arbeit immer wieder durch Erläuterungen und Vertiefungen des Wissens.

Elyah bietet mit diesem Buch nicht nur Antworten auf die vielen Fragen, die die Menschen bewegen (erste Ebene des Buches), sondern sie bietet auch eine Plattform, von der aus wir uns verändern können. Denn sie sagt: „Es ist not-wendig, es wendet die Not eures Bewusstseins, dass ihr euren Standpunkt im Umgang mit dem Planeten Erde verändert."

Und so verbinden sich die Schwingungen (zweite Ebene), die diese Antworten enthalten, direkt mit den Energien des/der Lesers/in, sodass neue Sichtweisen entstehen können.

Das Zeitalter des „Sich-schuldig-fühlens“ ist vorbei. Wir stehen am Beginn einer neuen Zeit des „Verantwortlichseins“. Wenn wir dieses Buch lesen, können wir uns verändern – wir können unseren Bewusstseins-Standpunkt ändern, – nicht, weil wir uns schuldig fühlen, sondern weil wir Verantwortung übernehmen.

Es ist wichtig, das Buch umzusetzen, nicht nur es zu lesen. Wir bekommen hier Möglichkeiten an die Hand, unsere Sicht zu verändern und das Sternenwesen zu erkennen, das wir sind. Es ist wie ein Eintauchen in die Erkenntnis.

Ich fühle mich in Dankbarkeit jedem Leser verbunden, der dieses Buch mit einem offenen Herzen liest und sich berühren lässt von den Antworten. Mögen wir Verantwortung übernehmen im Umgang mit dem Planeten Erde, denn Gaia und wir sind eins. Einheit ist!

Michael Grauer-Brecht

Prolog

Seid in der Erwartung, seid in der freudvollen Erwartung zu dem, was geschieht in den nächsten Tagen. Antworten werden euch gegeben, aber auch Antworten, die neue Fragen aufwerfen werden. Antworten, die nicht jeder versteht. Alles strebt aus dem Dunkel dem Licht zu. Das ist die Phase der Heilung, denn einst seid ihr ausgegangen aus dem Licht in das Dunkel hinein. Und jetzt kehrt ihr um. Aus dem Dunkel in das Licht hinein.

Und so steht Asinue am westlichen Ufer des Nils und schaut hinüber, dort, wo die großen Felsen sind. Die Gebirge des Ostens. Und Ich stehe hinter ihr, ja, das war vor langer Zeit. Und sie schaut hinüber, und sie atmet die milde Luft, die vom Nil herüber weht. Denn es war ein heißer Tag in diesen Sommertagen des Jahres 2213 vor Christus. Und sie schaut herüber, und die kühle Brise bläst sich in den kühlen Vorhängen ihres Schlafgemachs. Und sie sieht die Feuer der Grabwächter auf der anderen Seite. Und sie schaut in den Sternenhimmel hinein. Es ist Neumond, kein Mond erhellt die Nacht. Und sie hat Fragen auf ihrem Herzen. Fragen, so wie auch ihr in dieser Zeit Fragen auf euren Herzen habt. Doch in der Ferne erstrahlt ein buntes Leuchten am nächtlichen Himmel. Wird das Licht jemals über den Schatten siegen? Wird Erleuchtung jemals möglich sein? Wird die Menschheit jemals glücklich sein? Dies war die Frage in dieser Zeit des alten Ägyptens, wie in dieser Zeit, in der ihr jetzt lebt. Das Alte ist vergangen. Der

Palast der Asinue existiert schon lange nicht mehr. Asinues Leib ist zu Staub zerfallen. Doch ihre Seele lebt und jubelt. Denn sie hat das Leuchten gesehen.

Ausgehend vom Plateau von Gizeh strahlt es nun hinein in das Morphogenetische Feld. Ein Feld der tausend Farben. Ein Feld, das nun seit tausenden von Jahren keine Antwort gegeben hat. Nein, keine Antwort geben konnte. Und jetzt ist Antwort möglich. Antwort in allen Ebenen. Und bitte, erkennt und begreift, dass die Tore der Antwort geöffnet sind. Ihr wollt mit mir sprechen. Ihr möchtet, dass ich Antworten gebe, und ich werde dieses tun. Antworten auf Fragen, die euch bewegen. So wie damals Asinue dort stand und fragend in die Nacht hinausblickte, so blickt heute eine ganze Menschheit hinaus und fragt.

Es gibt viele Angebote, und alle Angebote führen zum Licht. Der Mensch, ist er nicht wie ein Samenkorn in die Dunkelheit gesteckt worden? War das grausam? Nein, das Samenkorn braucht die dunkle feuchte Erde, um sich zu entwickeln. Die Menschheit hat ihre Wurzeln tief in Gaia geschlagen. Und nun strebt der Keim der Kosmischen Menschheit dem Licht empor.

Es ist nicht wichtig, aus welcher Schule du kommst. Es ist nicht wichtig, welche Philosophie dein Hintergrund ist. Es ist wichtig, dass du ein Kind des Lichtes bist. Ein Kind der Neuen Zeit. Aber nicht wirklich ein Kind, sondern ein Heranwachsender in eine Neue Zeit, in eine Zeit des Lichtes. Und als Heranwachsender hast du viele Fragen. Damals fragte auch Asinue. Sie erhielt keine Antwort. Sie wandte sich an ihre Götter, an ihre Priesterinnen und

Priester. Sie wandte sich an die alten Kulte jener Zeit. Über allem weht der Staub der Geschichte. Und die Antworten aus den Himmeln blieben aus. Denn die Trennung war vollzogen. Die Trennung des Morphogenetischen Feldes zur Erde. Die Antwort des Universums blieb aus. Sie konnte nicht mehr umgesetzt, nicht mehr gehört werden auf diesem Planeten.

Jetzt kommt die Zeit in den sechs heiligen Jahren, von 2006 bis hin zum Jahre 2012, in der Antworten gegeben werden. Antworten auf eure Fragen. Erkennt und begreift, dass diese Antworten dazu dienen sollen, euer Bewusstsein für euch selbst, für die Drei-Einheit eures Bewusstseins neu zu entdecken. Diese Antworten sind nicht dazu gegeben, nur um den Wissensdurst zu stillen, den eine suchende Seele, ein suchendes Bewusstsein in sich trägt.

Nein, diese Antworten sollen eine Einheit erschaffen in euch, dass ihr euch entdeckt als liebendes Bewusstsein, dass ihr euch entdeckt als Licht der Schöpfung, dass ihr euch versteht als eine Gemeinschaft von Menschen, die dem Licht entgegenstrebt. So wie der Keim sich von der Dunkelheit zum Licht emporarbeitet.

Ein Licht, das universell ist. Ein Licht, das im Zentrum des Universums ruft nach einem jeden Menschen. Manche nennen dieses Licht Gott. Manche nennen dies die Quelle Allen Seins. Der Ort des Lichts hat keinen Namen. Er ist in sich ruhende Liebe. Ein Ort der Evolution, aus dem ihr, aus dem ich geboren bin.

Lichtvoller Glanz! Und dieses Licht soll sich widerspiegeln in den Antworten, die ich euch geben werde. Der

Durchbruch ist geschafft im Morphogenetischen Feld. Nun ist eine Pforte geöffnet für eine gesamte Menschheit. Antworten, die wichtig sind, um die Einheit in euch zu finden. All das Uneinige in euch, all das Leidvolle, das ihr erlebt habt.

Und all das Trennende, das ihr kreiert habt, geschah deshalb, weil ihr euch getrennt fühltet. Getrennt fühltet von diesem göttlichen Ursprung. Getrennt wart von dem Licht, das euch gebar, und somit kamen in euch die Angst und die Frage nach dem Sinn. Der tiefste Sinn und die erste Antwort ist: Liebe ist über Allem. Ein jedes, das ihr findet, ist Ausdruck einer großen Liebe.

Auch wenn ihr dieses nicht versteht. Erkennt, begreift, dass ihr Wesenheiten der Liebe seid, und diese Liebe möchte sich ausdrücken durch euer Sein, hier auf diesem Planeten. Viele, viele Fragen. Erkennt und begreift, dass ihr nun in einer Phase der Welt seid, in der ihr erwachsen werdet.

Heranwachsende der Neuen Zeit. Junge Erwachsene seid ihr, die sich entdeckt haben auf ihrem Weg der spirituellen Entwicklung. Und jetzt geht ihr weiter hinein in ein seiendes Lichtes. Ihr erwacht ins Licht hinein. Ihr öffnet eure Augen und beginnt zu sehen. Und in diesem Sehen erwacht in euch eine nicht-wertende Liebe. Und diese Liebe ist die Kraft der Kreation. Eine Kreation, die euch erfüllt und das Angesicht dieses Planeten mehr und mehr verändern wird. Heilung der Dualität ist möglich. Alle Lichtwesen der Meisterebenen, alle Engel, alle Devas, alle Wesenheiten des Hauses Rhubinius und alle Sternenwesen arbei-

ten mit euch an der Lichtwerdung dieses Planeten. An der Lichtwerdung eures Selbst und an dem Erkennen, dass ihr göttlich seid. Nun seid im Licht und seid im Erkennen und im Begreifen eurer Natur!

Dies ist Elyah.

Kapitel I: Spirituelle Entwicklung

Spirituelle Entwicklung der Menschheit

Elyah, wir Menschen sind Körper – Materie. Geist – Stimmungen – Emotionen prägen mit unser Sein. Ist dieses ebenso zu finden in einer jeden Materie – Ebene in den Sternen?

Eine sehr interessante Frage. Diese Struktur findest du überall im Universum der Dualität, wobei der Emotion hier eine besondere Bedeutung zukommt. Die Emotion, so wie ihr sie kennt, gibt es nur hier auf dem Planeten Gaia. Ein Emotionalfeld in anderen Bereichen wäre auch eher hinderlich. Stell dir einmal vor, du müsstest auf einem Planeten leben, der von seiner Grundstruktur 260 Grad heiß ist. Du hättest Schmerzen. Du würdest verbrennen. Es gibt Wesen, die solche Planeten bewohnen, und sie haben kein emotionales Feld. Wenn du jetzt aber die Gefühlsebene meinst, eine Gefühlsebene trenne ich eindeutig von der Emotion. Eine Emotion ist eine biochemische Reaktion innerhalb des Körpers. Ein Gefühl ist die Auswirkung der Seele in die Materie hinein. Wenn du dich an einer Nadel stichst, hast du eine Emotion. Ein Gefühl hättest du, wenn du dir vorstellst, dass dich eine Nadel sticht. Verstehst du den Unterschied?

Hhmm... danke für deine Frage!

Wenn das Gleichgewicht der Energien, sowohl der negativen als auch positiven, im Universum der Dualität immer ausgewogen ist, dann müssten sich bei Erhöhung der positiven Energien auch die negativen Energien entsprechend erhöhen. Ist das richtig?

Das ist richtig. Diese Frage kann ich nur so beantworten. Das siehst du zum Beispiel daran, wenn Dinge im Universum geschehen, die ihr in eurer Bewertung als positiv bewerten würdet, dann würden auf der anderen Seite negative Dinge geschehen, wie zum Beispiel die Kollision eines Meteoriten mit einem Planeten oder einem Mond, die Zerstörung bringt. Das ist in der nicht–geheilten Dualität noch so. Bitte erlaube mir hier eine Bewertung. Es geht bei der Lichtwerdung darum, dass diese nicht–lichten, diese negativen Kräfte erkennen, dass auch sie einen lichten Kern in sich tragen. Und die Heilung besteht darin, dass solche Auswirkungen zwischen Nicht–Licht und Licht nicht mehr möglich sein werden – in der geheilten Dualität. Ihr entwickelt euch mehr und mehr dahin, dass es nicht mehr diese Unbalance des Aufrechnens und Abrechnens geben wird. Die Energie von Feindschaft wird nicht mehr sein und sich ausheilen. Es wird sich dahingehend verändern, dass Frieden in allen menschlichen Bereichen erfahrbar ist.

Elyah, wie ist es dann im Menschen, er strebt ja danach, lichtvoller zu werden. Heißt das, dass sich gleichzeitig in seinem Äußeren irgendwie das Gleichgewicht halten muss und sich da auch die negativen Energien verstärken?

Oh bitte, diese Geschichte ist so alt wie eure bewusste Entwicklung. Und bitte denkt daran, wenn ihr in spirituellen Schulungen seid, dass es immer wieder eine Anfechtung gibt und immer wieder eine Versuchung. Wenn ihr euch auf den lichtvollen Weg begebt, dann erscheinen euch plötzlich Dinge sehr, sehr verlockend, die im Bereich des Nicht–Lichtes liegen. Schon Buddha hat darüber gesprochen, als er fastete und meditierte, dass er vor seinem geistigen Auge voll gedeckte Tische sah und am liebsten gegessen hätte. Also, dieses ist so alt wie die spirituelle Entwicklung der Menschen. Und auch in der jetzigen Zeit, in der ihr lebt, ist es noch so. Denn wenn ihr euch spirituell entwickelt, entwickelt sich in eurem Außen immer wieder ein nicht–lichtes Potenzial, das euch prüft, inwieweit ihr euch wirklich entwickelt habt. Und dann geschieht etwas in eurem Umfeld, und ihr könnt wirklich sehen, wie weit ihr euch spirituell entwickelt habt. Fallt ihr dann in alte Verhaltensmuster zurück, oder geht ihr in den Zorn? Oder geht ihr auch in die Bewertung?

Aber die Bewertung ist eine ganz eigene Geschichte. Und diese Bewertung ist eigentlich der Grund allen Übels. Sei gesegnet.

Geht es bei diesem Prinzip um den Punkt der Akzeptanz? Müssen wir erkennen, dass lichtvolles Tun im Außen auch eine nicht-lichte Reaktion hervorruft?

Das ist richtig. Jedoch sollte euch das nicht abschrecken, lichtvoll zu arbeiten. Bitte erkennt, dass in der licht-

vollen Arbeit das Erkennen des Nicht–Lichtes liegt. Das heißt, das Nicht–Licht wird mehr und mehr erkennen, woher es kommt. Und wird sein nicht–lichtvolles Tun beenden. Das ist Heilung.

Ist die momentane Bewusstseinsentwicklung nur ein Teil des ewigen Spiels von Auf und Ab (wie es in einigen Glaubens- bzw. spirituellen Ausrichtungen genannt wird)? Das heißt, wenn wir jetzt aufsteigen, werden wir auch irgendwann wieder heruntergehen?

Nein, das ist nicht richtig. Denn ihr seid nun in den sechs heiligen Jahren bis 2012, in denen die Menschheit sich auf diesen Quantensprung des Bewusstseins vorbereitet. Und dieser Quantensprung erfolgt in 2012. Ich nenne dies das Erwachen des Kosmischen Menschen.

Das ist initialisiert und nicht mehr aufzuhalten? Kann nicht mehr verhindert werden?

Nein. Es ist im Plan des Kosmischen Rates. Denn es geht nun darum, dass diese Erde zu dem Heilungsort wird, auch dreidimensional, der sie ist. Und dann senkt sich die Fünfte Dimension auch auf diese Erde, und ihr habt diesen Zustand des Entdeckens des Paradieses erreicht.

In diesem Zusammenhang stellt sich die Frage, ob diese Heilungsentwicklung auf der Erde auch auf Kosten (bewertend gesagt) eines anderen Planetensystems geht?

Auch im Hinblick auf diesen Ausgleich – negativ/positiv?

Nein. Denn die Erde hat hier im Universum der Dualität eine ganz besondere Schlüsselposition. Sie ist der neue goldene Madokh. Hier wird eine Form entwickelt, in der die Schwingung der gesamten Heilung für das gesamte Universum erzeugt wird. Und diese Schwingung geht in das gesamte Universum der Dualität. Das heißt, ihr lebt quasi auf dem Kraftwerk der Heilung und wisst dies nicht.

Ein Frage zum Faktor Zeit. Das Jahr 2012 ist als Jahr des Kosmischen Menschen benannt. Ist damit die Zeit ab Oktober 2012 nach deiner Zeitrechnung gemeint? Oder das ganze Jahr 2012? (Anmerkung: Für Elyah beginnt das neue Jahr im Oktober des jeweiligen Jahres.)

Es ist sehr schwierig, diese Frage linear zu beantworten. Aber wenn du eine lineare Antwort haben möchtest, ab dem zehnten Monat des Jahres 2012.

Wird die ganze Menschheit dann ein anderes Erkennen haben? Nicht nur, dass Einzelne es vorleben, und andere es gut finden. Oder ist für jeden eine Bewusstseinsstufe abrufbar? So wie jeder irgendwann erkannte, dass Steine Kraft haben. Das war ja auf unserem Planeten auch ein Wissen, das vorher nur Einzelne hatten, und jetzt ist es fast selbstverständlich für viele Menschen.

Genau. Deshalb war ja die Heilungsarbeit in Ägypten (siehe Kapitel III: Lösung der zwölf Siegel in Ägypten) *so enorm wichtig. Denn damit können die Bewusstseinsstufen im gesamten Morphogenetischen Feld von jedem Menschen, egal welchen spirituellen Hintergrund er hat, abgerufen werden. Der Mensch kann sich mit diesem Wissen verbinden. Denn auch im Islam ist Frieden das oberste Gebot. So wie im Christentum, im Judentum, im Buddhismus, im Hinduismus. Die Menschheit ist der Kriege müde.*

Wenn jetzt in der nicht–geheilten Dualität jemand um Frieden bittet, ist es im Moment noch eine leere Worthülse.

Wenn jemand ab 2012 darum bittet, dann fühlt er, wie Frieden ist und Frieden sein wird?

Ja. Dann können wir wirklich von einer Friedensbewegung sprechen. Denn diese Welle wird sich über den gesamten Planeten ausgießen. Und dann wird es Politiker geben, die diesen Frieden nicht wollen. Menschen werden Visionen entwickeln, Bilder haben. Bilder von Frieden, der möglich ist in der Dritten Dimension. Die Menschen werden nicht in das Machtpokern der nicht–geheilten Dualität einsteigen. Und ihr friedvolles Charisma wird einen neuen Weg der Menschheit aufzeichnen. Und dann wird die Vision „Stell dir vor, es ist Krieg und keiner geht hin“ Wirklichkeit.

Kann man eigentlich heute schon sagen, in welchen Ländern diese Stimmen noch rigide und machtbezogen sein werden, oder wo jetzt bereits das Potenzial zur Bewusstwerdung und Entwicklung des Kosmischen Menschen stärker vorhanden ist?

Die Welle wird ausgehen von Afrika. Vom schwarzen Kontinent wird diese Welle ausgehen. Denn diese Menschen wurden ausgebeutet über viele hunderte von Jahren. Und diese Menschen sind bereit, alles zu nehmen, weil man ihnen alles genommen hat. Und diese Idee wird vom schwarzen Kontinent ausgehen und sich wie eine Welle des Lichtes um den gesamten Globus ausbreiten.

Und diese Welle entsteht 2012?

Das ist richtig.

Und werden diese Aggressionen, die man momentan so verstärkt innerhalb der Menschen erlebt, durch die Schwingungserhöhung verursacht?

Richtig. Es ist eine Zeitenwende. Es ist nicht nur eine Wende der Energie. Nicht nur eine Wende der Schwingung im Morphogenetischen Feld. Es ist wirklich eine Zeitenwende. Die Menschheit wird bewusster in ihrem Tun. Sie wird bewusster und durchschaut und erkennt Illusionshüllen der Politik. Auch die verschiedenster Religionen, wo nur noch Hülle besteht und nicht mehr Realität.

Und die Menschheit erkennt es immer, immer mehr. Aber die Menschheit sucht auch. Das seht ihr in den Großveranstaltungen. Aber jetzt durch die Zeitenwende wird die Menschheit mehr und mehr in ein Finden hineingeführt werden.

Stell dir vor, du sitzt in einer Glaskugel. Und diese Glaskugel befindet sich am Meeresboden. Du hast alles in dieser Glaskugel, wie Wasser und Essen. Dir geht es gut in deiner Glaskugel. Und dann passiert Folgendes: Sie bekommt Risse und Löcher, und das Wasser schießt mit hohem Druck in deine Glaskugel hinein. Die erste Reaktion ist Angst, denn du denkst, du wirst ertrinken. Plötzlich stellst du fest, dass dir das Wasser bis zum Halse steht. Dir bleibt nichts anderes übrig, als dieses Wasser zu atmen. Du ertrinkst aber nicht. Das ist die Fünfte Dimension.

Jetzt leben wir in der Dualität und Polarität, die beide das Wort Trennung in sich beinhalten. Wenn wir nun in der Fünften Dimension sind, leben wir in der Einheit. Geschieht dies im Universum der Dualität?

Ja, richtig. In der geheilten Dualität.

Das ist also des Rätsels Lösung?

Richtig. Eine Dualität, die nicht polarisiert. Eine Dualität, die gleichwertig Licht und Schatten neben sich stehen lässt. Eine geheilte Dualität, in der sich nicht das Licht besser wähnt als das Nicht–Licht. Eine Dualität, die nicht bewertet. In der Frieden und Liebe sein können. In der dunklen wie auch in der lichten Seite. Es geht nicht mehr um Vorherrschaft des Lichtes oder Vorherrschaft der Dunkelheit.

Die Zeiten der Kriege sind vorüber. Stell dir vor, du bist in der Wüste und schaust zum Sternenhimmel hinauf. Stell dir einmal vor, das Firmament wäre nicht schwarz, sondern weiß. Du würdest nicht einen einzigen Stern erkennen.

Meine Frage geht dahin, dass ich mir in einer geheilten Dualität nichts „Böses" vorstellen kann, wie zum Beispiel Kriminalität oder Verbrechen?

Darum sage ich ja auch Nicht–Licht und nicht Schwarz oder Dunkelheit oder Böses. Verstehst du? Es liegt an der Bewertung. Nicht–Licht wird immer als böse dargestellt. Die Dunkelheit des Universums ist für mich nicht böse. Das ist ein wunderbarer Samtteppich, auf dem das Leuchten der Sterne besonders schön wirkt.

Ist das eine ganz andere Art des Verstehens, ein anderes Verständnis von Dunkelheit?

Richtig. Das ist wie die weibliche Gotteskraft, die in der essenitischen Philosophie schwarz dargestellt wird. Und die weibliche Gotteskraft ist ja nichts Böses, sondern sie hebt das helle Licht hervor. Genauso wie der helle Stern das Firmament. Zwei verschiedene Energien, die aus ei-

ner einzelnen Quelle kommen, die sich gegenseitig ergänzen und potenzieren. Das ist geheilte Dualität.

Können wir sagen, die Energien sind dann alle *pro vitae?*

So kannst du es formulieren.

Auch wenn es dunkel ist, ist es trotzdem positiv.

Natürlich.

Und ist die analytische Sichtweise, die ja vielen Menschen so wichtig erscheint, dennoch vorhanden?

Analyse ist immer Bewertung.

Also nicht?

Es geht nicht um bewerten. Sondern um neu entdecken. Denn in der Bewertung liegt eine Beurteilung, oftmals zum Negativen. Ihr Menschen erinnert euch so gerne an schlechte Dinge, die euch passiert sind. In denen ihr furchtbarste Erlebnisse hattet. Daran erinnert ihr euch gerne. Ist das nicht perfide? Und an die Dinge, an die ihr euch erinnern könntet, die sehr schön gelaufen sind in eurem Leben, daran erinnert ihr euch so schwer. Da braucht ihr dann Fotos und andere Hilfsmittel. Und das ist ein Ausdruck der nicht–geheilten Dualität.

Die Analyse. Wenn deine Lieblingsfarbe Rot ist und du gehst durch ein Blumenmeer, wirst du immer nur nach roten Blüten Ausschau halten. Und die gelben und die blauen und die rosafarbenen nimmst du kaum noch wahr. Und dann sagst du, das ist aber ein scheußliches Blumenmeer, weil da nicht genügend rote Blüten drin sind. Dann müsstest du durch ein Mohnfeld gehen. Analyse ist die Mutter der Eintönigkeit.

Demnach ist die geheilte Dualität in der Fünften Dimension erfahrbar, nicht in der Dritten Dimension. Gehen wir deswegen in die Fünfte Dimension?

Nein, die geheilte Dualität ist auch in der Dritten Dimension erfahrbar. Die Fünfte Dimension ist nicht fremd von der Dritten Dimension. Sondern sie legt sich algenartig um die Dritte Dimension herum. Ein Haus ist auch in der Fünften Dimension ein Haus. Nur, es begrenzt nicht mehr.

Ist das ein Bewusstseinszustand?

Richtig. Das ist ein Bewusstseinszustand.

Eine Mauer bleibt eine Mauer. Sie wird auch nicht flüssiger? Aber das Haus ist mir nicht mehr so wichtig wie jetzt?

Das ist richtig. Und vor allen Dingen ist dieses Haus offen und grenzt dich nicht mehr ab. Es ist ein Haus. Nicht mehr deins.

Das heißt also, in der Realität werden sich Fünfte und Dritte Dimension vermischen.

Das ist richtig.

Wird es Menschen geben, die mehr Fünfte Dimension in oder um sich haben als die Menschen, die noch ganz normal in der Dritten Dimension sind. Kann man das so formulieren?

Hier hast du gewertet. Auch ein fünfdimensionaler Mensch ist normal. Ja, aber ich verstehe die Frage schon richtig. Ja, diese Fünfte Dimension wird sich um alles legen. Und dadurch verändert sich auch eine Grundschwingung innerhalb der Dritten Dimension. Und so auch bei den Menschen. Natürlich.

Du sagst, die Fünfte Dimension legt sich darum. Sie vermischt sich, das heißt, es sind im Prinzip immer noch zwei Dimensionen, die zwar übereinander sind, sich aber nicht durchdringen. Die Fünfte Dimension liegt wie ein Layer darüber.

Richtig.

Wo gehört die sogenannte Vierte Dimension hin? Für mich waren die Dritte und Vierte Dimension eigentlich immer eine Dimension, nämlich die Dritte Dimension mit Körper und die Vierte Dimension ohne Körper. Wenn die Fünfte Dimension kommt, was geschieht dann mit der Vierten Dimension?

Ihr werdet mehr und mehr zu lebenden Transpondern. Deshalb ist auch die Transponder-Heilung dieser Erde (siehe Kapitel III: „Die zwölf Transponder der Erde") *so wichtig. Damit es hier nicht zu kumulativen und konvulsiven Kräften kommt, errichten wir erneut oder errichtet die Erde erneut den Transponder von Poseidonis. Denn darüber werden Dritte und Fünfte Dimension parallel erfahrbar. Wie zwei Ölfarben, die sich ineinander drehen. Du weißt nicht wirklich, ist es jetzt die eine oder die andere. Es vermischt sich derartig und ist doch von einander getrennt. Die Vierte Dimension wird in dieser Form nicht mehr existent sein.*

Also, physisch oder chemisch gesehen ist es ein Gemenge und keine Verbindung?

Chemisch gesehen ist es eine Emulsion. Ein Fett–Wasser–Gemisch. Die emulgatorische Kraft dazu ist das Bewusstsein. Du kannst dich entscheiden, ganz in der Dritten Dimension zu leben oder ganz in der Fünften Dimension, oder in beiden.

Wo ist da jetzt die Bewertung? Wo zieht denn da der eine oder der andere hin?

Dort gibt es keine Bewertung. Es gibt Dinge, die in der Fünften Dimension für euch leichter erfahrbar sind als in der Dritten Dimension.

Ich begebe mich einfach in die Dimension, wo ich gerade am meisten Spaß habe oder die für mich gerade wichtig ist?

Das ist richtig. Dies hängt mit deiner Bewusstwerdung als Kosmischer Mensch zusammen.

Es gibt Aussagen von anderen Spirituellen Schulen, dass alle jetzt inkarnierten Menschen, auch zum Zeitpunkt X, wenn die Erde sich selbst zerstört, wieder hier sind. Wir zerstören uns aber nicht, sondern wir entwickeln uns in die Fünfte Dimension weiter.

Das ist richtig.

Gibt es ein Paralleluniversum, für das diese Aussage zutrifft?

Nein. Diese Frage ist ad absurdum zu führen. Denn die Erde wird sich nicht zerstören. Warum sollte sie dieses tun, verstehst du? Jetzt, zur Zeit, werden Kinder geboren, und auch die Generationen der nach 1960 Geborenen sind Generationen, die in der alten atlantischen Zeit existiert haben und inkarniert waren. Sie sind die erste Welle der Heilung.

Und sie sind da, um etwas zu Ende zu führen (nämlich die Erweckung des Kosmischen Menschen), was damals nicht gelungen ist? Um diesen zu kreieren?

Er muss nicht kreiert werden. Er muss aufgeweckt werden. Denn er ist schon lange da.

Steht dieser kosmische Plan für Gaia fest und ist nicht veränderbar?

Das ist richtig. Es gibt auch für diese Erde einen Seelenplan. Einen evolutionären Plan. Natürlich ist er veränderbar, so wie auch Menschen in ihrer Evolution veränderbar sind. Nur ist hier die Grundfeste dieser Veränderung sehr stark vorgegeben durch den göttlichen Plan. Denn diese Erde hat ein Ziel. Und auch Gaia ist ein eigenes Bewusstsein und folgt ihrer eigenen Evolution.

Du sprachst gerade von Seelenplan. Gibt es auch hier optionale Punkte, so wie es sie im Seelenplan vom Menschen gibt?

Das ist richtig.

Und auf diese optionalen Punkte kann sie dann zurückgreifen (ich nehme A oder B usw.)?

Das ist richtig.

Deshalb ist der Seelenplan von Gaia in seiner Ganzheit nicht veränderbar, sondern (linear ausgedrückt) nur vom Zeitpunkt her?

Das ist richtig.

Und wie können wir als Menschen unsere Seele näher kennen lernen, sprich unseren Seelenplan? Ohne jetzt die Geistige Welt oder dich und Lady Nada im Speziellen zu fragen? Wie kommen wir an das Wissen unserer Seele heran?

Indem ihr euch bemüht, und bitte, erlaubt mir diesen Begriff „bemüht", indem ihr euch bemüht, so wenig Widerstand der Bewertung in euch wirken zu lassen wie möglich, und indem ihr eure energetischen Felder verändert. Wenn ihr zum Beispiel euren Schild[1] herunterfahrt, erkennt ihr immer mehr den Kern und das Licht eurer Seele. Und dann ist euch dieses ewige Kreisen um das eigene Ego nicht mehr so wichtig, und dieses Wissen, wer war ich damals. Dieses „Hier bin ich im Prozess und da bin ich im Prozess". Ihr werdet ruhiger. Und in der Ruhe erwächst für euch eine wunderbare Glücklichkeit in eurer Seele, und auch in eurem Emotionalen Selbst. Denn ihr hört auf, gegen euch zu kämpfen. Stattdessen seid ihr Evolution, nicht, ihr bemüht euch darum. Ihr seid Erleuchtung, und

---

[1] „Schild" siehe im Buch *Erdenwege* von Michael/Trixa, erschienen im Lichtrad Verlag

nicht, ihr bemüht euch darum. Ihr erkennt und ihr begreift. So wie ich es euch seit fünf Jahren immer wieder sage.

Diese energetischen Felder können mit der Integration von Energien verändert werden?

Das ist richtig. (Siehe Kapitel III Meditationsübung: Flammen des Glücks.)

Ist das mit Bewusstseinsschritten oder Bewusstseinsentwicklung gemeint?

Das ist richtig. Erlebt zum Beispiel dieses immerwährende Aufbäumen eures Emotionalen Feldes. In der Arbeit versucht ihr immer, das Emotionale Feld niederzuprügeln. Ihr versucht ihm klarzumachen, dass die Hinrichtung auf dem Scheiterhaufen doch etwas Wunderbares war für den evolutionären Aufstieg. Das war es nicht.

Und dennoch versucht ihr, euch das einzureden. In der Integration nehmt ihr wertfrei die Energie an. Und diese Energie bringt euch zum nächsten Schritt der Evolution. Hört auf zu bewerten, ob das gut oder schlecht war. Nehmt es an.

Über diese Integration kommen wir in den Kontakt mit Körper, Emo-Mentalfeld und Seele? Bringen diese in Gleichklang?

Das ist ein Schritt dazu, um in das Gleichgewicht zwischen deinem emotionalen, dem mentalen und dem körperlichen Feld einzutreten.

Und ein anderer Schritt sind die Sternenstein-Essenzen, richtig?

Das ist eine Methode, bei der ihr über den Körper arbeitet. Hinein in das Bewusstsein. Die verbindende Methode dazu ist das Menschlich(t)keits-Konzept[1] (Siehe Kapitel III.)

Du hast gesagt, dass sich der Mensch zum Kosmischen Menschen entwickelt und ein lebender Transponder ist. Steht er in Verbindung zu der neu entstehenden Energie des Transponders von Poseidonis?

Ja, und zum Morphogenetischen Feld und zu seinen Sternenheimaten und zu seinen Seelenplan und zu seiner Bestimmung und zum Gesamtbewusstsein Gaia. Das ist wichtig, erlaube mir, das so deutlich auszuführen. (Siehe Kapitel III: Die zwölf Transponder der Erde.)

Das ist sozusagen die Interaktion, zu der es kommen wird?

Richtig.

---

[1] Wortschöpfung von Elyah, in der das Wort „Licht“ steckt.

Bei den obigen Erklärungen geht es darum, dass der Mensch erkennt, er ist bereits ein Transponder, und dass er seinen eigenen Transponder ausheilt, um wieder kosmischer Transponder zu sein, das heißt, der Kosmische Mensch hat seinen eigenen Transponder ausgeheilt?

Das ist richtig. Genauso ist es. Er braucht keinen Vermittler mehr. Er braucht keine Verbindung mehr. Er ist Verbindung verschiedenster Energieformen. Deshalb verschmelze ich mit Menschen. Aus diesem Grund. Ich heile Transponder im Körper.

Man könnte auch sagen, überall geht irgendwann das Licht an?

Das ist richtig.

Und der Mensch als solches fühlt sich rund? Und ruht in sich? Er kann aus sich heraus glücklich sein? Ein ganz bestimmter Zustand des Glücklich-Seins? Würdest du das so definieren?

Er ist in sich rund. Das ist richtig. Es geht um das Glücklich-Sein. Ja, im Betrachten eurer Emotionalen Felder würde ich so Glücklich-Sein definieren.

Ja, zurzeit braucht ihr eine Anleitung zum Glücklich-Sein. Warum fällt es dir so schwer, glücklich zu sein? Warum bist du es nicht einfach? Warum machst du dir Gedanken darüber, ob du das alles verkraften wirst von Seiten deines Gehirns? Weißt du eigentlich, dass du 2/3 deines Gehirns gar nicht benutzt? Wofür ist es denn da? Du bist nicht ausgelastet als Mensch. Weder energetisch, noch emotional, noch körperlich. Verstehst du? Darum geht es ja genau. Um dieses Glücklich-Sein.

Also, im Prinzip werden die toten oder brach liegenden Ressourcen im Körper... (hier unterbricht Elyah und spricht weiter)...

...und in der Seele und im Emotionalen Feld neu aktiviert. Das nenne ich Heilung des menschlichen Transponders. Wenn ich verschmelze, fange ich an, in den Körpern zu heilen. Dann denkt ihr, eure Warzen gehen weg. Eure Krampfadern lösen sich auf.

Erlaubt mir, hier zu sagen, mir geht es nicht um Krampfadern. Mir geht es auch nicht um Warzen. Mir geht es darum, dass der Mensch, der mit mir verschmilzt, glücklich ist. Dass er verbunden ist mit all seinen Kräften, mit all seinem Ursprung. Die Heilung ist nur eine Folge davon. Auch die Heilung des Körpers ist nur eine Folge davon. Wichtig ist, dass sich der Mensch im Glück wähnt und dieses auch in sich spürt. Denn nur ein Mensch, der glücklich ist, kann lieben. Ein Mensch, der im Mangel ist, liebt nicht. Er sucht nur, seinen Mangel zu befriedigen.

Ich möchte noch einmal auf das Thema Transponder zurückkommen. Also, jeder Mensch ist ein lebender Transponder. Die Vierte Dimension gibt es nicht mehr. Das heißt, es gibt auch nicht mehr so etwas wie Geburt und Sterben. Es ist also eine gewisse Anzahl von Menschen, die sich einfach für Gaia entschieden haben, die ganz bewusst auf diesem Planeten leben. Man kann eventuell über Raumfahrt den Planeten verlassen, andere Planeten besiedeln, Sterne besuchen oder sie kommen zu Besuch, aber es gibt keine Überzahl an Menschen? Sie können vielleicht ihren Körper verändern, aber keine Fluktuation, so wie es sie jetzt gibt?

Ja, das ist richtig. Es gibt keine Fluktuation, nein.

(Elyah spricht zu uns und stellt selbst die Frage: *Wer bin ich (Elyah) eigentlich und woher komme ich, und aus welchen Regionen stammt mein Wissen?* (und kommt uns mit dieser Frage zuvor).

Es ist sehr, sehr schwierig, euch das linear zu erklären. Bitte wisst, dass Kassiopeia ein Sternenwesen ist, das sehr, sehr, sehr alt ist. Meine Wesenheit setzt sich zusammen aus Millionen von Einzelwesenheiten. Ich könnte euch erklären, ich bin ein Kollektivwesen. Wenn ich von mir als „ich" spreche, ist es in eurer Sprache wie eine einzelne Person. Jedoch bin ich Vielfalt. Eine Vielheit von Wesenheiten. Von Seelenqualitäten würdet ihr das nennen. Diese Seelenqualitäten haben sich evakuiert von Kassiopeia, zu einem Zeitpunkt, an dem Kassiopeia zerstört wurde. Aber das ist eine andere Geschichte und gehört nicht hierher.[1)]

[1)] Siehe *Erdenwege* von Michael/Trixa

Wir, Elyah, haben uns evakuiert. Denn wir haben einen Auftrag zu erfüllen. Einen Auftrag, hier Heilung zu forcieren. Dualität in die heile Form zu bringen. Und dieses tun wir mit vielen kosmischen Helfern. Mit den Aufgestiegenen Meistern und Meisterinnen der Weißen Bruderschaft. Aber auch mit Engel- oder Naturwesenheiten. Wir begleiten die Menschen hier auf dieser Erde. Und wir haben inAbsprache mit dem Kosmischen Rat besprochen und entschieden, dass wir im sechsten Monat des Jahres 2000 verschmelzen werden mit dieser Wesenheit, durch die ich mit euch spreche. Um hier exemplarisch darzustellen, dass die Tore geöffnet werden. Dass die Tore sich auch zu euren kosmischen Wurzeln öffnen. Denn einige Seelen hier auf dieser Erde waren auch Seelen auf Kassiopeia.

Jetzt befinde ich mich im Sternbild des Großen Wagens, und zwar auf einem Mond. Und da habe ich sozusagen mein Exil gefunden. Und in Wellen durchmesse ich das Universum der Dualität. Und hier auf der Erde verschmelze ich mit lebenden Wesenheiten. Mit Menschen, aber auch mit Tieren. Und auch mit Pflanzen. Um in ihnen die Einheit der Dualität, die Heilung der Dualität zu forcieren. Zum Wachsen zu bringen. Es ist nicht die Intention, zu besetzen, sondern es ist meine Intention, zu heilen. Nicht etwas zu vervollkommnen, sondern die Gabe der Vervollkommnung zu setzen. Das, was verborgen ist, zu öffnen. Das, was getrennt wurde, wieder zueinander zu bringen. Das ist mein Auftrag. Und so verschmelze ich seit jenen Tagen immer wieder mit einzelnen Personen. Mit einzelnen Menschen. Um hier Heilung in einem großen Ganzen zu forcieren.

Ich bin ein kollektives Wesen, und bitte, erkennt und begreift, dass es hier auch um das Kollektiv der Menschheit geht. Ihr habt euch nun Jahrhunderte in die Individualität entwickelt, und nun entwickelt ihr euch in dieser Zeitenwende immer mehr zu einem kollektiven Bewusstsein, das aber seine Individualität nicht verliert. Gaia entwickelt sich mehr und mehr zu einem Individualwesen, auf dem ihr lebt. Das ist mein Ursprung.

Nun bin ich eben hier, um euch all diese Fragen zu beantworten. Es ist mein Auftrag, zu vernetzen. Nicht das Trennende hervorzuheben, sondern das Verbindende. Denn die nicht–geheilte Dualität hebt das Trennende hervor. Niemals die Einheit. Das ist ein sehr, sehr gutes Unterscheidungsmerkmal. Es geht mir nicht um die Trennung der Religionen, sondern um die Einheit derselbigen. Erkennt und begreift, dass nur die Menschheit diesen Planeten in eine lichte Dimension führen kann. Seid im Segen!

Elyah, du sagst, du verschmilzt mit Menschen. Wie würdest du das erklären?

Die Energien, die wir sind, nehmen Raum innerhalb eures Körpers, eures Bewusstseins und eures Emotionalen Feldes. Sie verdrängen euch nicht, sondern sie sind wie ein neuer Aspekt in eurem gesamten Sein. Und diese Verschmelzung bedeutet, wir beginnen zu vernetzen und den Transponder, der ihr seid, zu einer Einheit zu führen.

Dockst du bei den einzelnen Menschen, mit denen du verschmilzt, bei einem speziellen Aspekt an und verschmilzt über diesen mit dieser Person? Arbeitest du über diesen Aspekt?

Nein. Es verschmelzen alle Aspekte. Es gibt keinen Hauptaspekt. Bitte, deshalb haben wir seid 2000 auch unser personelles Pronomen verändert. Wir sagen nicht mehr, wir Elyah, sondern ich Elyah. Damit ihr mich besser versteht und mich als Wesenheit einordnen könnt.

Habe ich richtig verstanden, dass du, Elyah, beim Verschmelzen mit jedem Menschen individuell eine Verbindung eingehst?

Das ist richtig. Wobei ich hier sagen muss, an dieser Stelle, dass es hier nicht um Kopien von mir geht, sondern um individuelle Entwicklungsstufen in der Wesenheit, mit der ich gerade verschmelze.

Und wie sieht das für dich als Wesenheit, als Bewusstseinsebene aus? Möchtest du dich auch inkarnieren, so wie wir das kennen, innerhalb der Körperlichkeit?

Das brauche ich nicht, das habe ich schon einige Male getan, indem ich verschmelze. Das ist das Gleiche.

Veränderst du dich durch das Verschmelzen?

Nein. Denn mein Bewusstsein ist auf einer anderen Ebene angesiedelt. Es ist sehr schwierig, euch dieses zu erklären. Würde ich euch dieses erklären, könntet ihr es als Bewertung missverstehen.

Wie das Küchenschabenmodell?

Genau. Es ist so, wie wenn ich aus meiner Position einem anderen Wesen erklären würde, dass ich ein Bewusstseinsfeld bin, ein Energiefeld, das mehr Erfahrung gesammelt hat in verschiedenen Bereichen des Universums. Wir könnten jetzt nicht über die Monde von Mallat diskutieren, ihr kennt sie nicht. Versteht ihr? Und das ist genau das Thema, um das es geht. Ihr habt eure Anbindung verloren an eure Herkunft. Ihr wisst es nicht mehr. Meine Aufgabe ist, dieses in euch zu vernetzen und wieder in euer Bewusstsein zu bringen. Denn dadurch werdet ihr frei. In der Freiheit liegt das Glücklich-Sein. In der Freiheit liegt aber auch das Nicht-manipuliert-werden-können. Sei es von einer religiösen, sei es von einer politischen Absicht, auch wenn sie noch so lauter ist.

Ist es möglich, dass Menschen sich mit dem Morphogenetischen Feld vollkommen verbinden können? Und können sie dann dieses Wissen abrufen?

Ja, das ist richtig. Findet ihr es nicht bemerkenswert, dass Science-Fiction-Filme und das Fernsehprogramm immer mehr in diese Richtung gehen? Kontakt zu Außer-

irdischen, das Ausüben der magischen Fähigkeiten und, und, und. Ist es nicht spannend?

Seltsamerweise, und bitte, es verwundert mich nicht wirklich, sind diese Ideen auf der ganzen Welt verbreitet. Man tut sie ab als Science-Fiction. Aber das tat man 1920 auch, als man sagte, in den 60/70er Jahren fliegt man zum Mond. Versteht ihr? Ideen, die ein Autor wie Jules Verne hatte, waren Science-Fiction. Heute ist das Normalität. Und so seid ihr in einem evolutionären Wandel. So ist es mit mir auch. Jedoch sind meine Wurzeln der Evolution in anderen Ebenen. Diese Ebenen teile ich mit jenen, mit denen ich verschmelze. Aber auch mit jenen, mit denen ich nicht verschmelze. Indem ich Fragen beantworte und indem ich ihnen nahe bin. Indem ich ihnen helfe bei ihren evolutionären Schritten.

Meine Aufgabe ist es, zu dienen. Ein Teil von euch zu sein, euch zu führen. Ja, wie eine Amme, die euch bei den ersten Schritten in ein Erwachsenenalter hineinführt. Wie ein Helfer, der euch ein unentdecktes Land offenbart, euch ausrüstet für eine Reise der Heilung in ein unentdecktes Gebiet. Und dieses unentdeckte Gebiet ist die geheilte Dualität.

Elyah, gibt es noch weitere Bewusstseinsebenen in deiner Qualität hier auf unserem Planeten, die verschmelzen und sich mit Menschen zusammengetan haben, um die Dualität zu heilen?

Es gibt Sternenebenen, die ebenfalls auf dieser Erde am Werk der Heilung der Dualität teilhaben. Genauso wie ich auch. Denn auch ich bin Teil eines großen Ganzen. Verstehst du? Es geht hier auch nicht um eine Bewertung der einzelnen Wesenheiten. Sondern wir sind alle miteinander vernetzt und verbunden.

Gehört da auch die Solare Bruderschaft dazu? Und kannst du uns den Begriff erklären?

Auch die Solare Bruderschaft gehört dazu. Die Solare Bruderschaft ist die Energieverbindung einzelner Sonnensysteme. Und diese Wesenheiten der einzelnen Sonnensysteme werden auch bezeichnet als Solare Bruderschaft.

Und gibt es ein Symbol für diese Ebene, wie zum Beispiel den zwölfzackigen Stern?

Das ist ein Symbol. Es gibt viele Symbole der Solaren Bruderschaften. Denn sie lieben es, sich über Symboliken zu äußern. Aber der zwölfstrahlige-Stern ist ein sehr schönes Symbol.

Und welche Botschaft bringen sie uns?

Die Botschaft, die sie uns hier auf diese Erde bringen, ist eine Botschaft der All-Versöhnung und der All-Liebe hier auf diesem Planeten.

Und indem sie uns diese Botschaft bringen oder mit uns wirken, sind sie genauso am Aufstieg Gaias beteiligt?

Richtig. Es ist wichtig, dass wir Menschen erreichen. Und es ist wichtig, dass die Menschheit wieder lernt, es geht hier nicht um Höher, Schneller, Weiter, sondern es geht um eine natürliche Verbindung, auch der Spirituellen Ressourcen, mit der Erde. Ihr redet immer von alternativen Energien, von erneuerbaren Energien. Ja, davon rede ich auch. Von der Erneuerung eurer spirituellen Energien. Noch seid ihr Kohlekraftwerke. Es wäre schön, wenn ihr solare Kraftwerke wäret oder Windräder.

Wie können wir verstehen, dass einige Menschen, auch wenn sie sich spirituell weiterentwickeln, nicht in die Heilung gehen? Sie gehen auf Seminare, sie machen Clearings, eventuell auch Seelenplanveränderungen, und werden dennoch immer wieder krank oder kommen aus dieser Schleife nicht heraus, und man kann ihnen eigentlich nicht wirklich helfen. Kannst du uns das erklären?

Das ist eine sehr wichtige Frage. Hier musst du zuerst die Frage der Intention stellen. Es ist sehr wichtig, dass ihr wisst, viele sind auf dem spirituellen Weg, weil sie heil sein wollen. Nicht, weil sie ihr göttliches Naturell entdecken wollen. Das heißt, sie benutzen die Spiritualität als Mittel zum Zweck. Und bitte, die geistige Kraft ist eine hohe Energie und lässt sich nicht als Mittel zum Zweck missbrauchen. Das ist das erste.

Das zweite ist, heil zu sein ist ein göttliches Recht. Geht bitte davon aus, dass ihr heil seid. Das ist sehr wichtig, auch wenn dieses wie ein Hohn in manchen Ohren klingt. Aber geht davon aus, dass ihr heil geboren seid. So, wie ihr frei geboren seid. Und dass ihr un-heil gemacht wurdet. Nicht, um jemandem im Außen eine Schuld zu geben, einer Situation, anderen Menschen oder anderen Energien. Sondern ihr seid un-heil durch die Trennung des Göttlichen in euch. Dort sind alle Menschen Opfer und alle Menschen gleich. Euch wurde das göttliche Erbe genommen, indem man sagte, ihr müsst dieses oder jenes tun, um es zu erreichen.

Ein wichtiger Schritt ist zu erkennen, dass das Göttliche in dir ist. Dass es sich liebevoll um dich kümmern möchte und nicht die Frage nach Schuld stellt. Oder die Frage danach stellt, warst du gut oder warst du böse? Es nimmt dich einfach an. Und über diese Annahme kommt, und das ist der erste Schritt, Heilung. Verstehst du? Nicht: Ich muss jenes oder dieses tun, um heil zu werden. Sondern: Ich bin Heilung. Und ich tue dieses und jenes, um diese Kräfte in mir fließen zu lassen. So ist der, und erlaube mir diese Bewertung, richtige Weg. Denn dann durchdringt Geist Materie in Liebe. Und nicht: Materie zwingt Geist zur Liebe.

Und wenn ich akzeptiere, dass ich diese Kräfte (es geht hier ja auch um Polarität in mir, innerhalb der nicht geheilten Dualität) habe, dann komme ich zum nächsten Schritt, nämlich diese Kräfte zu integrieren, damit ich wieder manifestieren kann?

Ja, das ist richtig.

Und die lichte Potenz der Kräfte, die ich in mir integriere, gebe ich doch zunächst an Gaia ab? Ist das so richtig? Im Sinne des Heilungsauftrags an Gaia?

Das ist richtig.
(Siehe Kapitel III: Kosmische Manifestationskraft.)

Und dadurch können sich Menschen begegnen?

Ja, das stimmt. Aber jetzt springst du ein wenig. Wir waren noch bei Heilung. Die Heilung ist ein göttliches Recht. Das nicht–heile Sein ist eine Form der Trennung, eine Spiegelung der nicht–geheilten Dualität in eure Materie hinein. Nicht-heil ist gleich Unheil. Diese Gleichung stimmt nicht. Ihr seid verwundet durch die Trennung. Und diese Verwundung äußert sich bei jedem anders. Es ist nicht im Sinne der Quelle-Allen-Seins, dass ihr erkrankt. Es ist eine Folge von Erfahrung, die ihr gemacht habt. Wichtig ist, diese Erfahrung im Morphogenetischen Feld mehr und mehr durch euer spirituelles Sein zu durchlichten. Viele Menschen gehen den spirituellen Weg, um nicht krank zu werden. Das ist Missbrauch von Energie. Ich benutze meine göttliche Kraft, um etwas zu erreichen. Nicht für andere, sondern für mich. Das ist Ego. Und das ist Manipulation. Auch mit lichten Kräften manipuliert man sehr gerne. Deswegen schimpft nicht immer über das Nicht–Licht, sondern achtet auch einmal darauf, was im Namen

des Lichts geschieht beim Erschaffen von Feindbildern in Formen des Lichts. Da sind Flugzeuge, die irgendetwas über die Erde streuen. Feindbilder. Es sind böse Strahlungen, die aus dem Boden kommen. Feindbilder. Es ist Past-Life und Karma. Feindbilder. Es ist Schuld, ein Feindbild. Würde all diese Kraft der Kreation von Feindbildern hineingesteckt in die Aspekte der Verbindung, wäre diese Erde ein Paradies. Seid im Segen!
Seid ihr wirklich auf der Suche nach Erleuchtung? Oder seid ihr nicht auf der Suche nach einem Spiel mit eurem Ego? Ist es nicht schön, erleuchtet zu sein? Und ich sage euch, eher wird ein Fellache in Ägypten das Licht Gottes sehen als derjenige, der sich schon im selbigen wähnt. Seid im Segen!

Wenn einige von uns Menschen all diese Seminare besuchen, um diese Energien ins Morphogenetische Feld zu geben, reicht es doch theoretisch für die gesamte Menschheit?

Ja.

Warum sollen diese bestimmten Übungen an möglichst viele Menschen weitergegeben werden?

Damit wir hier einen Wiederholungseffekt haben. Damit hier eine Erweiterung, eine Ausbreitung von Energiephalancen auf dieser Erde stattfinden kann. Wie ein Blutfluss im Körper. Es ist wichtig, dass diese Energie auf dieser Erde pulsiert. Darüber kommt es zur Heilung.

Gehen die Menschen, die nicht an Seminaren teilnehmen können, nicht leer aus? Oder können sie sich über das Morphogenetische Feld ernähren?

Nein, sie gehen nicht leer aus. Und ja, sie werden informiert über die Morphogenetik, über die Schwingungserhöhung. Bitte, deshalb sagte ich, eher wird ein Bauer auf dem ägyptischen Feld das Licht Gottes sehen als jemand, der von Seminar zu Seminar geht. Bitte, gewöhnt euch ab, euer spirituelles Ego zu hegen. Ein Anfänger, wie ihr dieses nennt, kann weiter sein in seinem spirituellen Bewusstsein als jemand, der seit dreißig Jahren auf dem Weg ist.

Warum „müssen" wir Kurse, Seminare besuchen? Ist es denn nicht auch möglich, wie hier bei Michael, der von dir ja direkt unterrichtet wird, dass jeder von uns direkt von der Geistigen Welt unterrichtet wird?

Ja, das ist möglich, doch dazu gehört Hingabe. Bitte erkennt und begreift, dass Kurse und Seminare auch Möglichkeiten für uns sind, mit euch zu kommunizieren. Es ist wichtig, hier eine Kommunikationsbrücke zu errichten.

Ich sagte, es geht um Hingabe. Würdest du auf ¾ deines Privatlebens verzichten? Nur um mit mir zu kommunizieren? Nein, und genau darum geht es. Es gibt Wesen-

heiten, mit denen wir uns verbinden, die dazu bereit sind.

Die dann wie eine Art Übersetzer oder wie eine Brücke wirken für andere Menschen?

Ja. Bitte, es geht mir hier nicht um einen Kult um diesen Kanal, um diese Person. Sondern es geht darum, dass ihr erkennt, dazu gehört Hingabe. Das ganze Leben dieses Menschen ist organisiert. Das heißt, Freiraum für seine persönlichen Dinge ist nicht da. Im Moment. Und wenn, dann genießt er auch diese Zeiten ganz besonders. Das sind dann Zeiten, in denen ich mich auch zurückziehe.

Wie können wir diese Hingabe entwickeln?

Ganz einfach, indem ihr euch hingebt. Es ist ein bewusster Akt. Es ist ein bewusster Akt der Hingabe.

Genauso wie ich sage, ich akzeptiere diese Realität nicht, kann ich sagen, ich gebe mich hin?

Das ist richtig. Es ist wichtig, dass ihr erkennt und begreift. Und das ist genau die Schwierigkeit der Menschheit. Wenn ich sage, ihr geht in das Kollektiv über, kommt die Angst hoch, was ist mit meinem wunderbaren Individuum. Bitte, erlaubt mir eine Gegenfrage, es ist methodisch und pädagogisch unklug, eine Gegenfrage zu stellen, aber bitte erlaubt mir an dieser Stelle eine Gegenfrage: Wohin hat dich, Mensch, denn deine Individualität geführt? Bist du wirklich glücklich, bist du wirklich in der Liebe und bist du verbunden mit Allem-Was-Ist? Wenn du dieses mit Ja beantworten kannst, lege dieses Buch sofort zur Seite.

Wisst ihr, es war auf der Erde eine kritische Masse an Hass erreicht. Nicht an kritischer Masse von Leibern oder von Menschen, sondern eine Energie des Hasses. Die Siegel in Ägypten unter der Sphinx sorgten dafür, dass mit diesem Hass gearbeitet werden konnte. Das ist nun vorbei. Die Siegel sind gelöst und transformiert. (Siehe Kapitel III: Die zwölf Siegel in Ägypten.)

Häufig stehe ich vor dem Bild „Der Schrei". Und an dieser Stelle war die gesamte Menschheit. Dieser Schrei hat jetzt einen Ausdruck erreicht. Die Siegel sind geöffnet, das Tor zum Universum ist aufgestoßen. Der Kontakt zur Morphogenetischen Wirklichkeit eures Planeten ist gegeben. Was geschieht? Das Wasser steht euch bis zum Hals. Der Schrei. Dieser stumme Schrei über das Entsetzen der damaligen Vernichtung vieler Menschen. Dieser stumme Schrei wird heute noch geschrien. Aber jetzt wurde er transformiert in einen Ruf nach Freiheit und Öffnung. Und dieser Ruf wurde erhört.

Das, was dort geschah, war eine Öffnung der Menschheit zu neuen Bereichen ihrer Spiritualität und ihrer Möglichkeiten. Und das habt ihr erreicht. Es hat etwas mit der kritischen Masse des Hasses zu tun. Die Menschheit ist nun an einem Punkt, wo sie weitergehen möchte. In eine andere Region. In einen anderen Zustand des bewussten Seins. In einen Zustand, in dem das Wort Liebe Inhalt hat. Nicht eine inhaltlich emotionale Metapher eines Zustan-

des, sondern eine inhaltliche Form. Ein Lebenskonstrukt, das jeder Mensch in sich trägt, egal aus welcher Kultur er stammt. Ist es nicht interessant, dass ein Lächeln in jeder Sprache gleich verstanden wird? Das ist ein Artefakt dieses Konstrukts. Seid im Segen.

Elyah, habe ich dich richtig verstanden? Dieser Schrei hat begonnen, als der Blitz von Karon[1)] eingeschlagen hat. Seitdem schreien die Wesenheiten, die Menschen, und dieses hat sich immer mehr potenziert und potenziert?

Ja, das ist richtig.

Und jetzt ist dieser Schrei des Nicht-Lichtes so groß geworden, dass er eine lichtvolle Auswirkung hat?

Das ist richtig. Diese Kraft ist kollabiert und wurde durch die Arbeit in Ägypten, die wir mit Menschen dieser Erde gemacht haben, die nicht Ägypter waren, gelöst. Transformiert, so würdet ihr sagen. Das, was quälte, die Energie, wurde extrahiert und zur Heilung genutzt. Gleiches mit Gleichem. Ich könnte es auch das Hahnemann'sche Prinzip nennen. Nur auf einem hohen spirituellen Niveau.

Jetzt ist auch die Frage nach Dunkel und Hell verstanden. Danke

---

[1)] Siehe „Blitz von Karon" in *Erdenwege*

Erlaubt mir einmal diese Bemerkung. Glaubt ihr denn, das Nicht–Licht sei glücklich? Immer für die Schlechtigkeit der nicht–geheilten Dualität verantwortlich gemacht zu werden? Erkennt, begreift, dass wir uns hier erheben aus der Bewertung. Das wird schwierig sein, den Lesern des Buches klarzumachen, denn hier müssen wir deutlich erklären. Denn zu gerne wird noch gekämpft. Gegen das Nicht-Licht, gegen die geheimen Logen dieser Erde und, und, und ...

Elyah, ab wann werden wir als gesamte Menschheit den Zugriff auf alle Inkarnationswissensspeicher haben? Gibt es diesen Moment, wenn wir in die Fünfte Dimension übergehen?

Vorgestern. Du hast zu jeder Zeit vollen Zugriff auf dein Inkarnationswissen. Es wurde dir glaubend gemacht, dass du diesen Zugriff verloren hast. Es wurde dir glaubend gemacht, dass du davon getrennt bist. Du bist zurzeit ein Produkt der Trennung und nicht ein Produkt der Einheit.

Und wenn ich mich aus diesem Glauben herausbegebe?

Bekommst du von ganz alleine Zugriff auf dieses Wissen. Das ist wichtig, denn viele Menschen suchen. Und es ist wichtig, dass man ihnen erklärt, bitte hört auf zu suchen. Geht in das Finden hinein. In das Finden eurer göttlichen Essenz. Sie erklärt alles. Verbindet euch wieder mit euren Sternenheimaten, mit euren Sternenenergien. Verbindet euch wieder und habt Zutrauen zu eurem Weg, den ihr auch schon gegangen seid. Nicht zu dem, der in eurer Zukunft liegt. Sondern zu dem, der auch in eurer Vergangenheit begründet ist. Denn ihr denkt linear in der Dritten Dimension.

Und je mehr wir uns das bewusst machen und uns zum Beispiel mit unseren lichten Ahnen verbinden, desto mehr kommen wir auch in den Kontakt damit?

Nein, nicht mit deinen lichten Ahnen. Sondern mit deinen lichten Inkarnationen. Mit deinen Wegen, die du gegangen bist. Das ist eine wichtige Unterscheidung.

Das heißt, ich verbinde mich einfach mit dem lichten Aspekt aus meinen Inkarnationen, zum Beispiel: Ich habe eine gute Verbindung zu Tieren, das ist eine Qualität von mir, die ich durch Erfahrung einfach habe, die eventuell andere nicht haben, und damit verbinde ich mich? Das ist nicht angelernt, und das ist auch nicht genetisch bedingt, sondern das ist etwas aus mir heraus?

Ja, das ist richtig. Warum haben spezielle Menschen einen besonderen Hang zur körperlichen Bewegung? Ihr nennt sie Tänzer. Sie haben natürlich Techniken gelernt, aber die Veranlagung dazu war vorher da. Warum haben Menschen einen besonderen Bezug zur Mathematik oder zur Sprache? Das war vorher da. Es sind Erfahrungsspei-

cher, die ihr über eure Genetik mitnehmt. Auch über die biologische Genetik.

Darum macht es auch Sinn, zu fördern, was bereits da ist?

Das ist richtig. Deshalb stärkt das, was schon stark da ist. Auch das Ego kann gestärkt werden; wenn es ein Ego der Hingabe, ein Ego der Liebe, ein Ego des Lichtes ist, kann es auch gestärkt werden. Wenn es aber ein Ego ist, das, ja, danach strebt, sich selbst zu verwirklichen und ohne Rücksicht auf Verluste, koste es denn, was es wolle, dann bist du ein Ego-Ist. Und du bist Nicht-Sein.

Ego im lichten Sein ist also die Variante, wenn der Mensch mit seinem Ego einig ist, in der Einheit ist. Im Sinne von: Er akzeptiert, dass er dieses Ego hat, wie zum Beispiel...

...wie eine Mutter, die das Kind, das hingefallen ist, in den Arm nimmt.

Genau. Ich nehme es also an die Hand und sage, es ist in Ordnung, ich akzeptiere es so, wie es ist.

Ja, es wäre wichtig, wenn die Menschheit lernen würde, ihr Ego in den Arm zu nehmen, und zwar liebevoll. Ja, du bist hingefallen, und das tut dir jetzt weh. Aber das geht vorüber. Ich bin ja da! Das ist viel wichtiger als: Du musst dieses jetzt tun und jenes jetzt tun und, und, und – versteshst du? Es ist wichtig, dass Ego angenommen wird, denn viele, auch im spirituellen Bereich, haben Ego den Krieg angesagt, und es geht nicht um eine Kampfansage. Es geht um liebevolles Begegnen. Auch seinem eigenen Ego. Es ist sehr, sehr wichtig, zu verstehen, dass es auch um die Annahme des eigenen Egopotenzials geht. Denn auch hier liegt Kraft.

Oh, was seid ihr Menschen bereit, euch anzutun, nur damit ihr weiterkommt. Ihr hört auf, zu essen, ihr hört auf, zu trinken. Ihr versucht, Materie zu durchlichten. Macht Lichtkörperprozesse. Ihr versucht, Prozesse zu durchleben, zu durchleiden. Nein, nehmt euch an. Das ist wichtig. Erlaubt es euch, anzunehmen, so wie ihr seid. Ohne das Bedürfnis, sich verändern zu müssen. Die Veränderung, die Evolution geschieht durch eure Verbindung zu den Sternenwelten, durch eure Verbindung zu euren Sternenheimaten. Auch durch Verschmelzung. Auch durch Heilung. Durch Menschlich(t)keit im ganzheitlichen Sinn. Das setzt einen Prozess in Gang, und bitte, erlaubt mir dieses Wort „Prozess“. Ich könnte auch sagen: Eine Evolution, in der eure Seele anfängt, die Seelenplanung in eure Materie umzusetzen. Das Gefühl, das sich dann einstellt, ist Glücklich-Sein.

Verstehe ich Annehmen, wie du es erklärt hast, richtig? Das heißt, wenn ich mich ärgere, sollte ich innerlich als spiritueller Mensch darüber schmunzeln?

Wenn du dich ärgerst, kannst du nicht wirklich schmunzeln. Wenn du dich ärgerst, ärgerst du dich. Und dann bleibst du stehen und gehst diesem Ärger nach. Und dann sagst du, ja, ich darf mich auch ärgern. Und es ist gut, dass ich mich ärgere, und dass ich mich so empfinde. Und jetzt kommt der Unterschied: Ich richte diesen Ärger nicht gegen meinen Partner, gegen die Natur, gegen mich selbst, sondern ich lasse Ärger Ärger sein. Ich gebe ihn in die Erde als reine Energie, und Gaia segnet mich dafür. Ich gebe diesem Ärger keinen Ausdruck mehr, indem ich etwas an die Wand schmeiße, indem ich dann versuche, Intrigen zu spinnen oder üble Nachrede zu betreiben. Oh, es wird seltenst so wenig Liebe gelebt wie gerade in spirituellen Kreisen, in Meditationsgruppen. Oh, was wird dort über andere geredet.

Das Gefühl ist ja vorhanden in der nicht–geheilten Dualität. Ich nehme das Gefühl an (oder das Bild von dir mit der Mutter und dem Kind) und gebe diese Energie, so wie sie ist, an Gaia ab?

Ärger und Zorn sind zwei dynamische Kräfte, genau wie die Liebe. Und es ist wichtig, zu lernen, diese Kräfte zu nutzen. Und zwar zur Evolution seiner selbst, seiner Umwelt, seines eigenen Umfeldes usw. Und dann sieht das Umfeld plötzlich ganz anders aus.

Und wenn dieses Annehmen in irgendeiner Situation sehr lange dauert, ist es wichtig, nicht in Wut zurückzufallen, sondern hier auch wieder zu sagen: Es ist in Ordnung. Manchmal braucht man ja etwas länger, gerade wenn man sich ärgert?

Es ist wichtig, dass du das sagst, aber wisse, nichts dauert ewig.

Das heißt, irgendwann habe ich es verstanden und es ist durch?

Nur Liebe dauert ewig. Aber Zorn dauert nicht ewig.

Das Hauptproblem liegt ja aber darin, die reine Energie in die Erde abzugeben und nicht die Bewertung.

Wenn du einen Ärger fühlst, kannst du diese Ärger-Energie in die Erde abgeben. Sie ist sauber, sie ist rein. Es ist Ärger.

Schwierig wird es, wenn ich mit jemandem telefoniert habe, kurz meinen Ärger dort loslasse und dann erst diese Übung (Integrationsübung) mache, denn ich habe dann diese Emotion weitergegeben, bevor ich die Energie an Gaia abfließen ließ?

Richtig. Ganz genau. Denn aus Ärger kann Intrige werden. Und Intrige ist Zerstorung.

Wichtig ist, den Ärger bei sich zu lassen und nicht weiterzutragen?

Sehr richtig. Und dann kommt aus der spirituellen Gemeinschaft: Ja, aber ich muss ja mal mit jemandem darüber reden.

Ja, das ist der Punkt. Man möchte es ja loswerden.

Ja, das ist sehr wichtig. Bitte rede aber erst dann darüber, wenn du die Energie losgeworden bist. Und dann wirst du feststellen, dass es nicht mehr interessant ist, darüber zu reden. Weil dann die Grundlage verschwunden ist. Und somit setzt Heilung der Emotionalen Felder ein. Verstehst du? (Siehe Kapitel III: Flammenübung.)

Um noch einmal zu dem Punkt Begegnung zu kommen, Elyah. Wie würdest du wirkliche Begegnung erklären?

Eine Begegnung ist ein Sich-Annähern, ohne Ressentiments. Eine Annäherung ohne die Form der Befriedigung von Bedürfnissen. Miteinander einen Weg gehen zu wollen. Miteinander im Sein zu sein. Miteinander verschmelzen zu können, aber auch, sich wieder trennen zu können, ohne Verlust. Sich immer wieder neu begegnen zu können. Jeden Tag. Das ist Begegnung im eigentlichen Sinne. Nicht ein Erfülle-meinen-Mangel oder Befriedige-meine-Bedürfnisse. Und im Gegenzug befriedige ich dann deine Bedürfnisse. Das hat nichts mit Begegnung zu tun.

Das hat mit Geschäft zu tun. Also Begegnung im wertfreien Sinne. Eine Begegnung im Sinne des Lebens.

Und das, was wir unter Beziehungen verstehen?

Ich mag das Wort nicht, weil da das Wort ziehen drin steckt.

Und das ist dann in deinem Sinne keine Begegnung?

Richtig. Das ist keine Begegnung.

Wenn du sagst Begegnung, gehören zwei dazu, die diese Sachen verkörpern?

Nein, ich kann mir auch selbst begegnen.

Können sich zwei Menschen begegnen, und einer lebt dieses Mangelteil und der andere nicht?

Ja, natürlich.

Wobei die Begegnung bei demjenigen, der das Mangelteil hat, falsch interpretiert werden kann?

Ich finde es sehr interessant, dass du das auf die Begegnung zweier Menschen beziehst. Beziehe es doch einmal auf die Begegnung mit dir selbst. Da ist es viel leichter zu erklären. Denn kannst du dir selbst begegnen, wenn du noch Mangelteile in dir hast? Ja, das kannst du. Denn in der Begegnung wirst du dich liebend um dein Mangelteil kümmern. Wirst es annehmen, wirst es nicht bewerten und ihm somit die Möglichkeit der Ausheilung geben. Einen Mangel ersetzt du nicht durch Fülle. Einen Mangel ersetzt du durch Annahme desselbigen.

Fülle ist nicht das Gegenteil von Mangel. Fülle ist das Gewahrsein der Allverbundenheit. Mangel ist das Gefühl, getrennt zu sein von denen, die im Außen sind. Oder, Mangel ist ein Gefühl der Trennung. Vom eigenen Fühlen. Von eigenen Handlungen. Das erleben viele Menschen. Ich würde ja gerne lieben. Elyah, schicke mir doch einen Lebenspartner. Wie willst du denn einen Partner lieben oder finden, wenn du dich selbst nicht lieben kannst? Wenn du selbst im Mangel an Eigenliebe erstickst und erfrierst. Nimm deinen Mangel in den Arm und erlaube dir, diese Wunde des Ungeliebt Seins zu heilen, denn sie ist die Mutter allen Mangels. Und dann wende dich der Fülle zu. Begegne der Fülle. Und dann kannst du auch lieben.

War es nicht der Meister Jesus von Nazareth, der gesagt hat, liebe deinen Nächsten wie dich selbst? Damit war nicht das Ego gemeint, sondern die göttliche Essenz. Liebe deine göttliche Essenz und entdecke sie in dir. Und der Mangel, der wie ein brüllender Löwe nachts umherzieht, schweigt. Habe Mut zur Begegnung mit dir selbst. Und erkenne darin deine eigene Wesenheit, und diese Wesenheit ist kein brutales Monster oder ein schrecklicher Abgrund. Diese Wesenheit ist ein Lichtwesen. Und erlaube diesem Lichtwesen in dir hier die Begegnung mit dir selbst. Mit dem, was du geworden bist, indem du dich liebend in eine nicht–geheilte Dualität inkarniert hast.

Und wenn die beiden sich in dir begegnen, entsteht Frieden. Aus dem Frieden folgt Liebe, und aus dem Lieben erfolgt Glück. Und schon ist er da, der Kosmische Mensch. Der plötzlich aus dem Hintergrund auf die Bühne der Erde tritt. Seid im Segen!

Demnach bedeutet „Im Kleinen, so im Großen", wenn ich in der Lage bin, mir selbst zu begegnen, mich selbst zu lieben, dann ist es mir auch möglich, im Außen zu begegnen (einer oder mehreren Personen), und so potenziert sich das?

Das ist richtig.

Und so es ist auch möglich, den Gedanken oder die Vision einer Weltgemeinschaft zu entwickeln?

Das ist richtig.

Über diese Weltgemeinschaft würden wir in die Einheit, in eine Weltgerechtigkeit kommen?

Beginne bei dir selbst. Sei dir selbst Gerechtigkeit. Es ist schön, dass du nach der Welt fragst, aber du bist ein Teil dieser Welt. Fange bei dir an, in deinem Lebensraum. Fange bitte erst bei dir an! Erlaube dir für dich Gerechtigkeit. Denn dann gehst du auch gerecht mit anderen um.

Höre auf, Bilanzen zu ziehen, was in früheren Situationen verkehrt gelaufen ist. Denn das bindet Energie. Du kannst jeden Tag neu dein Leben schöpfen. Neu dein Leben kreieren. Es neu definieren.

Ist es nicht traurig, dass gerade in spirituellen Kreisen viel mehr über die Vergangenheit geredet wird als über das, was ihr zu geben bereit seid und was ihr geben könnt? In diesen Kreisen um das Vergangene stärkt ihr euer Ego. Stärkt ihr euer spirituelles Ego. Aber es geht nicht um die Erschaffung eines spirituellen Egos, sondern es geht um das Sein. Ein spirituelles Ego ist gleichbedeutend mit einem nicht–spirituellen Ego.

Ego ist Ego. Ob du ein morsches Holzbrett golden machst oder blau bemalst. Es bleibt ein morsches Holzbrett. Es ist nicht belastbar, und es führt nicht wirklich zum Ziel. Es ist wichtig, dass du dir selbst begegnest, in der Situation, in der du jetzt bist. Bin ich bereit, mir zu begegnen? Das ist die entscheidende Frage. Und wenn du bereit bist, dir selbst zu begegnen, dann fließt Kraft. Diese Kraft ist unterteilt in Freiheitsdrang, Heilung und Liebe. Und diese drei Kräfte vereinigen sich in dir, und du begegnest dir. Wertfrei, liebevoll, annehmend. Der Mangel, diese Wunde des Nicht-geliebt-Seins schließt sich. Dann kommt Heilung, und dann kannst du deine göttliche Fülle erkennen, und Fülle begegnet dir im Außen.

Bitte erlaube mir folgende Bewertung: Wir hören vielfach Gebete, Meditationen zum Thema Fülle. Dann wird vorgeschrieben, wie Fülle auszusehen hat. Woher wollt ihr uns Fülle vorschreiben? Wir sind Fülle! Und bitte, Fülle ist etwas Wunderbares, so wie Liebe etwas Wunderbares ist, wenn du dich der Fülle ohne Bedingungen öffnest. Ist es nicht tragisch, dass ihr in euren Beziehungen immer wieder sagt: Ich liebe dich, wenn du das und das tust? Das ist keine Liebe. Das ist ein Geschäft. Ich liebe dich, so wie du bist. Das ist Liebe. Liebe fragt nicht danach, ob sie verändert. Liebe nimmt an. Erkennt und begreift!

Elyah, du sprachst an einem der Heilmeditationsabende (siehe: Kap III: Elyah-Meditationskreis) von den Büchern, die wir in Alexandrien gelesen haben. Es wurde von uns so verstanden, dass wir dieses Wissen wieder aktivieren können, um weiterzugehen. Wie kommen wir jetzt praktisch wieder an dieses Wissen?

Über die Begegnung mit dir selbst. Über das Einswerden mit dir selbst. Über das Einswerden mit deinen Sternenwegen, aber auch mit deinen Erdenwegen, die du hier gegangen bist. Denn wisse, alles, was du gelernt hast, alles, was du erfahren hast, ist nicht weg. Alle Erfahrungen deiner vergangenen Inkarnationen sind im Emotionalen Feld abgespeichert. Dafür eignet sich dieses hervorragend. Das, was du dann von Inkarnation zu Inkarnation mitnimmst, ist ein Erfahrungswissen in dir. Angesammelt über viele Ebenen. Lerne, einen Zugang zu bekommen zu deinem Emotionalen Feld. Es ist wichtig zu wissen, dass 2/3 deines Emotionalen Feldes im Dunkeln liegen. Im bewussten Drittel des Emotionalen Feldes liegen Empfindungen wie der eigene Lebensprozess, das eigene Urteilsvermögen,

Werte und Normen. All diese Dinge sind darin verankert. Ebenso darin gespeichert sind die Bewertungen der eigenen Gefühle. Gut und Schlecht. Es ist wichtig, dass sich in deinem inneren Emotionalen Sein wieder eine Ganzheit errichtet, die in der Materie deinen göttlichen Kern widerspiegelt. Es geht um Ganzheit. Ganzheit ist gleich Heilung. Ganzheitliches Heil-Sein. Ganzheitlich heil zu sein.

Das heißt, dieses Erinnern ist kein Erinnern an grobstoffliche Bücher oder Städte, sondern an Wissen, das uns allen zur Verfügung steht?

Ja. Wissen, das ihr in euren Inkarnationen erworben habt.

Auf Gaia?

Auf Gaia, aber auch auf den Sternenwegen. Und vielleicht auch durch Bücher, die du in Alexandrien tatsächlich gelesen hast.

Gibt es einen Weg, wie ich meine eigene Energie sinnvoll nutzen kann, also nicht von Prozess zu Prozess zu gehen, sondern in meine ursprüngliche Einheit zurückzukommen?

Ich benötige ein Kilogramm Zucker und einen Teller.

Nimm einen großen Teller. Es ist wichtig, dass ihr etwas begreift.

Ich habe hier Zucker. Das bist du. Das ist dein Bewusstsein. Jetzt gieße ich einfach mal euer Emotionalfeld auf den Teller. Euer Emotionalfeld füllt diesen Teller aus. Es entsteht hierbei ein Rand. Seht ihr? Dieser Rand ist euer Mentales Feld. Der äußere Rand dieses Tellers ist euer Körper. Nun könnt ihr einmal die Wertigkeit eurer emotionalen Ladung sehen. Eure Seele würde hier sitzen. Jetzt erlaube mir, dass ich mit dem Finger in den Zucker gehe. Das hier ist das, was ihr als Ich-Bewusstsein bezeichnet. Ich fühle, ich bin Ulla, ich bin Katja, ich bin Michael usw. (Elyah nennt die Anwesenden.) Ich fühle mich hier schlecht, da ist eine Erfahrung der Kindheit, hier hatte ich mal eine Zahnwurzelentzündung, und dort hatte ich die Masern. Dieser gesamte Bereich und jedes einzelne Körnchen dieses Zuckers steht für eine vergangene Inkarnation.

Und das ist verschüttet?

Nein. Es ist da. Es bewegt sich innerhalb eures Mentalen Feldes und auch innerhalb eures Körpers. Nur dieser Teil hier oben beherrscht diesen gesamten Teil. Ist aufgepfropft, so solltet ihr es vielleicht sehen. Aufgepfropft auf die gesamte Vergangenheit.

Und deckt es sozusagen wie eine Kappe komplett ab?

Das ist die Bewertung, die sagt, das ist mein einziges Leben. Ich bin jetzt Ulla. Das andere war einmal. Und das ist nicht so.

Was ich nun machen möchte, ist dieses. (Elyah vermischt den Zucker.)

Versteht ihr? Das heißt, du bist hier oben immer noch Ulla, aber im gesamten Wissen. Das kommt dem Mentalen Kreis zugute und zu guter Letzt auch dem ganzen Körper. Das ist das ganze Geheimnis. Diese Trennungslinie ist Bewertung. Deshalb sagen wir seit Jahrhunderten, enthaltet euch der Bewertung. In diesem Schütteln (Elyah schüttelt Zucker auf dem Teller durcheinander) *hebt ihr den Kreislauf der Inkarnationen auf. Das wäre jetzt im buddhistischen Sinne – Nirvana. Das wäre Erleuchtung. Und jetzt würde sich dieser Mensch in einem Kreis von Altgriechen bewegen und würde hier zum Beispiel in der Bibliothek von Alexandrien eine Originalschrift von Aristoteles lesen. Versteht ihr?*

☆☆☆

Zuckerteller – Bild

Komplettes Emotionalfeld

- Teller stellt den Menschen als körperliches Bewusstsein dar
- zur Zeit haben wir nur zu 1/3 Zugriff auf unsere Inkarnationserfahrungen
- 2/3 sind lt. Elyah verschüttet
- jedes Zuckerkorn stellt hier symbolisch eine Erfahrung dar
- würden wir nicht bewerten, wäre uns der Zugriff auf unsere komplette „Datenbank / Erfahrungswelt" möglich
- dem Emo-/ Mentalfeld ist es egal ob wir bewerten, da es alles erlebt

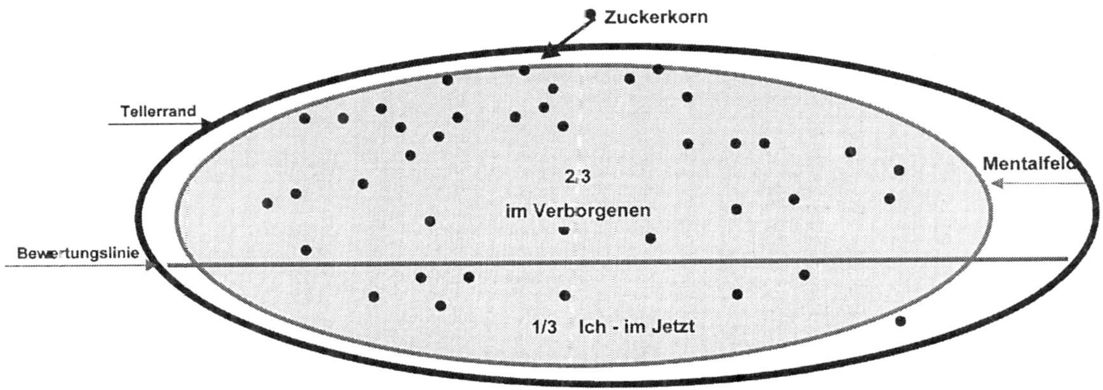

Es gibt viele Menschen, die sich der Geistigen Welt als Kanal zur Verfügung stellen und auch Durchgaben erhalten in Form von Visionen. Wie wahrheitsgetreu sind diese, wenn sie durch Einnahme von Drogen erhalten werden?

Gar nicht.

Weil sie verfälscht sind?

Nicht weil sie verfälscht sind, sondern weil hier zu viele Einflüsse in den Bereich eindringen können, denn ihr könnt in diesem Fall nicht mehr beurteilen, woher kommen diese Informationen. Es ist wichtig, dass ihr die Quelle der Informationen wisst. Und unter Einnahme von Drogen ist dieses nicht mehr möglich, denn da kann es durchaus aus dem Inneren Speicher kommen.

Weil die Droge zu dem eine Brücke schlägt, über was gerade gesprochen wurde?

Ja, das ist richtig.

Wie ist das für diesen Menschen? Schädigt es ihn doppelt, da er nun im Kanal ist und gleichzeitig Drogen zu sich nimmt, als wenn er nur Drogen konsumiert, ohne zu channeln? (Schädigung an Körper-Geist und Seele?)

Ich würde sagen, ja. Ich habe in meiner Ebene noch nie Drogen genommen. Ich weiß nicht, was dieses ist. Aber ich habe dieses beobachtet, hier auf dieser Erde. Bitte, zur Einnahme von bewusstseinserweiternden Drogen gehört auch immer eine Kulturtechnik. Und hier in eurer westlichen Kultur kommt dieses zum Beispiel unter Gebrauch von Hanf oder von Meskalin oder Psylodin nicht vor. Deshalb wird Droge hier genommen, ohne den soziokulturellen Hintergrund zu haben. Und das halte ich, erlaubt mir diese Bewertung, für ein Problem der spirituell Suchenden. Denn Sucht hat immer etwas mit Suchen zu tun.

Es gibt ja die Wesenheiten der Schutzengel und Engel. Könntest du uns hier den Unterschied und ihre Aufgaben auf Gaia erklären?

Schutzengel sind Begleiter der Seele, die einen Seelenaspekt durch die gesamte Inkarnation begleiten. Ein Engel ist ein kosmisches Wesen, das verschiedene Aufgaben übernehmen kann. Sie sind lichte Boten, Überträger von lichten Energien aus der Quelle-Allen-Seins hinein zum Beispiel in die Materie der Dritten Dimension. Engel sind dienstbare Boten, wunderbare Lichtwesen, die durch ihre Präsenz anrührend, beruhigend, stärkend, liebend den Menschen dieses Planeten zur Seite stehen. Sie sind wunderbare kosmische Helfer. Und Engel umgeben die Menschen generell. Aber nicht nur die Menschen. Auch alle Tiere und alle Pflanzen haben Engel.

Seid gesegnet.

Kannst du uns den Unterschied zwischen den Aufgestiegenen Meistern (zum Beispiel Lady Nada, Hilarion usw.) und der Engelebene erklären?

Engel waren nicht inkarniert. Lady Nada und Hilarion, als Wesenheiten der Aufgestiegenen Meister, haben alle Inkarnationen auf dieser Erde als Menschen gehabt und sind aufgrund der Entwicklung ihres Bewusstseins in die Meisterebene aufgestiegen. Und helfen von dort aus den inkarnierten Schwestern und Brüdern dieser Erde.

Eylah, das waren zunächst alle Fragen zu diesem Wissensgebiet.

Nun, dann danke ich euch und wünsche euch einen schönen Abend. Seid im Segen!

Danke, Elyah!

Mysterienschulen

Elyah, wie konnte es geschehen, dass der Mensch im Laufe der Zeit mehr und mehr den Kontakt, den Zugang zu Gott verloren hat?

Durch den Blitz von Karon. Durch die Trennung. Durch die Trennung von, ja, Geist und Materie aus eurem Körper heraus. Dieses wird aber in ERDENWEGE besonders dezidiert beschrieben, deshalb möchte ich hier nicht näher darauf eingehen.

Wir kennen aus Erzählungen und Geschichten verschiedene Mysterienschulen (zum Beispiel Essener, Wikinger, Tibeter usw.). Gibt es hier Zusammenhänge untereinander? Und versteht man unter dem Begriff „Mysterienschule" dasselbe wie unter dem Begriff „Pantheon" (aus dem Griechischen oder Ägyptischen)?

Nein, Pantheon ist die Gemeinschaft der Götter. Eine Mysterienschule ist ein Zusammenschluss und vereint alle, die auf der Suche nach der Sinngebung des Lebens sind und hierfür verschiedene Erklärungsmodelle, sprich Religionen, Gottesvorstellungen entwickelt haben.

Also ist es keine feinstoffliche Ebene in dem Sinne?

Nein, es ist eine grobstoffliche Ebene, die natürlich auf Grund ihrer Dauer auf feinstoffliche Areale aufgebaut ist.

Sind die verschiedenen Ausdrücke wie Wikinger, Kelten, Germanen als ein Bereich, als ein Volk anzusehen?

Nein, das sind verschiedene Volksgruppen, Volksstämme. Das wäre genauso, als würdest du sagen, ein Westfale sei ein Bayer.

Wie viele Mysterienschulen haben sich im Laufe der Zeit auf dieser Erde gebildet?

25312.

Ist damit grobstofflich gemeint?

Es gibt verschiedene Vorstellungen von Gottesbildern. Was sie eint, ist die Suche nach dem göttlichen Kern. Das ist eine Erinnerung, die ihr in euch tragt. Das konnte der Blitz von Karon nicht zerstören. Jeder Mensch, und das unterscheidet euch vom Tier, ist auf der Suche nach dem göttlichen Sinn. Der eine sieht den Sinn im Wind, in den Naturgottheiten, der andere sieht den Sinn bei dem einen Gott mit den verschiedenen Namen (JWHW, Allah, Jehova). Oder die anderen suchen den Sinn in einem Götter–Pantheon, wie er zum Beispiel heute noch im Hinduismus existiert. All dieses basiert auf den verschiedenen Mysterienschulen. Das sind Ausrichtungen.

Die sich aber definitiv auf der Erde ausgebildet haben?

Ja.

Dennoch aber auch auf den feinstofflichen Bereich wirken?

Natürlich, es gibt Mysterienschulen, die zum Beispiel auch durch geistige Kräfte, wie Sternenwesen oder auch Wesenheiten aus den Engelwelten, gegründet wurden. Wie zum Beispiel die Mysterienschule des Islam durch den Erzengel Gabriel.

Gibt es im Sinne einer Mysterienschule „Die Wikinger", wenn es sie als Volksstamm doch gar nicht mehr gibt?

Doch, die gibt es noch, weil es immer noch Menschen gibt, die diesem alten Kult anhängen.

Und indem sie sich auf der geistigen Ebene verbinden, kommen sie noch an die Informationen, die damals gesammelt wurden?

Richtig. Und die Mysterienschulen haben heute noch einen Einfluss.

Immer bei den Menschen, bei dem Kulturkreis, die sich damit beschäftigen?

Das ist richtig.

Laut einer früheren Aussage von dir soll ab Oktober 2005 über die Fünfte Dimension, über das schlagende Herz von Mu (Lemuria), der Zugang zu den einzelnen Mysterienschulen wieder möglich sein?

Das ist richtig.

Und wie entsteht der Kontakt? Wie können wir uns das vorstellen?

Über die Auswirkungen aus dir selbst. Das heißt, du nimmst Kontakt auf. Du suchst diesen Kontakt zu dieser Mysterienschule erneut. Ihr werdet eine Renaissance erleben, auch eine der alten keltischen Kulte. Eine der germanischen Kulte auch. Gerade hier in diesem Land. Jetzt seid ihr darauf ausgerichtet, fremde Mysterienschulen aufzunehmen, wie zum Beispiel die indische oder die indianische.

Und ihr werdet euch mehr und mehr auf eure eigenen Mysterienwurzeln berufen, ohne damit hier deutschtümeln zu wollen, wenn hier auch politisch diese alten europäischen Mysterienschulen sehr stark eingedeutscht wurden. Denn wer sagt denn, dass Odin ein Deutscher war?

Was bringt uns diese Verbindung? Ich kann mir das zwar vorstellen, aber was bringt das für die Entwicklung von Gaia?

Ihr seid dadurch wieder mit euren Wurzeln verbunden.

Daraus erhalten wir die Kraft, um Gaia wieder in die Evolution zu führen?

Richtig. Es geht ja nicht darum, dass ihr neue Donau-Eichen pflanzen sollt, sondern es geht darum, dass ihr euch daran erinnert, woher ihr kommt.

Weil da das große Kraftpotenzial des Einzelnen liegt.

Richtig, auch das eines Volksstammes, einer Volksgruppe.

Sind eigentlich die ganzen Götter aus den Mysterienschulen Sternenfahrer gewesen?

Nein, nur zum Teil. Es gibt auch Götter, die eine Erfindung sind.

Ist es wichtig zu wissen, welche?

Nein. Bitte, damit würde ich ja auch die Menschen vor den Kopf stoßen, die an diese Götter glauben. Und ich bin nicht gekommen, um Menschen vor den Kopf zu stoßen.

Die nordischen Mysterienschulen sind gerade in Deutschland sehr belastet durch das Dritte Reich, weil sie ja in ihrer Struktur missbraucht wurden. Und das löst sich nun auch wieder auf? Die Leute verbinden sich ja auch deshalb nicht mehr damit, weil diese Geschichte daran hängt.

Ja, das ist richtig. Das war eindeutiger Missbrauch. Und bitte, lasst diese Geschichte nun ruhen.

Es geht hier nicht darum, dass hier eine Deutschtümelei entstehen soll oder da ein national-sozialistisches mystisches Gedankengut, denn es war eine Mischung verschiedenster Dinge. Das Hakenkreuz zum Beispiel ist ein Sanskrit-Symbol des Sonnenrades. Also, es hat nichts mit Deutschland zu tun. Es wurde einfach missbraucht. Für eine Idee. Hier wurden verschiedene mystische Zweige zusammengewürfelt zu einem bunten Salat. Darum geht es nicht, sondern es geht um die Essenz der Wurzel. Nicht um das, was daraus gemacht wurde.

Danke, Elyah!

Wissenschaft und Ernährung

Elyah, stimmt es, dass Lycra und/oder Elasthan nicht gut für den menschlichen Körper ist?

Ich danke für diese Frage. Diese Frage ist sehr bewertend. Bitte, Lycra und Elasthan sind lediglich Markennamen dieses Produktes. Es handelt sich hierbei um ein Polymer. Sie sind für den menschlichen Körper zur Bekleidung schon geeignet, jedoch sorgen sie dafür, dass die Schwingungen in den Körpern über das Meridiansystem nicht gleichmäßig verteilt werden. Das heißt, wenn du zum Beispiel Unterwäsche mit einem hohen Lycra-Anteil trägst, werden diese Körperregionen energetisch vom Meridiansystem weniger versorgt. Und dadurch kann es zu energetischen Stauungen kommen. Zum Beispiel ist ein Einschnüren der weiblichen Brust über Lycra-Produkte mitverantwortlich, dass die Brust energetisch in ein Ungleichgewicht geraten kann und dadurch Brusterkrankungen auftreten können.

Und was würdest du an Materialien empfehlen?

Ich würde empfehlen, entschuldigt bitte, ich trage ja keine Unterwäsche, aber ich bin ja mit einigen Menschen verschmolzen, und da empfehle ich merzerisierte Baumwolle.

Und wie ist es mit Seide?

Seide ist ebenfalls gut, wobei Seide hier einen kleinen Nachteil hat, erlaubt mir diese Bewertung, denn Seide lässt keine Energie von innen nach außen.

Und von außen nach innen?

Auch nicht.

Also, schirmt Seide im Grunde genommen komplett ab?

Seide schirmt komplett den gesamten Körper ab.

Wie lässt sich aufgrund dieser Aussage, dass diese beiden Produkte nicht so kompatibel für den menschlichen Körper sind, Einheit verstehen?

Das ist eine sehr interessante Frage. Bitte, Einheit entsteht, wenn ich die Bereitschaft in allen Bereichen signalisiere. Ich kann nicht sagen: Wieso kann der Nil nicht überschwemmen, wenn ich einen Assuan–Staudamm baue. Verstehst du? Es heißt hier, wenn ich hier einer Einheit bewusst entgegenwirke oder indem ich auch oftmals unbewusst entgegenwirke, kann diese Einheit nicht entstehen.

Also verstehe ich dich richtig: Ich könnte mit einem solchen Material die Möglichkeit, in Einheit zu sein, einschränken?

Du könntest damit Einheit erschweren. Und zwar geht es mir hier nicht um spirituelle Entwicklung, sondern es geht mir hier um die Energieversorgung des Körpers. Das hat nichts mit spiritueller Entwicklung zu tun. Ich kann zum Beispiel gewisse Energieströme ja unterbrechen. Du würdest deinen rechten Arm abbinden oberhalb des Ellbogens, er würde absterben, und du würdest dich wundern, dass er abstirbt. Ich habe damit einfach eine Energiezufuhr gestoppt, und das kann durch Lycra geschehen.

OK, danke, Elyah.

Wirken verschiedene Rassen auf die Entwicklung der neuen Textilien?

Ich verstehe diese Frage nicht.

Anders gefragt: Wer entwickelt neue Textilien? Sind das wir Menschen, beeinflusst durch Sternenrassen?

Ach, Sternenrassen sind gemeint. Natürlich. Ihr Menschen seid eine Sternenrasse, und somit seid ihr auch verbunden mit euren Urvätern und Urmüttern, die aus den Sternen kamen, und bitte, ihr seid hier sehr, sehr eng verbunden mit diesen Informationsquellen. Gerade dazu möchte ich die OG MIN und auch ganz besonders stark die NEDDEK erwähnen.

Die uns ihre Ideen durch unsere Öffnung einfließen lassen?

Natürlich.

Und wir haben dann plötzlich die Idee, so könnte man dieses oder jenes machen?

Ja. Zum Beispiel sind neue Materialien, wie es von der chemischen Industrie propagiert wird, aus Maisstärke hergestellt. Ihr würdet dieses „Essbare Verpackungen" nennen.

Wie wird sich die Landwirtschaft verändern und damit auch unsere Ernährung?

Das ist eine sehr, sehr wichtige Frage, denn die Landwirtschaft und die Ernährung auf dieser Erde werden sich bei der anwachsenden Bevölkerung verändern müssen. Bitte, diese Schwingung wird auch schon auf diese Erde durch die SHOMANAHS in Verbindung mit den NEDDEK eingespielt. Diese Einschwingung ist aber in der nicht-geheilten Dualität dazu missbraucht worden, zum Beispiel Nahrungsmittel genetisch zu verändern. Bitte, es geht nicht darum, zu sagen, ich möchte warnen. Aber ich möchte ein Bewusstsein entwickeln dafür, dass genetisch veränderte Nahrung auch im Körper genetische Veränderungen hervorrufen kann. Denn es reicht ja nicht aus, das Produkt zu verändern. Dann müsste ich im Umkehrschluss auch den Empfänger, sprich das Tier oder den Menschen, verändern, damit er dieses vertragen kann. Aber hier wird Schwingung einseitig umgesetzt in eine genetische Mani-

pulation, die dem Körper in seinem jetzigen Schwingungszustand nicht gut tut.

Bitte, das ist genau das Problem, ein sehr ernstes wissenschaftliches sowie auch ein spirituelles Problem, denn das eine schließt das andere nicht aus. Die Schwingungen kommen in einem Feld der nicht–geheilten Dualität an. Der Mensch in seinem kreativen Potenzial bei seiner Schöpfungskraft möchte dieses umsetzen. Ihm fehlt aber, ihm fehlte aber, müsste man richtig im Zeitkontinuum sagen, die Anbindung an die Morphogenetik und an die Essenz dieser Idee. Nämlich die Essenz, wie war es gemeint. Und das fehlt, und somit kommt es zu Genmanipulation, in einem, bitte erlaubt mir diese Bewertung, in einem schädigenden Mechanismus. So kommt es in die Ernährung des Menschen, und daraus entsteht eine explosionsartige Mutation der eigentlichen menschlichen DNS.

Eine Mutation, die ihr in ihrer Tragweite noch gar nicht begreift. Ist es wirklich sinnvoll, eine Tomate quadratisch zu züchten, damit man sie besser lagern kann?

Werden wir in Zukunft die Ideen oder Inspirationen, die von den Sternenrassen kommen, lichtvoller einsetzen können?

Ja, aber natürlich, da die Verbindung über das Morphogenetische Feld, die Transformation, wieder funktioniert.

Weil sich das Morphogenetische Feld jetzt verändert?

Nein, weil ein Durchbruch geschaffen wurde zu den Wissensspeichern des Morphogenetischen Feldes, über das pyramidale Konstrukt oberhalb von Gizeh. (Siehe Kapitel III: Lösung der zwölf Siegel in Ägypten.)

Werden sich diese genmanipulierten Nahrungsmittel auch auf Gaia auswirken?

Natürlich. Stell dir einmal die genveränderten Getreidesorten vor. Natürlich sind sie nicht mehr anfällig für Pilze, natürlich sind sie nicht mehr anfällig für Schädlinge. Glaubt ihr aber nicht, dass auch die Schädlinge oder auch die Pilzsporen sich darauf einstellen können? Und das wäre dann eine Neuzüchtung, entstanden von Pilzen und Sporen, deren Auswirkungen ihr gar nicht einschätzen könnt. Was ist zum Beispiel mit der Bestäubung? Da habt ihr ein Maisfeld auf der linken Seite mit genverändertem Mais und auf der rechten Seite ein Maisfeld eines Biobauern. Wie wollt ihr denn da eine Übertragung verhindern? Ihr denkt immer, Felder seien mit hohen, gläsernen Mauern umgeben. Das ist nicht so. Der Wind trägt die Sporen weiter. Die Samen und die Pollen. Dafür ist er da. Die Erde ist ein funktionierendes, ökologisches System.

Bitte, es gibt Bereiche, in die ihr nicht eingreifen solltet, und dazu gehört das Genom von Pflanzen und Tieren. Und bitte, die Befürworter der Genmanipulation zählen die Vorteile der genmanipulierten Nahrungsmittel auf, die es zweifelsohne gibt. Eine Reissorte, die ohne viel Wasser wächst, wäre ein Segen für ein hungerndes Land, das zum Beispiel in einer Wüstenregion liegt. Das ist ein Segen. Natürlich. Aber erkennt auch, wie sich das weiterentwickelt. Denn über die Nahrungsaufnahme dieses Reises zum Beispiel kann es dazu kommen, dass sich die Menschen dieses Gebietes genetisch verändern. Und dass es dann zu Erkrankungen ihres eigenen Genoms kommt, weil der Körper versucht, diese genetisch veränderte Sequenz zu verarbeiten, indem er sie dem Körper an den äußeren Umstand der veränderten Nahrung anpasst. Ähnlich ist es mit Uranium und Plutonium.

Das heißt, dadurch würde auch die Evolution der 12-Strang-DNS beeinflusst werden?

Ja. Das ist richtig.

Oder behindert?

Behindert nicht, aber beeinflusst. Diese Evolution ist nicht mehr umkehrbar, denn die Menschheit hat den Startknopf gedrückt für die 12-Strang-DNS, und dieses wird nun passieren. Das ist ein Automatismus, ein Evolutionsschritt, der die gesamte Menschheit betrifft.

Wenn ich dich jetzt richtig verstanden habe, kann der Weg der Genmanipulation die 12-Strang-DNS noch beeinflussen?

Das ist richtig. Aber bitte, hhm, Genmanipulation ist das eine, die 12-Strang-DNS das andere. Es hängt nicht unmittelbar miteinander zusammen. Die 12-Strang-DNS hätte sich auch entwickelt ohne Genmanipulation. Es sind nur Faktoren, die hier ineinandergreifen. Genmanipulation ist eine Form eines alten Relikts des Fischezeitalters, in dem es darum geht, wir beeinflussen, wo wir nur können. Natürlich zum Wohle aller (ist es wirklich zum Wohle aller?).

Hier wird einfach gesagt, es ist alles erlaubt, was möglich ist. Und das hat nichts mit einer humanen und Gaiabezogenen Ethik zu tun. Es geht hier um Ethik. Was habt ihr davon, wenn ihr ein Schaf mit einer Ziege kreuzt? Was bringt euch das wirklich? Gibt es wirklich dadurch eine Erweckung in der Menschheit? Ist dadurch ein Mensch glücklicher geworden? Außer der Wissenschaftler, der diese beiden unterschiedlichen Binome zusammengeführt hat, und sein Team? Ist wirklich dauerhaftes Glück dadurch entstanden? Nein.

Und bitte, macht dieses zum Maßstab aller Forschung. Sind wirklich dauerhafte Zufriedenheit und dauerhaftes Glück entstanden? Es gibt Erfindungen, die ihr heute als alltäglich betrachtet, die aber zu diesem Schritt beigetragen haben, zum Beispiel die Erfindung der Spülmaschine.

Möchtest du uns damit zeigen, worauf wir unser Augenmerk richten sollen?

Ja. Wissenschaft ist eine wunderbare philosophische Evolution, die Wissen schafft. Eine Evolution der Gedan-

ken, der Möglichkeiten im Menschen. Ein Spiel mit der kreativen Kraft. Und das ist wundervoll. Das ist das wunderbare Ziel, dass die Menschen glücklich sind.

Die Dreidimensionalität ist als glücklicher Raum erfahrbar. Dafür gibt es Wissenschaft. Dazu gibt es Medizin, dafür gibt es Philosophien und auch Mysterienschulen. Dazu gibt es Religionen. Und alles ist miteinander verknüpft. Ihr könnt das nicht trennen. Denkt zum Beispiel an die Forschung des menschlichen Genoms. An die Manipulation, die auch dort betrieben wird. Natürlich können dafür Medikamente hergestellt werden. Aber wäre es nicht sinnvoller, diese Krankheit erst gar nicht aufkommen zu lassen? Anstatt sie zu bearbeiten? Denkt darüber nach.

Was geschieht mit dem einzigartigen Ausdruck der Seelen, wenn Gruppen von Einheitsmenschen mit bestimmten Qualitätsmerkmalen gezüchtet werden?

Hhmm, das ist eine sehr schwere Frage. Die Einheitsseele existiert bereits. Ihr nennt sie Gott, die Quelle-Allen-Seins. Jeder Mensch ist ein Ausdruck dieser Quelle-Allen-Seins in seiner Einzigartigkeit. Die Individualseele hat nichts mit dem menschlichen Empfinden des Egos zu tun. „Ich bin „Seele“ ist eine Formulierung, die es im Universum nicht gibt. Wir sind Seele.

Und bitte erkennt, dass es hier nicht um eine Schaffung von Gruppen geht. Oder um das Erschaffen von Kollektiven, sondern es geht darum, dass der Mensch in seiner Einzigartigkeit, die jeder Mensch darstellt, erkennt, dass er in einem Verbund steht und diese Einzigartigkeit befruchtend und ergänzend in ein Kollektiv einbringen darf. Dabei verliert der Mensch nicht seine Individualität.

Ist die Frage nun auf eine genetische Züchtung bezogen, zum Beispiel auf den Themenbereich Klonen oder Ähnliches, dann muss ich sagen, beim Klonen erschafft ihr unbeseelte Körper. Und es ist erschreckend. Zum Beispiel könntest du dir heute schon dein Wunschkind aussuchen. Die Augenfarbe, die Haarfarbe, die Körperstatur usw. Konstellationen für gewisse Krankheiten im Erbgut können ausgeschlossen werden und, und, und. Das hat nichts mehr mit Evolution zu tun. Das ist eine reine Züchtung. Was ist aus eurem Wolf geworden? Schaut euch eure kleinen Hunde an!

Was geschieht bei Nacht, wenn man schläft?

Bei Nacht fährt das Gehirn in gewisse Zustände herunter. Bitte erlaube mir, dass ich das so ausdrücke. Es gibt verschiedene Phasen im Schlaf, und dabei werden gewisse Teile im Gehirn vernetzt. Durch diese Vernetzung entstehen Bilder, die aus dem Unterbewusstsein aufsteigen können, oder Bilder, die wir über diese Vernetzung über das Kronenchakra einspielen. Hier hat der Mensch, wenn er morgens erwacht, zum Beispiel ein Gefühl, als wenn er in der Nacht geschult wurde. Hier vernetzen sich Teile des Gehirns miteinander und sorgen für eine gehirnmäßige Evolution. Schlafen ist sehr wichtig. Auch das Träumen. Und zwar für das gesamte Wohlbefinden des Menschen.

Wie erklärt es sich, dass einige Menschen gerade in der heutigen Zeit viel weniger Schlaf brauchen und andere wiederum noch mehr?

Da gibt es keine wirkliche Erklärung dazu. Es liegt hier auch an biologischen Faktoren. Das hat nichts mit dem Grad der spirituellen Entwicklung zu tun. Dies sind wirklich nicht-spirituell belegte Faktoren. Es sind Faktoren, wie zum Beispiel Ermüdung des Körpers, es hat etwas mit Gewicht zu tun. Es hat etwas mit der Leistungsfähigkeit, aber auch mit dem Alter des biologischen Körpers zu tun. Also hier gibt es verschiedene Faktoren.

Das heißt, ein zu kurzer oder zu langer Schlaf wirkt sich nicht nachteilig auf die Seele aus?

Nein.

Es gibt die Behauptung, dass ein Schlaf vor 24 Uhr gesünder sei als nach 24 Uhr. Ist das richtig?

Das kommt aus dem Bereich der Märchen und Mythen.

Du hast gesagt, der Mensch wird im Traum geschult. Es ist aber auch manchmal so, dass man morgens beim Aufwachen das Gefühl hat, man hätte einen ganz komischen Film in der Nacht geträumt. Bizarre Sachen, komische Zusammenführungen. Was ist das dann?

Das sind Verarbeitungsträume. Hier werden Informationen aus früheren Inkarnationen aber auch aus dieser Inkarnation vermischt mit Informationen, die wir in das Gehirn einspielen. Und das Gehirn ist bemüht, diese Informationen in große Folianten abzulegen und macht Bilder daraus.

Du sagst: „Wir spielen ein“. Wen meinst du mit „wir“?

Wir, Elyah. Aber auch wir Sternenwesenheiten und auch die Ebene der Engel, die Ebene der Weißen Bruder- und Schwesternschaft. Wir arbeiten mit euch. Denn der Mensch in seiner Komplexität, diesen Menschen betrachten wir als Teil der Geistigen Welt. Und wir sind ein Team. Es geht um die Erhöhung von Gaia. Auch Tiere träumen, und wir beeinflussen die Träume von Tieren.

Das heißt, das Sein in der Nacht, während unseres Schlafs, ist eine Erweiterung für uns?

Das ist richtig.

Und du sagst, es werden Bilder eingespielt. Habe ich durch das Träumen das Thema, das diese Bilder darstellen, für mich gelöst? Es bereits verarbeitet?

Ja, und abgespeichert. Oder auch später noch einmal abrufbar. Zum Beispiel, ich möchte hier ein Beispiel nehmen aus dem Bereich der Tiere. Woher weiß ein Wal, dass es jetzt Winter wird und er in den Süden zieht oder in den Norden? Es gibt auch die gegenteilige Bewegung von Walen.

Wir würden sagen, aus dem Instinkt heraus.

Nein, er träumt dieses. Und zwar kollektiv. Er träumt von einem silbernen Wal, der über dem Nordpol schwebt. Und dieser Wal ruft ihn mit Gesängen. So ziehen ganze Familien in den Norden.

Und die Vögel auch?

Ja, die Vögel ähnlich. Wobei hier auch noch das Erdmagnetgitter eine Rolle spielt. Wie bei den Walen auch.

Wo ist da der Beweggrund? Warum ziehen Wale oder Zugvögel in andere Gebiete?

Aus Nahrungsgründen. Diese Erde hat Klimazonen. Und es ist wichtig, dass immer ausreichend Nahrung zur Verfügung steht.

Wenn nun diese Bewegung des Nachts nicht wäre, durch euch initiiert, würden sie verhungern?

Dann würden sie verhungern, ja. Ein Storch würde im Winter in Europa nichts zu fressen finden. Wo soll er Lurche und Frösche finden, oder Insekten? Sie sind alle vergraben. Sie sind in der Winterstarre, und er würde verhungern. Also muss er in den Süden fliegen.

Gibt es eine Hauptbeeinflussung der Sternenebenen bei den einzelnen Tierarten? Bei Walen und Delfinen sagt man ja, sie seien Seelenaspekte von Sirius. Werden sie jeweils entsprechend von dort aus geschult?

Das ist richtig. Genauso wie der Mensch geschult wird von seinen Sternenheimaten. Wie zum Beispiel von Sirius, den Plejaden oder auch von Kassiopeia.

Die Hauptschulung kommt von dem Ort, wo die jeweilige Hauptanbindung liegt?

Das ist richtig. Die Erde befindet sich bis 2012 in einer starken Kassiopeianischen Schwingung.

Es gibt ja verschiedene Auslegungen von Träumen, verschiedene Traumdeutungen. Was kann der Mensch heute als Hilfsmittel an die Hand nehmen, um seine Träume zu deuten?

Die Frage, die ich hier stellen möchte, lautet: Warum deutet er überhaupt? Deutest du die Birke vor dem Haus? Warum sie so und so viele Blätter hat? Bitte, Träume sind ein Objekt, das sich auch der menschlichen Erkenntnis weitgehend entzieht. Deshalb ist die Traumdeutung immer nur ein Konstrukt, ein Erklärungsversuch. Es wäre sinnvoll, hier in diesem Bereich Träume auch Träume sein zu lassen. Sie als Erweiterung der eigenen persönlichen Struktur zu empfinden. Warum sollte man sie deuten?

Wie ist es mit Albträumen? Es gibt ja Menschen, die sagen: Ich habe einen ganz bestimmten Traum, den träume ich immer wieder. Wie ist es damit?

Das sind Träume, in denen die Seele Bilder öffnet aus dem unteren Bewusstsein und diese zu verarbeiten sucht. Das ist etwas anderes. Wenn es immer wiederkehrende Träume sind, dann sollte man diese Träume nicht deuten, sondern bearbeiten, zum Beispiel Fluchtträume. Warum bin ich immer auf der Flucht? Warum muss ich immer wegrennen vor irgendetwas imaginärem Bösen, das hinter mir lauert? Da würde ich sagen, drehe dich um und schaue dem Bösen ins Gesicht.

Will mir die Seele hier etwas mitteilen? Ich höre es im alltäglichen Leben nicht, und irgendwann, weil ich es ja immer wieder träume, werde ich darauf aufmerksam. Ist es so?

Ja, das ist richtig. Ganz genau. Wobei die Bilder hier auch trügerisch sein können, ja. Wenn du zum Beispiel aus einem brennenden Hochhaus flüchtest, durch lange Flure und lange Korridore, kann es sein, dass es überhaupt nichts mit Feuer oder Hochhäusern zu tun hat, son dern mit deiner Lebenssituation. Es kann deine Beziehung darstellen. Es kann aber auch deine Beziehung zu deiner Mutter darstellen. Verstehst du? Hier gibt es unterschiedlich Deutungen. Und das ist das Problem der Traumdeutung.

Also muss ich zur Deutung des Traumes das Leben dieses Menschen betrachten?

Ja. Ganzheitlich, das ganze System ist zu betrachten. Wir leben in einer Zeit auf dieser Erde, in der es mehr und mehr um Ganzheitlichkeit geht. Ganzheitlichkeit ist für mich ein anderes Wort für Kollektiv. Betrachte den Menschen ganzheitlich bedeutet, betrachte den Menschen als kollektives Wesen. Kollektiv wird immer von euch Menschen verstanden, als würde ich sagen, es geht um eine Vereinigung der menschlichen Art zu einem Gruppenmenschen sozusagen. Nein. Ganzheitlich bedeutet, dich in der eigenen Vielfalt ganzheitlich darzustellen und zu empfinden.

Wie wirken sich Sprachen, insbesondere die Lichtsprachen wie Hebräisch, Aramäisch, Sanskrit, Arabisch, Tibetisch auf unser System aus?

Genauso wie Niederländisch, Finnisch, Schwedisch, Deutsch, Englisch und Französisch. Das sind Kommunikationsmöglichkeiten. Alle Sprachen sind Licht. Jeder Mensch spricht die Lichtsprache. Es gibt keine ausgewählten Lichtsprachen, denn Kommunikation über Sprache ist ein lichtes Medium, das jeder Mensch beherrscht. Selbst ein stummer Mensch spricht die Lichtsprache, und, bitte, das hat etwas mit spiritueller Vermessenheit zu tun. Ist eine Sprache besser, spritueller, weil zum Beispiel Meister Jesus Aramäisch sprach? Wusstet ihr auch, dass Meister Jesus Ägyptisch sprach? Also bitte, ist das auch eine Lichtsprache, oder nicht?

Bitte, ich möchte mich darüber nicht lustig machen. Es bezeichnet doch einen ganz gewissen Weg: Einige Menschen sind anders und deshalb besser als andere, und das möchte ich eindeutig verneinen. Jeder Mensch ist Ausdruck der göttlichen Natur. Und jede Sprache ist Lichtsprache. Sei im Segen!

Wie steht es mit Vegetarismus? Werden die Gefühle der verstorbenen Tiere in unser System eingespeist? Macht Fisch und Fleisch essen aggressiv?

Ich danke für diese Frage. Dieses möchte ich eindeutig mit NEIN beantworten. Es macht nicht aggressiv. Es gibt auch Salatesser, die aggressiv sind. Es gibt Vegetarier, die große, große Mörder und Aggressoren waren, wie zum Beispiel Adolf Hitler. Und bitte, Vegetarismus hat nichts mit Sanftmütigkeit zu tun. Ich kenne sehr viele aggressive Wesenheiten, die Vegetarier sind. Und bitte, ich kenne auch aggressive Wesenheiten, die Fleischesser sind. Es kommt nicht darauf an, was in den Körper hineinkommt. Sondern es kommt darauf an, was aus dem Körper herauskommt. Es ist wichtig, <u>wie</u> ein Mensch Nahrung zu sich nimmt. Wenn er unbewusst Fleisch in sich hineinstopft, *ohne das Bewusstsein, dass das vorher ein Tier war, ist dieses genauso schädlich, wie wenn er Rote Bete essen würde, ohne zu wissen, dass es vorher eine Pflanze war, die auch ein Recht auf Leben hatte.*

Und so kommt es darauf an, mit welchem Bewusstsein ich Fleisch aber auch jede andere Nahrung zu mir nehme. Und wenn ich dieses in einem liebenden und lichten Bewusstsein tue, heißt das, ich danke dem Tier. Ich danke aber auch der Roten Bete, dass ich sie essen darf, und dass sie mich am Leben erhält. Und darüber segne ich die Pflanze, aber auch das Tier. Und das ist wichtig!

Nahrung ist eine inkarnierte Seele, und diese Tiere werden getötet, aber sie haben sich auch im kollektiven Bewusstsein dazu bereit erklärt. Ist ein Löwe ein schlechtes Tier, nur weil er Beute jagt und einer Antilope das Leben nimmt? Nein, das ist der Kreislauf der Natur, des eigenen ökologischen Systems dieser Erde.

Fressen und gefressen werden, und dazu gehört auch der Mensch. Warum habt ihr sonst Reißzähne, Eckzähne? Ihr seid Fleischfresser. Aber bitte, es geht doch nicht darum, dass man nun propagiert, nur vegetarisch sei gut oder nur Fleisch essen sei gut. Das sind Dogmatismen. Das muss jeder Mensch für sich selbst entscheiden, und, bitte, Schüler des Lichtes, es hat sich keiner bis jetzt zur Erleuchtung gegessen.

Bitte, es ist wichtig, dass Essen im lichten Bewusstsein ein Segen ist, und dass dann jede Nahrung zum Segen wird, egal ob Fleisch, Fisch oder Gemüse.

Gibt es besondere Tipps, mit welchen Nahrungsmitteln wir unsere Evolution unterstützen können?

Ja, die gibt es: Stellt euch einen Teller vor. Es wäre gut für euch, wenn 2/3 eurer Nahrung aus pflanzlichen Faserstoffen und 1/3 aus Fleisch, Fisch oder eiweißhaltigen Produkten bestünde. Das können aber auch Soja, Quark, Milchprodukte oder Eier sein. Das wäre eine vernünftige, lichte Ernährung. Denn hiermit hat der Körper genügend Ballaststoffe. Hiermit hat der Körper genügend Vitamine, um die sogenannten freien Radikale, die aufgrund eurer Umweltverschmutzung verstärkt auftreten, abzufangen. Er braucht aber Eiweißproteine, Eiweißstoffe, um seinen Aminosäurenhaushalt und seine zelluläre Struktur zu erhalten.

Was sagst du zu Weißmehl und Zucker?

Auch das sind Dogmatismen. Nicht, wer Zucker und Weißmehl isst, ist schlechter dran als jemand, der Vollkornmehl und Rohrzucker zu sich nimmt. Bitte, es kommt auf die Menge an. Es kann in die Nahrung eingefügt sein. Es kommt aber hier auf die Menge an. Denn nur Weißmehl und nur Zucker ist sicherlich eine einseitige Ernährung und nicht gesund. Das Gleiche gilt aber auch für Vollkornprodukte. Wenn du nur Vollkornprodukte isst, ist es auch nicht gesund. Denn es gibt Menschen, die aufgrund ihrer Enzymhaltigkeit im Verdauungstrakt Vollkornprodukte einfach nicht verdauen können. Die müssen dann verhungern, nicht wahr?

Da der Nähr- und Vitamingehalt unserer Ernährung immer mehr abnimmt, ist es notwenig, synthetische Nahrungsmittel zu uns zu nehmen?

Es ist nicht wirklich notwendig, denn es wendet nicht wirklich Not. Aber es hilft. Es unterstützt. Zurzeit ist das leider notwendig aus meiner Warte, wenn ich euren menschlichen Körper richtig verstehe, denn ihr nehmt das Angebot Gaias nicht wahr. Deshalb müsst ihr euch zusätzlich chemisch ernähren.

Wie meinst du das, wir nehmen das Angebot von Gaia nicht wahr?

Ach, Tochter des Lichtes, wir haben die Meere erwärmen lassen, damit mehr Algen wachsen. Ihr seht dieses als Naturkatastrophe. In diesen Algen ist alles drin. Algen laugen keine Böden aus. Und bitte, aus Algen könnt ihr köstliche Nahrung herstellen. Diese schmeckt nicht nach Alge, und auch nicht nach Fisch und nicht nach Meerwasser. Es gibt Algenprodukte, die schmecken wie Blumenkohl oder Erbsen. Und bitte, sie bestehen aus Algenproteinen. Und bitte, was glaubt ihr, warum wir hier Erwärmung zulassen? Damit hier neue Nahrungsressourcen entstehen. Und diese Entwicklung kommt sehr stark aus einem Inselarchipel, das ihr Japan nennt.

Warum erkennen wir nicht, dass uns diese Möglichkeit gegeben wird?

Weil alles, was verändert, für euch auf der Erde erst einmal Katastrophe bedeutet.

Das heißt, weil wir sofort in die Bewertung gehen?

Das ist richtig.

Statt erst einmal zu schauen, was diese Veränderung bedeutet?

Welche Möglichkeiten kommen durch diese Veränderung. Es gibt zum Beispiel einen Seetang, der 30 m hoch wird. Diesen kann man ernten und zu Nahrung verarbeiten. Da braucht ihr keine genmanipulierte Nahrung mehr. Es wächst so reichhaltig auf der Erde, dass es noch 700 Milliarden Menschen mehr geben könnte auf dieser Erde, und alle würden satt werden. Und auch nicht langweilig satt. Bitte, stellt euch nicht grüne Fadenalgen auf euren Tellern vor. Es können hier wirklich sehr, sehr ausgefeilte und wirklich hochwertige Nahrungsmittel hergestellt werden. Krill ist ein wunderbares Eiweißproteinbauwerk. Ganze Walfamilien leben von Krill. Nämlich die Wattenwale. Krill gibt es unerschöpflich im Meer. Das ist eine wunderbare Nahrungsquelle. Ihr seid hier aber noch in der Entwicklungsstufe eines Neandertalers, der gerade sein erstes Feld bebaut. Ihr habt die Möglichkeiten dieser Erde noch gar nicht begriffen.

Werden wir uns in Zukunft noch von natürlichen Substanzen ernähren, oder wird der synthetische Anteil überwiegen?

Nein, ihr werdet euch mehr und mehr aus dem Meer ernähren, denn daher seid ihr gekommen.

Und werden wir uns mehr und mehr dafür öffnen?

Richtig. Bitte, vor wenigen Jahren war es in Europa noch undenkbar, eine Pizza mit Meeresfrüchten zu belegen. Heute ist das ganz normal. Heute bekommt ihr in jedem Supermarkt zum Beispiel Sepia (Meeresfrucht). Hier öffnet ihr euch immer mehr auch der Ernährung aus dem Meer, und somit erholen sich auch eure Böden. Und Nahrung wird wieder vollwertig. Aber hier steht die Erde gerade an einer Zeitenwende, auch hier. Denn jetzt versucht ihr, Nahrung zu ergänzen, zu synthetisieren, und das ist nicht der richtige Weg, erlaubt mir diese Bewertung.

Der richtige Weg wäre, die Möglichkeiten, die jetzt neu da sind, zu erkennen und sie dann auch einzusetzen?

Richtig. Ja.

Also, in die Kreation und Neuerschaffung zu gehen?

Das ist richtig. Aber nicht nur die Kreation und Neuerschaffung, sondern auch die Ressourcen wahrzunehmen.

Und diese Ressourcen zu pflegen und dann hier hinein die Energie der Kreation und Weiterentwicklung zu geben. Zum Beispiel ist hier der Knotenpunkt Japan. Und dieses haben wir vor einigen Jahren in das Morphogenetische Feld der Erde eingespielt. Plötzlich bekommst du überall auf dieser Welt Shitake-Pilze. Das gab es vor zehn Jahren noch nicht. Da war der Shitake-Pilz noch unbekannt. Dieser Pilz ist züchtbar und enthält hochwertiges Eiweiß, er enthält Stoffe (pflanzliche Flavoride), die zum Beispiel Energien, die ihr „Krebszellen im Anfangsstadium" bezeichnet, einfangen und assimilieren, auflösen. Alles durch einen Pilz. Versteht ihr?

Ist bekannt, dass dieser Pilz diese Qualität hat?

Das ist bekannt. Warum sind gewisse Krankheiten in Japan nicht bekannt? Das ist zurückzuführen auf den Verzehr von Shitake-Pilzen.

Also, die japanische Bevölkerung weiß das?

Sie weiß es aus ihrer alten Tradition heraus, sie weiß nicht, welcher Stoff es ist. Aber sie weiß aus ihrer Tradition: Das ist gesund, das essen wir.

Ist das der westlichen Zivilisation auch bekannt? Oder wird dort in der Richtung geforscht?

Da forscht man auch schon. JA.

Es wird behauptet, dass sich ein Europäer vorzugsweise europäisch und ein Asiate sich asiatisch ernähren sollte? Ist es für uns Europäer empfehlenswert, den Shitake-Pilz zu essen?

Ihr könntet euch auch von Baumbovisten ernähren.

Baumbovisten?

Ja. Eine Pilzart. Sie wächst auf vermodertem Holz.

Das hätte denselben Effekt?

Ja, einen ähnlichen Effekt. Die Pilzernährung wird der Bevölkerung einen großen Raum nehmen, denn Pilze wachsen überall.

Wird in dieser Richtung bereits geforscht?

Natürlich. Es gibt zum Beispiel Pilzformen, die industriell mechanisch bearbeitet werden. Sie werden zusammengepresst und lassen sich braten wie ein Schnitzel und schmecken auch so. Ihr könntet nicht unterscheiden, ob es sich hier um ein Schnitzel oder um ein Pilzprodukt handelt. In der Schweiz zum Beispiel ist das Produkt schon erhältlich.

In Deutschland noch nicht?

Nein, hier noch nicht.

Unsere Ernährung wird sich also mehr und mehr dahin entwickeln, dass wir verstärkt Pilze und Fisch/Algen essen?

Stellt euch einmal hundert Strohballen vor. Ihr breitet diese hundert Strohballen aus. Macht sie nass und legt sie in eine Pilzkultur hinein. Von diesen hundert Strohballen kann ein ganzes Dorf monatelang leben.

Das ist bekömmlich, demnach?

Ja. Die Pilze, die auf dem Strohballen wachsen, sind dem Champignon oder dem Steinpilz ähnlich.

Da ist ja der Wert des Pilzes bei uns noch sehr unterbewertet?

Ja. Sehr unterbewertet. Austernpilze zum Beispiel sind hervorragend in der Senkung von Cholesterin. Also, hier gibt es viele, viele Möglichkeiten. Esst Pilze. Und das sage ich nicht, weil ich Elyah bin und selbst im Großen Wagen eine ähnliche Struktur angenommen habe. Ich sage dieses, weil hier Inhaltsstoffe sind, die euch gut tun. Und diese Pilzkulturen lösen auch ein weltweites Ernährungsproblem.

Es geht nicht darum, dass wir auf Nahrung verzichten, sondern sie ergänzen und uns bewusst werden, was wirklich gut für uns ist, was für Ressourcen da sind, und dann können wir uns das Thema der Lichtnahrung erst einmal schenken?

Warum esst ihr nicht ein wunderbares Pilzragout aus verschiedenen Pilzen mit Kartoffeln und Salat?

Danke, Elyah.

Das Leben in der Dritten Dimension und der Übergang in die Lichtwelt

Elyah, müssen wir Menschen Angst vor dem Tod haben? Und wie können wir uns diesen Übergang in eine andere Phase vorstellen.

Eine sehr interessant gestellte Frage. Muss der Mensch Angst haben vor dem Tod? Nein. Es geht nicht darum, dass der Mensch vor irgendetwas Angst hat. Der Tod ist ein Abschnitt in der physischen Existenz, und bitte achtet hier genau auf meine Worte: Der Tod beendet nicht das Leben, sondern eine Existenzform. Die Seele, das, was dich als Mensch ausmacht, lebt ewig. Auch dein Wissen, deine Erfahrung lebt ewig.

Und diese Angst vor dem Tod ist vom Körperlichen her verständlich. Aber Angst braucht ihr davor nicht zu haben. Es ist ein Übertritt, eine Tür, ein Tor in eine andere Ebene hinein, in eine Ebene des Lichtes. Über diese Angst vor dem Tod kann der Mensch sehr manipuliert werden. Denn diese Angst bezieht sich ja nicht auf den Tod selbst, sondern auf das Leben vor dem Tod. Wenn du gewissen Maßregeln folgst, wenn du gewisse Dinge tust, dann brauchst du dich nicht zu fürchten, sagen viele Philosophien, viele Religionen. Wenn du aber dieses oder jenes unterlässt oder bewusst falsch tust, dann solltest du dich fürchten, denn dann erwartet dich eine Himmelsstrafe, ein Gericht.

Bitte, habt keine Angst vor dem Ende der physischen Existenz, denn es wartet kein Gericht auf euch. Es warten

Liebe und Licht auf euch. Denn bitte, wir als Sternenwesen gehen davon aus, dass jeder Mensch gut ist und nicht gut wird. Er ist gut, und deshalb kann man die Angst vor dem Tod ad absurdum führen. Diese Angst wird auch künstlich erzeugt, um Menschen in gewisse Richtungen zu manipulieren und zu lenken.

Der physische Tod, die Beendigung der physischen Existenz nennst du es, ist aber unumgänglich hier bei uns auf der Erde?

Ja. Das ist auch der Preis, den ihr für eure Sexualität zahlt. Bitte, ihr könnt euch ja nicht einfach nur vermehren, vermehren und vermehren. Irgendwann wäre diese Erde überbevölkert. Der physische Tod ist nur eine Beendigung in eine neue Daseinsform hinein. Es hat nichts mit Strafe oder Leiden zu tun. Dass Menschen heute beim Tod leiden, Angst haben, sich fürchten, nicht loslassen können, ist oftmals eine Folge ihrer soziokulturellen, aber auch religiösen Erziehung. Weil sie meinen, in ihrem Leben dem Göttlichen nicht Genüge geleistet zu haben.

Und dann fürchten sie sich vor Gott, und Gott wird zu einem Richter, zu einem bösen Etwas. Und das gab es in vielen Religionen. Bitte, das ist nicht richtig, denn Gott ist Liebe. Und jeder Mensch ist nach dem Bild Gottes erschaffen und ein Ebenbild der Liebe. Es ist wichtig, dass die Menschen dieses wissen. Gott erwartet dich mit liebenden Armen, und es geht hier nicht um ein Strafgericht, eine Drangsal. Gott ist Liebe.

Und wenn Liebe sich mit Liebe vereinigt, dann entsteht nichts Böses.

Gilt das ebenso für den Akt der Selbsttötung? Oder ist das anders zu sehen?

Nein, auch da ist es so. Jedoch beim Akt der Selbsttötung, und bitte, das ist keine Einschränkung, nur eine andere Darstellung, sind Lebenszyklen der Seele noch nicht erfolgt. Das heißt, die Seele kehrt zurück und holt diese Zyklen nach.

Wenn man auf natürlichem Wege hier sein Leben auf der Erde beendet, ist dieses im Seelenplan enthalten und deshalb in Ordnung?

Ja, das ist richtig. Bei der Selbsttötung wird einfach die Spanne durch den Menschen selbst verkürzt, und dann ist der Seelenauftrag oder die Seelenerfahrung noch nicht erfüllt und du kommst zurück und erfüllst sie.

Hat dieser Mensch es schwerer als andere Menschen?

Nein.

Was ändert sich nun in der neuen Zeitfrequenz, in die wir jetzt eintreten, hinsichtlich des Themas „Leben nach dem Tod“?

Die Menschen bekommen weltweit einen neuen Bezug zum Thema Sterben und Tod. Sterben und Tod wird wieder ein Teil des natürlichen Zyklus. Denn lange war es so, dass ihr Sterbende verbannt habt in Krankenhäuser oder Altenheime. Und ihr habt sie aus dem Leben gedrängt aufgrund eurer Angst. Eine Frucht auch eurer spirituellen Ausrichtung. Bitte, es ist wichtig, dass der Tod in das Leben hinein gehört, ebenso wie die Geburt. Und es ist wichtig, dass Menschen liebevoll in ihren Tod begleitet werden, und dass auch dieses mit größtmöglicher Achtung vor dem Leben geschieht, denn der Tod ist ein Bestandteil des Lebens und keine eigene Daseinsform. Der Tod ist nicht das Ende, sondern ein Weitergehen. Eine Tür, die geöffnet wird, so wie bei der Geburt der Geburtskanal geöffnet wird. So öffnet sich bei dem Tod ein Geburtskanal in eine neue Seinsform. So könntet ihr dieses sehen.

Und bitte, seid doch in dem Bewusstsein, dass Engel dort sind. Ihr werdet dort nicht in ein kaltes, weißes Licht getaucht. Es ist sehr viel Wärme, sehr viel Liebe, sehr viel Annahme da. Eure Angehörigen holen euch ab. Sie sind dabei. Es ist wie eine Art Familienzusammenführung. Ein großes Fest des Lichtes.

Dann wäre es richtig, die Sterbebegleitung in Hospizen mehr und mehr auszubauen? Oder wäre es besser, dass die sterbenden Menschen während dieser Phase des Übergangs in eine andere Daseinsform bei der Familie wären?

Das wäre ideal. Bitte, die Hospize, so, wie sie jetzt entstehen, sind sehr, sehr gut, erlaubt mir diese Bewertung. Noch schöner wäre es, wenn der Tod wieder ein Teil des Lebens sein könnte und der alte Mensch im Kreise seiner Familie sterben dürfte.

So könnte dieser Mensch sich bewusst dem Übergang hingeben, denn er weiß, seine Familie ist um ihn (grobstofflich), und er weiß auch, dass nach dem Durchgehen durch den Lichttunnel auf der anderen Seite seine Ahnen, seine Familie, auf ihn warten?

Ja. Ganz genau.

Im Grunde wechselt er nur die Seite?

Ganz genau.

Gibt es einen spirituellen Unterschied in der Art der Bestattung (Feuer- oder Erdbestattung), oder ist das einfach nur eine Wahlmöglichkeit des Menschen?

Es ist eine Wahlmöglichkeit des Menschen, und hier ist es auch wichtig, welche Ressourcen dabei benötigt werden. Bitte, ich propagiere hier an dieser Stelle oder würde an dieser Stelle die Feuerbestattung propagieren, denn dadurch werden einfach die Ressourcen dieser Umwelt geschont.

Aber die Möglichkeit des Menschen, weiterzugehen, ist unabhängig von der Art der Bestattung?

Das ist richtig.

Wie ist es mit den Tieren? Gehen sie nach dem Tod auch weiter? Evolutionieren sie sich auch?

Natürlich. Sie gehen in ihr kollektives Bewusstsein hinein und inkarnieren sich neu oder schließen ihren Seelenzyklus ab, oder evolutionieren sich in eine andere Form.

Kannst du uns den Sterbevorgang selbst näher beschreiben? Was passiert, wenn, wie du eben gesagt hast, auf beiden Seiten die Familie wartet?

Das ist unterschiedlich. Bei vielen Menschen sind Engel dort. Viele Menschen sterben sehr leicht, geborgen. In einem Gefühl der absoluten Geborgenheit. Das ist wichtig. Grausam ist es, wenn Menschen alleine sterben müssen. Das ist sehr grausam, eventuell sogar abgeschoben im Badezimmer, um dort ihren letzten Atemzug zu tun. Das ist grausam und unmenschlich. Geborgenheit ist sehr, sehr wichtig.

Wichtig ist es auch von Seiten der Angehörigen der Dritten Dimension, dass sie nicht ziehen. Dass sie nicht versuchen, zurückzuhalten, sondern dass sie bereit sind, loszulassen. Denn überlegt einmal, und diese Frage möchte ich zur gedanklichen Anregung geben, Trauern hat doch auf dieser Erde etwas damit zu tun, dass ihr euch nicht vorstellen könnt, ohne diesen Angehörigen weiter existieren zu können. Und Trauern hat oft auch etwas mit Festhalten zu tun. Traurig sein über den Tod eines Menschen ist völlig menschlich. Aber bitte, haltet nicht fest, sondern genießt die Zeit, die ihr miteinander habt, und projiziert das Entdecken, die Freude am gemeinsamen Leben auf das Leben, und nicht auf den Tod. Denn der Verstorbene hat nichts von eurer Trauer.

Bekommt der Mensch das Nicht-loslassen der Angehörigen mit?

Natürlich.

Dadurch fühlt er sich festgehalten und kann eventuell nicht aufsteigen?

Das kann ein Grund sein, warum sich eine Seele erdbindet.

Das sind zum Beispiel die Seelen, die auf Friedhöfen oder Plätzen, an denen sie verstorben sind, bleiben und die wir wahrnehmen können?

Das ist richtig.

Und diesen Seelen müssen wir dann entsprechend helfen?

Diesen Seelen darf man die Möglichkeit des Lichtes zeigen und es ihnen nicht verwehren.

Wie verhält es sich mit den Begriffen Himmel und Hölle, Paradies usw.

Sind das lediglich Symbole, oder gibt es diese Bereiche wirklich?

Das sind Symbole. Es gibt keine Hölle. Es gibt keine Verdammnis. Es gibt keinen Ort der ewigen Qualen. Es gibt nur einen Ort des Lichtes. Auch Paradies ist eine etwas irrtümliche Darstellung. Es gibt einen Ort des Zusammenführens, des in die Quelle-Allen-Seins-Eintauchens, einen Ort des In-Frieden-Seins mit Allem-Was-Ist, und das könnten wir als Paradies bezeichnen.

Hier stellt sich die Frage nach der Ebene der Vierten Dimension. Wo befindet sich linear gesehen diese Dimension?

Die Vierte Dimension ist ebenfalls nur eine Dimension der Evolution.

Ist das der Bereich, in dem ich mich entscheide, neu zu inkarnieren und in die Dritte Dimension oder in ein anderes Universum zu gehen?

Ja, das ist richtig.

Und dieser Ort des Friedens ist für alle Menschen gleich zugänglich? Unabhängig davon (bewertend gesehen), wie ihr Leben ausgesehen hat?

Ja, das ist richtig.

Für den Menschen, den wir als Mörder bezeichnen, genauso wie für einen Menschen, den wir als Heiligen bezeichnen?

Ja, das ist richtig.

Und wir dürfen uns so ausdrücken auf der Erde, wie es in unserem Seelenauftrag oder Inkarnationsauftrag steht, und dieses wird nicht von einer Instanz bewertet, sondern es wird nur danach geschaut, ob es erledigt ist?

Das ist richtig. Ihr dürft euch evolutionieren, und das ist der Weg, auf dem viele spirituelle Menschen sind. Spirituelle Entwicklung heißt ja nicht, besser werden.

Spirituelle Entwicklung heißt, eins werden. Eins werden! Nicht besser. Das Leben als Geschenk zu betrachten, nicht als Drangsal. Den Alltag nicht als Prüfung zu betrachten, sondern als Leben. Diese Erde als Zuhause zu betrachten, ebenso den Kosmos. Und glücklich zu sein, das ist die oberste Prämisse. Oftmals habe ich das Gefühl, erlaubt mir diese Darstellung, dass die Menschheit zu diesem Zeitpunkt eine Anleitung zum Glücklichsein braucht. Und so sollte dieses Buch auch ein Stück bewertet werden.

Als wir in Ägypten die Arbeit gemacht haben, hast du uns erklärt, wie das Zusammenleben der Lemurianer und Atlanter nebeneinander auf Gaia bestand. Weil sie weder Vergangenheit noch Zukunft kannten und somit nur im Hier und Jetzt gelebt haben (siehe Kap III: Die zwölf Siegel in Ägypten).

Richtig.

Die Lemurianer kannten im Grunde das Rätsel des ewigen Lebens, indem sie nach ca. 200 Jahren einen neuen Körper kreierten?

Ja, das ist richtig.

Wenn wir als Wesenheit Mensch in der Fünften Dimension sind, können wir uns dann auch einen neuen Körper kreieren? Haben wir dieses Wissen dann auch?

Es ist kein Wissen. Es ist nicht wie Mathematik, die man erlernt, wie eine binomische Formel zum Beispiel, sondern es ist ein innewohnendes Wissen der 12-Strang-DNS. Ein inneres Wissen der 12-Strang-DNS, die sich dann erneuert, die sich dann neu teilt und eine neue Ausdrucksform annimmt. Das heißt, der Körper erneuert sich mehr und mehr. Rudimentäre Fragmente dieses Wissens habt ihr ja in euch. Zum Beispiel seht ihr das bei Kindern, die wachsen, die sich entwickeln. Ihr Körper verändert sich. Und nach der Pubertät hört es auf. Dann ist eine Zeit der Blüte, und dann vergeht der Mensch. Ihr nennt diesen Prozess Altern.

In der Fünften Dimension gibt es das in dieser Form nicht. Der Mensch entwickelt sich weiter, entwickelt sich weiter. Und irgendwann kommt die 12-Strang-DNS an eine Sequenz, wo sie eine, erlaubt mir dieses Wort, Generalüberholung des gesamten biologischen Systems vornimmt. Das heißt, der Mensch verjüngt sich plötzlich wieder. Und dieser Prozess wäre nach ca. 200 – 280 Erdenjahren abgeschlossen. Dann würde der Mensch in eine Art Verpuppung gehen, nicht in den Tod, sondern in eine Verpuppung, und sich einen neuen Körper kreieren. Ohne zu exkarnieren. Er würde sich neu erschaffen.

So, wie es im Alten Ägypten mit diesem Wissen auch versucht wurde?

Richtig. Deshalb ja auch die Form der Puppe, die explizit gegenüberzustellen ist dem ägyptischen Sarkophag, denn er wurde ja in Menschenform dargestellt. Das alte Wissen von Lemurien war dort noch präsent. Aber eben nur noch in einer rudimentären Form, und dort wurde versucht, dieses sofort umzusetzen.

Es konnte aber nicht 100 % in der Form weitergelebt werden, weil die Möglichkeit über das Morphogenetische Feld so nicht mehr vorhanden war?

Weil die Ebene des Morphogenetischen Feldes nicht mehr war, und weil diese Urform der 12-Strang-DNS nicht mehr gegeben war. Und daher gab es diese Schwierigkeit. Man hatte die Erinnerung aus der alten Zeit, aus der Geschichte, verstehst du? Man wusste, es gab die Phase der Verpuppung. Man wusste, es gab diese rudimentäre Form des Veränderns, und deshalb entstand eine Kultur, die dann sagte, der Körper muss erhalten werden, Mumifizierung. All das hat die Ursachen in dieser alten lemurianischen Form, die aber durchaus von Shomanah kam und nicht von Lemurien. Die Lemurianer haben sich diese nur zu eigen gemacht.

Bei der Form der Verpuppung begibt sich der Mensch in diese Form, um sich neu zu kreieren. Meines Wissens braucht er dafür aber auch noch neue, zusätzliche Aspekte?

Ja. Die hat er ja erlebt in seiner Inkarnation. In den 280 Jahren zuvor hat er ja Erfahrungen gemacht.

Würde er nochmals dasselbe erleben?

Nein, er geht dann in ein neues Spiel über.

Aber dazu braucht er doch auch Input von außen?

Das hat er bereits durch die Erfahrung. Jede Erfahrung ist ein neuer, wie nennst du es, Input. Und dieser In-

put wird bei der Kreation eines neuen Körperbewusstseins berücksichtigt.

Angenommen, ich würde mich in der Verpuppungsphase befinden. Ich würde nun meine gesamte Erfahrung der 280 Jahre nehmen und sie neu vermischen. Ich käme dann zum Beispiel nicht als Blondine, sondern als Schwarzhaarige wieder zurück, zwar mit demselben Wissen, aber ich würde es jetzt anders einsetzen?

Richtig, und das Problem ist jetzt in eurer Inkarnationsphase, dass das alte Wissen ins Unterbewusstsein geht. Ihr müsst alles neu erlernen. Und das ist nicht wirklich Evolution. Das Ist elne Verkürzung derselbigen. Ihr fangt quasi immer bei Punkt 0 an.

Und diese Entwicklung startet im Jahr 2012?

Das ist richtig.

Ist es für jeden Menschen auf Gaia möglich, diese Bewusstseinsstufe zu erreichen?

Es hat immer mit den Bewusstseinsstufen des Einzelnen zu tun. Jedoch ist diese Schwingung auch im globalen Zusammenhang des Morphogenetischen Feldes für alle möglich.

Da kann es tatsächlich sein, dass dies ab 2012 für Menschen oder eine Menschengruppe umsetzbar ist?

Es wird jetzt schon umgesetzt. Zum Beispiel in der Form des Einfrierens von Körpern in Stickstoff. Es ist eine ähnliche Form wie die Mumifizierung im alten Ägypten, nur auf einen sehr modernen, wissenschaftlichen Standpunkt gebracht. Man versucht dann, diese Wesen zu reanimieren und dann ihre Krankheiten zu heilen, an denen sie verstorben sind.

Zum Verständnis, Elyah, wer sind die SHOMANAH?

SHOMANAH ist das dritte Volk, das auf dem atlantischen Kontinent lebte. Ihr redet immer von Atlantis und Lemurien. Aber bitte vergesst die SHOMANAH nicht.

Ist das ein Aspekt vom Haus Rhubinius?

Ja, das ist richtig.

Das heißt, es wird sich bei dieser Art des körperlichen Veränderns, des Weitergehens, auch die Sexualität verändern? Denn du hast ja vorhin am Anfang gesagt: „Der Tod ist der Preis, den ihr für eure Sexualität zahlt."

Richtig. Weil ihr Sexualität mit Zeugung verknüpft habt. Ihr werdet Sexualität haben, doch der Vordergrund wird nicht mehr die Zeugung, sondern die Verschmelzung sein.

Ganz praktisch. Wird es eine andere Art von Verhütung geben? Oder wird Sexualität eine andere Form haben?

Nein. Es wird keine Verhütung mehr geben müssen, denn ihr könnt euch dann bewusst entscheiden, ob es jetzt zu einer Zeugung kommen soll oder nicht.

Wenn ein Mensch A sich mit einem Mensch B zusammentut und die beiden sich einig sind, kann sich aus ihren beiden Systemen etwas Neues kreieren (ein neues menschliches Wesen), das heißt, wir gehen ganz bewusst zusammen und kreieren so das Kind?

Richtig.

Wir brauchen demnach keine Anti-Babypille mehr, da wir dieses selbst steuern? In dem Moment, in dem wir sagen: Jetzt bin ich bereit zu empfangen, empfange ich?

Ja, das ist richtig.

Danke, Elyah!

Das lichte Universum und seine Bewohner

Seid in der Einheit des Lichtes, dies ist Elyah, die zu euch spricht, und ich möchte euch bitten, dass ihr nun eure Fragen fortführt, und ich werde sie nach meinem jetzigen Wissensstand beantworten.

Elyah, wir möchten heute mit dir über das Thema Universen, Planeten und Sternenrassen sprechen.

Wie viele Universen gibt es? Wir sprechen immer vom Universum der Dualität, aber es gibt mit Sicherheit mehrere.

Das ist richtig. Jedoch ist dieses von der Anzahl her nicht genau festzulegen. Es gibt eine universelle Schätzung im Universum der Dualität. Danach gibt es 4,7 Billionen Universen.

Und gibt es dort überall Leben in der Form, wie wir es kennen, zum Beispiel auf den Sternen, die sich in diesen Universen befinden?

Das ist eine sehr ungenaue Frage, denn auf Sternen findet selten Leben statt, denn Sterne sind Sonnen. Auf ihren dazugehörigen Planeten gibt es Leben, auch menschenähnliches Leben. Bitte, versteht dieses Wort nicht falsch. Wir reden hier von der adamnischen Rasse. Bitte, das sind Wesenheiten, die an einer Hand fünf Finger haben. Und dazu gehört ihr zum Beispiel auch. Und diese

Adamnische Rasse gibt es auch verstreut in allen Universen, wobei es sich hier nicht um Menschen handelt. Bitte, das nicht falsch verstehen.

Also gibt es nur auf Gaia Menschen?

Ja, in dieser Ausprägung ja.

Und dennoch wäre es möglich, innerhalb der adamnischen Rasse miteinander zu kommunizieren?

Sie kommunizieren schon längst mit euch. Es gibt Völker der adamnischen Rasse, zum Beispiel auf euren Meeresgründen, die PLEJADIER zum Beispiel, die unterseeische Städte gegründet haben. Aber dazu habe ich ja schon an anderer Stelle referiert. Bitte, wichtig ist auch, dass es Adamnische Rassen gibt, die zum Beispiel voller Vergnügen eure Fernsehsignale auffangen und diese auch sehen, und darüber natürlich ein völlig falsches Bild von euch bekommen. Denn sie glauben natürlich, dass euer Leben nach einer täglich ausgestrahlten Serie funktioniert.

Dann ist der Film *Galaxie Quest* gar nicht so falsch?

Nein, der ist nicht verkehrt. Und bitte, es ist wichtig, dass ihr erkennt und begreift, dass es zum Beispiel Tierdokumentationen gibt, die auf anderen Planeten ja wirklich gesehen und voller Erstaunen betrachtet werden. Stellt euch vor, es gibt Planeten, die einen Hasen für gefährlich halten.

Aufgrund von unseren Fernsehfilmen, die sie sehen?

Ja. Bitte, ihr überschreitet hier Dimensionsgrenzen und überschreitet hier auch Bewusstseinsgrenzen. Und ihr müsst erkennen, ihr nehmt natürlich alles in der Bewertung, wie es auf eurem Planeten ist. Aber stellt euch einmal vor, dass ein plejadischer Planet, der um Alcyon kreist, eine ganz andere Werte- und Normenstruktur hat als ihr. Und das ist genau das Problem mit dem Kontakt zu diesen Wesenheiten, denn diese Wesenheiten fürchten sich vor dem Werte- und Normenstrukturen-Gitter dieser Erdenbewohner. Und es gibt hier Unterschiede, und hier sollte es Angleichungen geben. Ihr denkt immer, ein Außerirdischer, so nennt ihr sie ja, müsste so, so oder so sein. Und bitte, das sind sie nicht.

Und weil wir dieses Wertesystem in der ungeheilten Dualität noch haben, sind weitere Kontakte selten?

Nein, das stimmt nicht. Wir benutzen zum Beispiel Kanäle. Denn meine Wesenheit, Elyah, wäre auch ein Außerirdischer. Ich stamme nicht von diesem Planeten. Kryon stammt auch nicht von diesem Planeten. Ashtar stammt auch nicht von diesem Planeten. Versteht ihr, auch wir sind Außerirdische! Und dennoch haben wir Kontakt zu euch. Wir lernen euch kennen, wir reden zu euch, wir ge-

ben euch Informationen, wir geben euch Hinweise zur Bewusstseinsveränderung dieses Planeten, und es ist auch unsere Aufgabe, dieses zu tun.

Wir sind sozusagen Verbindungsglieder in einem großen kosmischen Netzwerk, zu dem ihr auch gehört. Und ihr als menschliche Rasse seid eine wichtige Rasse in diesem Universum. Der Begriff Rasse ist bei euch sehr stark negativ belegt. Ich nehme ihn rein biologisch. Und bitte, erkennt und begreift, dass wir als Verbindungsbrücken so lange agieren, bis ihr in den direkten Kontakt kommt. Direkt heißt für mich, auch in der grobstofflichen Form. So geschehen zum Beispiel in Stonehenge durch die Wesenheiten der OG MIN.

Und das wird jetzt mehr und mehr möglich sein?

Das wird mehr und mehr möglich sein. Wichtig ist aber hier, euer Wertesystem wirklich dahingehend zu verändern, dass nicht alles, was von außen kommt, gleich böse ist.

Elyah, kannst du erklären, was eine Sternentoröffnung ist und den Unterschied zu einer Dimensionstoröffnung?

Ja. Eine Dimensionstoröffnung verbindet Dimensionsfoken. Das heißt, über eine Schnittmenge wird eine gemeinsame Menge hergestellt. Darüber öffnet sich ein Tor zu beiden Seiten, zur einen Dimension sowie zur anderen Dimension. Bei einer Sternentoröffnung geschieht das

Gleiche, aber zwischen zwei Bewusstseinsstufen unterschiedlicher Sternenebenen.

Elyah möchte malen.

Darstellung einer Sternentorverbindung

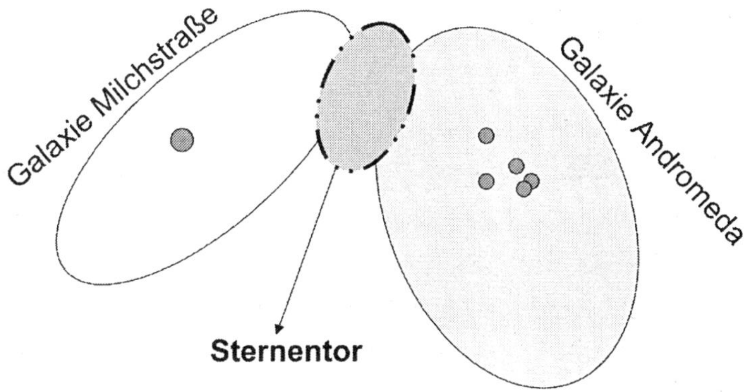

Erkennt und begreift, ich male euch eine Skizze einer Sternentoröffnung. Das ist gar nicht so kompliziert. Machen wir es einmal galaktisch: Elyah malt jetzt zwei Galaxien. Das sieht jetzt ein bisschen aus wie Spiegeleier. Aber bitte, lasst euch dadurch nicht irritieren. Das wäre jetzt eine Galaxie. Dieser Mittelpunkt ist die zentrale Sonne dieser Galaxie. Reden wir von der Galaxie, die ihr Milchstraße nennt. In dieser Galaxie wäre eure zentrale Sonne. Ungefähr hier ist eure Sonne. Hier wäre jetzt der Andromedanebel mit seiner zentralen Sonne. Dieser kleine ovale Bereich dazwischen ist das Sternentor. Dabei fließt auch Materieenergie von hier nach dort und umgekehrt. Das heißt, zwei unterschiedliche Bewusstseinsebenen kreieren hier ein Sternentor zum Austausch der Energie, zum Austausch der Kraft, zum Austausch des Wissens. Und das sieht wunderbar aus, wenn zwei Galaxien sich begegnen. Sie verschmelzen miteinander.

Es könnten zum Beispiel auch zwei Sonnen mit ihren Planeten eine Verbindung eingehen (wie Arcturus/Alcyon). Die Schnittmenge, die entsteht, ist auch ein Sternentor, eine Sternentoröffnung, und dabei wird eine spezielle Energie freigesetzt.

Aus dieser Erinnerung heraus, die ihr in euren Zellen habt, denn ihr seid durch Sternenwesen gegründet oder kreiert worden, habt ihr zum Beispiel das Symbol der Ringe. Und dieses Symbol findet ihr zum Beispiel auf Hochzeitsgrußkarten. Ein Sternentorsymbol. Ein Symbol der Verschmelzung zweier Sternenebenen.

Und wodurch wird bestimmt, dass dies der Zeitpunkt ist, an dem ein solches Sternentor kreiert werden kann?

Durch einen tiefen Wunsch der Begegnung.

Also, zum Beispiel, dass sich die Milchstraße jetzt gerne mit Andromeda verbindet?

Bitte, dieser Prozess ist nicht eingetreten. Würde das eintreten, wäre dies das Aus für die Erde.

Warum?

Ungeheure Kräfte würden freigesetzt, die dieser Planet nicht ertragen würde. Deswegen hat der göttliche Plan auch eine Drift. Das heißt, diese Galaxien begegnen sich erst in so weiter Ferne, dass die Erde nicht mehr an diesem Punkt ist, sondern schon längst nach Orion gewandert ist. Aber das würde jetzt hier zu weit führen. Bitte, es ist wichtig, dass hier mehr Sternentoröffnungen geschehen.

Auch der Workshop „Konvergenz der Waage" (siehe Kapitel III: Reise nach Thailand im Mai 2006) *ist eine Sternentoröffnung. Das heißt, hier werden gewisse Möglichkeiten und Energien freigesetzt, damit ihr euch in eurer Form weiterentwickeln könnt. Es geht um die Verbindung des spirituellen menschlichen Seins mit dem physischen Kreislaufs eures Körpers.*

Aber das bedeutet, dass diese Sternentoröffnungen nie zufällig, sondern immer geplant sind?

Ja, diese sind immer geplant.

Damit ein Planet, der so eine Eröffnung nicht aushalten würde, vorher in eine Ebene gebracht wird, in der diese Energie nicht zerstörerisch wirkt?

Es geht im Universum nicht um Zerstörung. Es geht um immer wieder neue Reproduktion von Leben. Es ist immer eine Erweiterung.

Und dadurch kann Verschmelzung stattfinden?

Richtig.

Wenn unser jetziger Bewusstseinszustand unseren Herzen nicht erlaubt, das zu verstehen, zu erkennen oder zu begreifen, wie können wir einhundert Prozent in das vertrauen, was uns zum Beispiel über Channelings oder Bücher versprochen oder in Aussicht gestellt wird bezüglich des Aufstiegs und der Schwingungserhöhung von Gaia oder der Geistigen Welt?

Der Fragesteller fragt nach einer Garantie und ob dieses eine weitere Fiktion ist, zum Beispiel ich als Elyah. Nein, ich bin keine Fiktion. Ich bin ein lebendes Wesen, ein lebendes Bewusstsein. Bitte, erkennt und begreift, *dass viele Dinge, die von unseren Wesenheiten gesagt wurden, eingetroffen sind. Bitte erkennt und begreift, dass hier Zusammenhänge der Kabbalistik bestehen. Erkennt und begreift, dass große Visionen sich umgesetzt haben auf dieser Erde. Und dass es hierzu eine Menge Informationen gibt, die den Rahmen dieses Buches sprengen würden. Es ist wichtig, dass ihr nicht den Durchgaben vertraut, sondern <u>euch</u> vertraut. Das, was ihr selbst spürt, das, was ihr selbst erfahrt, das, was ihr an Energie aus einem Channeling mitnehmen könnt für euch selbst. Es geht hier nicht um Gehorsam gegenüber der Geistigen Welt oder der Sternenwesen, sondern dass ihr unsere Aussagen überprüft. Und die Energie daraus bezieht, den Mut zu haben, euch zu evolutionieren.*

Gibt es eine Garantie im Universum?

Ja, die gibt es. Diese Garantie heißt: Ihr seid ewig und Leben ist nie zerstörbar. Leben konnte selbst durch den Blitz von Karon nicht zerstört werden, wohl verändert, aber nicht zerstört. Und Leben setzt sich immer durch, Tochter des Lichtes. Seid im Segen.

Hier ist eine Frage zum Körper.

Der Körper ist Materie. Ist die Annahme richtig, dass diese Körpermaterie ein Produkt des Geistes ist?

Nein, das ist falsch. Die Materie ist ein Produkt des Lichtes. Körper ist verdichtetes Licht. Darum schmunzeln wir immer wieder über Lichtkörper. Ja, ihr habt schon Lichtkörper. Ihr seid so dicht gewordenes Licht, dass man euch anfassen kann. Ist das nicht wunderbar? Und eure Materie ist Licht, komprimiertes Licht. Das seid ihr, und deshalb ist an euch nichts Schlechtes, und deshalb schmerzt es uns auch, erlaubt, dass wir das so ausdrücken, dass ihr euch selbst immer wieder so klein macht. Und dass ihr euch für so unvollkommen haltet. Dass ihr euch für unvollkommen haltet, liegt daran, weil man euch glauben macht, ihr wäret unvollkommen.

Meine Aufgabe besteht darin, eure Stärken zu stärken. Nicht eure Schwächen zu stärken, indem ich euch immer wieder sage, wo ihr noch nicht perfekt seid. Das ist nicht mein Auftrag. Mein Auftrag ist, das, was in euch stark und schön und wunderbar ist, zum Wachsen und Blühen zu bringen. Und daran werdet ihr erkennen, wie ihr euch liebend verändert. Nicht unter Druck, nicht unter Strafandrohung, sondern liebend. Und das ist wichtig, denn das braucht diese Erde. Sie hat genug Kriege erlebt, und genug wurde auf ihr herumgetrampelt. Erlaubt mir diese Sichtweise. Jetzt soll sie den Tritt der Menschen als Streicheln empfinden und als Erweiterung ihres eigenen Bewusstseins. Und der Mensch darf empfinden, dass er glücklich ist. Seid im Segen!

Elyah, kannst du uns mehr zur Zentralsonne sagen? Du hast uns ja gerade aufgezeichnet, dass jede Galaxie eine Zentralsonne hat. Welcher Zusammenhang besteht zu unserer Erde, zu unserer Sonne?

Die Zentralsonne ist der Mittelpunkt einer Galaxie. Es ist sehr schwierig zu erklären, weil der Begriff „Sonne“ für euch immer ein strahlender Stern am Himmel ist. Diese Sonne ist aber ein Schwarzes Loch. Eine ganz dicht gewordene Materie. Quasi wie eine schwarze Sonne. Und jetzt werden einige von euch sagen: „Oh, das ist aber nicht lichtvoll“. Das ist richtig, in dem Sinne wissenschaftlich nicht lichtvoll, denn sie saugt Licht auf. Sie verschluckt Lichtschwingung. Ein äußerst starkes Gravitationsfeld, um das sich die gesamte Materie der Sterne dreht. Und ein Gravitationsfeld, das alle Prozesse physikalisch, chemisch in dieser Galaxie steuert. Ähnlich wie euer Erdkern, der die Energien hier auf dieser Erde steuert. Im Kleinen wie im Großen steuert die Zentralsonne alle Gravitation dieser Galaxie. Und dieses Schwarze Loch, Bewohner dieser Erde, ist ein riesiges Sternentor zu anderen Galaxien, zu anderen Ebenen. Es frisst das Licht nicht auf, sondern leitet es weiter, denn am anderen Ende ist es die Quelle des Lichtes. Versteht ihr?

Nein, das habe ich jetzt nicht ganz verstanden.

Es ist wie ein Tunnel, ein Wurmloch.

Elyah will malen.

Verstehe bitte, ich male jetzt eine Galaxie in der Seitenansicht. Das ist eine Galaxie, das ist ihr Mittelpunkt, das ist die Zentralsonne. Das ist in Wirklichkeit ein Tunnel. Hier ist eine andere Zentralsonne und eine andere Galaxie in einer anderen Dimension. Und dieser andere Kanal verbindet die eine Zentralsonne mit der anderen Zentralsonne. Hier wären jetzt Sterne. Sie strahlen ihr Licht aus. Dieses Licht geht in einer Kreisbewegung langsam in den Mittelpunkt. Wird hier durchgeschossen und kommt hier wieder heraus als Licht. Versteht ihr, das ist Dualität. Und das ist das parallele Universum zu eurer Galaxie. Das ist Milchstraße Nummer zwei.

Darstellung Galaxie Milchstraße

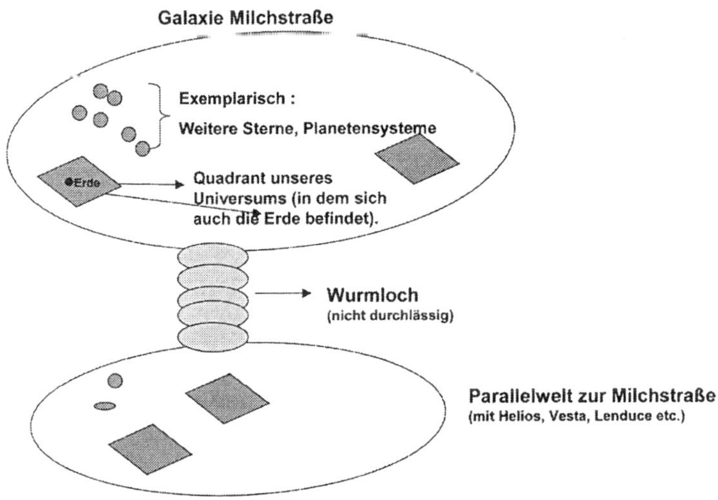

Und Vesta, Helios, Janet? Es heißt immer, diese seien Wesenheiten der Zentralsonne. Das heißt, dieser Tunnel, dieses Wurmloch ist dann tatsächlich in irgendeiner Form bewohnt oder belebt?

Da ist richtig, es sind Wesen der Zentralsonne. Das bedeutet, sie sind Transgender zwischen den einzelnen Welten.

Sind es Energieformen, die wandern?

Ja. Und sie wandern hier (siehe Skizze: Wurmloch) durch. Sie leben nicht an einem Platz, denn es sind reine Energien. Sie befinden sich aber immer in diesem Bereich. Sie gehen von einem zum anderen Ort. Vesta zum Beispiel wird in diesem Sternensystem ohne Namen als Göttin verehrt. Da gibt es nicht den „lieben Gott", da gibt es die „liebe Göttin".

Und deshalb ist auch das Spiegelbild die Vestalinnen im alten Rom. Das ist das Spiegelbild zu dieser Gottheit?

Richtig, sie ging durch das Sternentor Wurmloch durch und kam dann hier an, in ihrer Energie und in ihrer Präsenz. Es findet immer ein Austausch zwischen den Universen statt.

Mir fällt jetzt gerade Lenduce ein. Lenduce ist ja eine sehr fröhliche Wesenheit.

Also gibt es in diesem Paralleluniversum genauso Witz in irgendeiner Form?

Ja, das ist eure Schwestergalaxie.

Wenn du sagst „Schwestergalaxie", fließt die Kommunikation über diese Energieformen von Vesta und Helios usw. Oder gibt es auch andere?

Es gibt auch noch andere. Das sind die sogenannten Solaren Bruderschaften. Darüber fließen diese verbindenden Energien. Und bitte, es ist jetzt sehr wichtig, von hier kommt die Energie von Regulus. Regulus ist der Hauptstern des Sternbilds Löwe und schwingt fünfdimensional. Unsere Dualität ist nicht geheilt. Die Dualität aus dem Sternbild Löwe ist heil.

Und das ist die Energie, die Lemurien oder das Schlagende Herz von Mu mitbringt?

Das ist sehr verklärt. Aber bitte, wir können auch über Verklärungen reden. Es ist wichtig, dass ihr erkennt und begreift, dass in dieser Schwesterngalaxie geheilte Dualität vorhanden ist. Sie kommt über den Transponder von Regulus aus der Zentralsonne und wird in euer Sternensystem eingestrahlt, und zwar in euren Quadranten. Und dieser Quadrant liegt ungefähr hier (siehe Punkt auf der Zeichnung). *Ein Quadrant ist ein viereckiges Rautensystem. Denn dieses ganze galaktische System besteht aus*

Raute, Kreis, Raute, Kreis. Das wäre jetzt Galaxie, Zentralsonne, Galaxie, Zentralsonne.

Darstellung von Universen

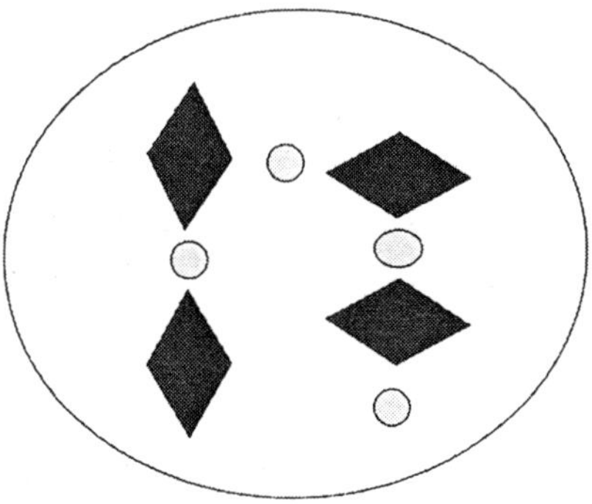

Rauten = Universen

Kreise = Zentralsonnen, die gleichzeitig Wurmlöcher sind.

Und so entsteht ein Netz (dies ist die Beschreibung des Lernfelds der Einheit).[1] Das ist jetzt ein großer Zusammenhang. Viel Spaß beim Verarbeiten und beim Einbringen in das Buch. Denn das ist wirklich eine wunderbare Darstellung der kosmischen Einheit. Und hier habt ihr das Symbol von Elyah. Versteht ihr?

Und am Plateau von Gizeh geschah genau diese Vernetzung? (Siehe Kapitel III: Die zwölf Siegel in Ägypten.)

Ja. Genau.
Erkennt und begreift. Wir machen gleich weiter an dieser Stelle. Seid im Segen.

Nun, nachdem dem Flüssigkeitshaushalt Genüge geleistet wurde (Elyah weist uns darauf hin, genügend zu trinken), machen wir weiter in der Beantwortung der Fragen zu den Universen.

Elyah, ich habe noch eine Frage zum Thema Zentralsonne. Über viele Channelings wurde Menschen mitgeteilt, dass sie Anbindungen an die Zentralsonne haben oder Wesenheiten der Zentralsonne sind. Kann man davon ausgehen, dass das damals ein Austausch war, als beide Dualitäten geheilt waren, und dass Menschen, die jetzt mit Anbindung an die Zentralsonne auf der Erde leben, zur Zeit des Blitzes von Karon sich im ungeheilten

---

[1] *Erdenwoge*

Universum der Dualität aufhielten und so in die Menschheit und die ungeheilten Dualität hineingekommen sind, oder ist das ein falscher Ansatz?

Fast, es geht sogar noch weiter. Es ist fast richtig. Erlaube mir diese Bewertung. Wesenheiten, Menschen mit Anbindung an die Zentralsonne, bedeutet, dass sie ihre Sternenpfade bis ins Paralleluniversum ausgedehnt haben. Das heißt, sie haben hier gelebt, sind hier durch (Wurmloch/Zentralsonne) und kamen hier (Galaxie Milchstraße) an. (Siehe auch Zeichnung: Darstellung Galaxie Milchstraße.)

Und dann kam der Blitz von Karon und hat die Rückkehr verstellt?

Und hat hier quasi den Kanal geschlossen. Heilung der Dualität bedeutet, das kann wieder fließen. Die Seelen können durch. Dieses Sternentor ist für Seelenebenen geschlossen. Vesta, Helios können hier durchreisen. Aber Seelen, inkarnationswillige Seelen, können nicht hierdurch. Nicht mehr. Deswegen ist hier ein Mangel entstanden. Ein Universum der nicht geheilten Dualität ist ein Universum des Mangels. Das gibt es hier nicht. Und darum ist dieses Netz an dieser Stelle gerissen.

Aufgrund unserer Arbeit in Ägypten sind hier jetzt Durchgänge möglich?

Eure Arbeit in Ägypten fand hier in diesem Würfelchen (Quadrant mit Bereich Erde) statt. Versteht ihr, dieser Riss der Universen hat Einfluss bis in euren Quadranten. Bis in euren Mikrokosmos hinein.

Und was sich im Mikrokosmos heilt, heilt sich im Makrokosmos.

So ist es.

Wenn es stimmt, dass alles unendlich ist, Makrokosmos, Mikrokosmos, – wie kann es einen Anfangspunkt geben, eine Quelle-Allen-Seins. Oder ist das für uns nicht zu verstehen?

Doch, das ist für euch zu verstehen. Nehmen wir einmal die Universen als großes Netz. Die Quelle-Allen-Seins ist der Anfangsknoten. Und von wem wurde er geknüpft? Aus sich selbst gebar sich der Kosmos. Als göttlicher Gedanke, es war ein reiner Gedanke. Wo kam dieser Gedanke her? Aus der Quelle-Allen-Seins. Versteht ihr, das ist eine Ebene, die ihr nicht erreichen könnt in eurem mentalen Bewusstsein. Dieses könnt ihr nur spüren, und darum ist auch für jedes Lebewesen Gott erfahrbar und nicht sichtbar. Ein hohes Gut, was ihr Menschen dort habt. Ihr könnt göttliche Anbindung fühlen. Das ist sehr schön.

Und das könntest du jetzt in dem Sinne nicht?

Doch das kann ich auch. Ich erfahre es anders. Ich erfahre es durch Lichtschwingungen, die mich durchdringen.

Kannst du uns den Begriff „göttliche Ordnung" erklären?

Das ist göttliche Ordnung. (Siehe Bild: Darstellung von Universen.)

Geheilte Dualität. Universen verbunden durch, ihr nennt es Wurmlöcher, mit Universen. Universen verbunden mit Universen, ein reger Austausch von Licht und Energie zu allen Ebenen und Frieden überall. Harmonie, Liebe, eine göttliche Ordnung, in der alles Raum haben darf ohne Bewertung. Raum, wo Liebe einfach ist. Gott ist Liebe.

Wird sich das Wissen über die Sterne im Allgemeinen und im Speziellen über die Galaxien verändern?

Ja, ihr werdet mehr und mehr in die Lichtforschung eintreten,– eine Forschung, die sich mit diesen Übertritten beschäftigt. Jetzt seid ihr noch beschäftigt, in diesem Quadranten zum Mars zu fliegen. Alle Sterne, die ihr am Himmel seht, sind in diesem Quadranten. (Siehe Bild: Darstellung Galaxie Milchstraße, Quadrant mit Bereich Erde.)

Mehr können wir gar nicht sehen?

Nein. Ich möchte euch damit eine Vorstellung von der Größe der Universen geben.

In wieweit ist Zahlenmystik für uns noch wichtig, oder wie können wir diese Zahlenmystik besser verstehen?

Zahlenmystik ist sehr wichtig, denn Zahlen sind kosmische Sprache. Es geht nicht um eure Vorstellung von Mathematik, sondern es geht um Zahlenwerte. Diese Zahlenwerte sind in einer kosmischen Sprache gleich. Hier ist der Zahlenwert 1 genauso wie an anderen Orten des Universums. Und bitte, über diese Zahlencodierungen kommunizieren kosmische Bereiche miteinander, weil man hier unterschiedliche Sprachen und Daseinsformen hat.

Und war diese Bedeutung der Zahlen einfach da?

Ja, die Bedeutung der Zahlen sind kosmische Gesetzmäßigkeiten, und die wurden übernommen, auch von der Erde.

Also von den Sternenrassen, die den Kosmischen Menschen damals erschaffen haben. Diese haben damals das Wissen über den Kode der Zahlenmystik in uns hineingeben?

Richtig.

Und deshalb wurde oftmals in der Geschichte des Menschen die Zahlenmystik genutzt. Menschen, die sich mehr mit der kosmischen Zahlenmystik beschäftigt haben, zu welchem Zeitalter des Menschen auch immer, haben diese Schwingung auch bewusst genutzt, um vielleicht Machtstrukturen zu erhalten oder zu erschaffen?

Das ist richtig.

Dann sind wir so weit durch zu diesem Thema, Elyah.

Vielen Dank. Eines möchte ich noch dazu erwähnen. Bitte, eine wichtige Information, auch wenn dieses nicht gefragt wurde, weil ihr denkt, das gehört nicht zu diesem Bereich dazu.

Das sind die geheimen Gesellschaften dieser Erde,– Gesellschaften, die sich zum Beispiel mit dem Bereich des Nicht-Lichtes beschäftigen. Diese benutzen die Zahlenmystiken. Und bitte, Zahlenkodes bewegen Energien im Universum der Dualität. Bitte, ich sage euch dieses nicht, um Angst vor diesen Gesellschaften zu machen. Aber bitte, es ist wichtig, dass die Kinder des Lichtes sich mit den lichten Zahlen auseinandersetzen, die da sind: die Sieben Strahlen, die Engelwelten, die 144 Kristallschichten der Erde, die zwölf Turmalinschichten dieses Planeten. Das sind Zahlen, die wichtig sind. Und wichtig ist die Zahl 11. 1:1, das ist wichtig. Seid im Segen!

Danke, Elyah!

Kapitel II: Menschliches Sein

Entwicklung des Sternenbewusstseins Gaia

Dies ist Elyah, lasst uns nun weitermachen.

Elyah, bitte erkläre uns den Begriff Schwingungserhöhung der Erde und ihre Auswirkungen.

Der Begriff Schwingungserhöhung ist bezogen auf den Bewusstseinsstand des Sternenwesens Gaia. Gaia evolutioniert sich genauso, wie sich jeder Mensch evolutioniert. Sie macht Erfahrungen, setzt diese Erfahrungen um und entwickelt sich. Und das ist mit der Schwingungserhöhung Gaias gemeint. Dieses wird unterstützt durch den Kosmischen Rat, der Gaia in eine Form bringt, die ihrem eigenen Seelenplan, ihrer eigenen Seelenlinie und dem eigenen Seelenweg dieses Sternenwesens entspricht. Gaia entwickelt sich.

Und die Auswirkung dieser Entwicklung ist der Übergang in die Fünfte Dimension?

Zum Beispiel, aber auch, dass sich alles Leben auf ihr mit entwickelt. Es kann in der Evolution niemals einen Stillstand geben. Es geht immer weiter, und die Schwingung erhöht sich immer mehr, so dass Dimensionen ineinander übertreten.

So, wie du es uns im vorherigen Kapitel über die Dritte und Fünfte Dimension bereits erklärt hast?

Das ist richtig.

Wie ist das Universum der Dualität entstanden?

Es ist nur so viel zu sagen, dass dieses Universum der Dualität ein Universum der Harmonie und Liebe war, bis es zu der großen Störung kam, den ich als den Blitz von Karon bezeichne, und diese geheilte Dualität in eine unheile Dualität verfiel, eine jetzige Form der nicht geheilten Dualität, in der es Bewertung gibt, in der es Krieg, Tod und Elend gibt.[1)]

Kann man das linear ausdrücken? Kann man sagen, wie alt dieses Universum bereits ist?

Nein. Hierfür gibt es in eurer menschlichen Sprache keine Größenordnung.

Es gibt bei uns den Ausdruck „Urknall". Ist hier etwas implodiert oder explodiert? Wie ist das wirklich zu sehen?

Es gab nicht diese Form des Urknalls. Es gab die Form der Evolution. Bitte, Universen sind aneinandergedrängt wie aufsteigende Blasen in einem Mineralwasserglas.

[1)] Siehe *Erdenwege*

Und bitte, da gab es keinen Urknall, da sind Universen an Universen. Es gibt neben dem Universum der Dualität auch noch andere Universen, die sich an dieses Universum schmiegen, und es gibt auch Übertritte in die anderen universalen Ebenen. Diese Übertrittsräume nennt ihr Schwarze Löcher.

Elyah, kann man bei diesen verschiedenen Universen sagen, dass es Paralleluniversen gibt? Sodass eine Welt wie Gaia auch in einer anderen, fast identischen Form nebenan existiert, oder ist das wirklich Science Fiction?

Nein, das ist real. Ihr nennt das nur „andere Dimension". Gaia existiert schon in der Fünften Dimension. Das Herabtropfen aus der Fünften Dimension oder das Einswerden mit der Fünften Dimension heißt nichts anderes, als dass diese sich wie einzelne Dias übereinander legen und ein Ganzes erschaffen.

Und kann man sich das so vorstellen, dass wir, so wie wir jetzt hier sitzen, in der Fünften Dimension auch dasitzen, oder sind das andere Wesen?

Nein, das sind ähnliche Wesen, ähnliche Schwingungsebenen. Bitte, aber das ist eine Ebene, die ihr mit eurem jetzigen Bewusstseinsstand noch nicht begreifen könnt. Deshalb gebrauche ich das Bild Dia über Dia.

Wie oft war unsere Erde als solche bereits existent, oder ist dies das erste Mal?

Die Erde ist das erste Mal so existent. Es gab elf erdähnliche Planeten, aber diese Erde ist einzigartig.

Kann man sagen, dass bei diesen elf erdähnlichen Planeten immer einer zerstört wurde und anschließend der nächste kreiert wurde? Oder sind diese Planeten schon existent gewesen und wurden dann immer wieder bevölkert, wenn einer zerstört wurde?

Nein, sie wurden immer wieder neu kreiert.

Wie ist der Mensch als Bewohner der Erde auf diesen Planeten gekommen?

Er ist nicht auf die Erde gekommen, der Mensch wurde entwickelt aus verschiedenen kosmischen Rassen. Dieses habe ich bereits beschrieben.[1] *Der Mensch entstand in dem Transponder von Poseidonis.*

Und in diesem Zusammenhang stellt sich die Frage nach dem „Missing Link". Wer hat das auf die Erde gebracht?

---

[1] Siehe *Erdenwege*

Das waren die OG MIN in Zusammenwirkung mit den NEDDEK in Form einer goldenen Kapsel, die in das Urmeer fiel. Und dort befand sich ein Ur-DNS-Strang. Aus diesem Strang in dieser warmen Brühe, erlaubt mir, das so zu nennen, des Urmeeres konnte sich dieser DNS-Strang vervielfältigen. Über Photosynthese, einer Einwirkung der Sonnenenergie und einer Einwirkung des Chlorophylls.

Diese ganze Annahme, dass der Mensch in der Evolution vom Affen abstammt, ist folglich *ad absurdum* zu führen?

Die würde ich ad absurdum führen.

Was ist das Besondere am Planeten Erde?

Er ist ein Heilungsplanet in diesem Universum, und die Erde ist ein beseeltes Bewusstsein. Sie ist ein eigenes Lebewesen. Die Erde lebt, so wie du lebst, wie jede Leserin oder jeder Leser lebt. Es ist ein eigenes lebendes Bewusstsein, und dieses lebende Bewusstsein möchte mit Liebe und Respekt behandelt werden.

Als Gaia die Quelle-Allen-Seins verließ und sich in Liebe in das geheilte Universum der Dualität goss, wusste sie, dass sie einst zu einem Schlüsselpunkt in unserer Galaxie würde. Es ist wichtig, dass ihr Gaia als Persönlichkeit betrachtet. Deshalb ist es wichtig, auch nicht von der Erde zu reden, sondern in den Meditationen von Gaia zu reden. Ihr sollt euch mit Gaia verbinden, nicht mit der Erde. Die

Erde ist ein Zusammenschluss von Mineralienstäuben. Gaia ist das Wesen.

Wenn du sagst, die Erde ist beseelt, dann stellt sich mir jetzt die Frage: Wie ist es mit den anderen Planeten in unserem Universum?

Es gibt auch unbeseelte Planeten. Zerstörte Planeten zum Beispiel. Planeten, die ihr Dasein ausgehaucht haben. Diese Planetenbewusstseine gehen dann in die Quelle-Allen-Seins zurück. Sie gehen nicht in die Vierte Dimension, sondern direkt durch das Sternentor, welches das Zentrum dieser Galaxie darstellt, in die Quelle-Allen-Seins, durch das Universum der geheilten Dualität hindurch. Wenn sie in der Quelle-Allen-Seins angekommen sind, geben sie Zeugnis von ihrem Leben und all ihren Bewohnern der Quelle-Allen-Seins. Sie fungieren als galaktischer Wissensspeicher für die Quelle-Allen-Seins. So erfährt sich Gott.

Aber wenn ein Planet gesund ist, ist er auch beseelt?

Ja, jeder Planet, der Leben hervorbringt, und bitte, nicht nur den Maßstab anlegen, wie ihr Leben definiert, ist beseelt. Ein beseeltes Wesen lebt. So kann man sagen, jeder Planet, der Leben hervorbringt, ist beseelt. So die Frage: Ist die Venus beseelt? Auch wenn sie kein Leben hervorbringt so, wie ihr es kennt. Die Venus ist ein beseelter Planet, ein Schwesterplanet eurer Erde, und die-

ser Planet erhält Leben, aber in euch unbekannter Form. Die Venus ist am Tage sehr heiß, wenn sie der Sonne zugewandt ist, und in der Nacht sehr kalt. Auf diesem Planetenbewusstsein leben die KUMARAS. Geistwesen, die einen Emotionalkörper haben, der aber Kälte und Hitze nicht empfinden kann.

Ich möchte noch einmal auf diesen Vergleich mit den Affen zurückkommen. Ich habe jetzt erst gelesen, dass bei den Affen, vor allem bei den Schimpansen, der Aufbau des Gehirns fast identisch ist mit dem des Menschen.

Das ist richtig.

Die Tiere haben sich ja neben dem Menschen entwickelt. Waren sie jetzt auch ein Produkt des Kosmischen Menschen, oder war das in einer ganz anderen Form gedacht?

In einer ganz anderen Form. Der Affe an sich stammt sehr, sehr stark aus den DNS-Strängen der lemurianischen Rasse. Und das war eine Entwicklung, die parallel zum Kosmischen Menschen lief.

Das heißt, wenn jetzt dieser Missbrauch nicht stattgefunden hätte, würden Tierwesen und Menschen friedlich in Koexistenz miteinander leben?

Das ist richtig.

Und dieser Missbrauch konnte entstehen, weil die Tiere sich mit uns auf dem ungeheilten Planeten befunden haben?

Das ist richtig.

Und der Ausdruck Heilungsplanet bedeutet, dass Gaia dazu da ist, im Universum der Dualität die Dualität, die jetzt noch ungeheilt ist, in die Heilung zu bringen?

Das ist richtig, unter anderem. Das bedeutet aber auch, dass eine Seele sich von ihren Inkarnationserfahrungen auf anderen Welten, auf anderen Dimensionsfoken hier auf Gaia wieder sammeln kann. Sich re-anbinden, und diese Erfahrung heilwirkend auf diesen Planeten einbringen kann. Auch das verstehen wir unter Heilungsplanet.

Das heißt, wenn wir jetzt als geheilte Transponder Gaia besiedeln, können wir uns Gaia wie ein großes Sanatorium vorstellen? Andere Lebensformen haben somit durch uns, mit uns, auf Gaia die Möglichkeit der Ausheilung und stellen diese geheilte Energie wiederum ihrem Planeten zur Verfügung?

Das ist richtig. Mir gefällt dieser Vergleich mit einem Sanatorium. Und bitte, es ist wichtig, dass ihr erkennt, dass ihr hier auf der Erde seid, um heil zu sein, nicht, um eine Teststrecke zu durchlaufen, sondern, um heil zu sein! Das ist wichtig. Und im Heilsein liegt auch das Glücklich-Sein.

Weil wir dann als Menschen erst unseren Auftrag, den wir schon immer hatten, erfüllen können?

Das ist richtig.

Jetzt kommen wir zum Morphogenetischen Feld. Aus wie vielen Schichten besteht das Morphogenetische Feld? Kann man sagen, dass es mehrere Schichten sind?

Ja, es sind genau 288 Schichten. Die Dopplung der 144 Kristallschichten der Erde. In dieser Dopplung sind 144 Schichten dem Nicht-Licht energetisch zugeordnet und 144 Schichten dem Licht, also insgesamt 288 Schichten. Wichtig ist, dass ihr euch hier der Bewertung enthaltet. Die 144 Kristallschichten sind rudimentäre Energielinien der Erde, die durch das Bestrahlen des Solarenkerns durch die Turmalinschicht der Erde farblich energetisiert werden und darüber die Lebenskraft des solaren Kerns an die Oberfläche speisen.[1)]

Bei dieser Erdheilungsreise im Mai 2006 (siehe Kapitel III: Erdheilungsreise mit Michael/Elyah nach Thailand im Mai 2006) beginnt auch der evolutionäre Sprung, dass die Erdachse sich ausrichtet?

[1)] Siehe *Kiria Deva und Elyah – Kristallwissen – der Schlüssel von Atlantis*, Antan Minatti, Smaragd Verlag

Ja, die Erdachse richtet sich aus, das heißt nicht unbedingt, dass folglich auch die Pole generell abschmelzen. Die Achse richtet sich nur aus.

Ist das Schmelzen der Pole ein Irrglaube?

Ja, und hier wird auch sehr viel Panik gemacht und Angst unter den Menschen verbreitet. So, bitte, nach dem Motto, „Zieht nicht mehr nach Holland, denn Holland steht dann unter Wasser". Bitte, darum geht es nicht. Selbst wenn Holland zum Teil unter Wasser stehen würde, würde neues Land entstehen. Also, es geht nicht darum, dass Menschen in einer plötzlichen Springflut ertrinken. Darum geht es nicht, und bitte, wenn die Meeresspiegel steigen, steigen sie langsam. Das heißt, die Menschen haben Jahre Zeit, sich neue Lebensräume zu suchen. Und somit kann es zu einer Eroberung, zu einer Entdeckung eines neuen Lebensraums kommen.

Wird die globale Erwärmung, die wir ja schon seit einigen Jahren erleben, weiter voranschreiten, oder kommt es zu einer Stagnation zum Beispiel bei 20° oder 25° Celsius?

Das ist keine Stagnation, das ist friedenschaffend. Das heißt, es ist ein einheitliches Klima, und zwar weltweit. Das ist nicht langweilig, sondern erschafft allen die gleichen Möglichkeiten. Was machen Beduinen in der Wüste, verstehst du? Sie haben einen anderen Lebenszyklus als zum Beispiel ein Nordeuropäer. Wäre es nicht wunderbar, wenn die gesamte Sahara grün wäre? Bitte, es geht jetzt nicht darum, den Lebensraum der Beduinen zu zerstören, sondern er wird sich verändern. Und Beduinen werden dann lernen, in diesem Lebensraum zum Beispiel mit den veränderten natürlichen Ressourcen umzugehen.

Elyah, kann man im Hinblick auf New Orleans (Katastrophe im September 2005 durch Hurrikan Kathrina) einen Vergleich ziehen zur Ausrichtung der Erdachse?

New Orleans war ein furchtbares Desaster. Nein, hier kann man keinen Vergleich ziehen. Für New Orleans kam dies in wenigen Stunden. Die Menschen konnten sich nicht darauf einstellen, und so kam es zu einer Katastrophe.

Meine Frage ist jedoch: Ich gehe davon aus, dass New Orleans nicht im Sinne des göttlichen Plans gebaut wurde, weil es unterhalb des Meeresspiegels erbaut wurde. Wenn sich jedoch die Erdachse aufrichtet, wird dann alles, was im Sinne des göttlichen Planes erstellt wurde, auch ganz sanft in das Neue geführt?

Richtig.

Heißt das, wenn etwas von Menschenhand verändert wurde, das nicht im Sinne des göttlichen Plans war, dieses bei Veränderungen aus Gaia heraus nicht immer sanft verändert werden kann?

Weil hier ein Ungleichgewicht entstanden ist? Ist diese Idee richtig?

Das ist richtig interpretiert. Hast du schon einmal etwas von einer sanften Atombombe gehört? Hier hat der Mensch künstlich eingegriffen in ein atomares Geflecht, und das führte zur Zerstörung.

Also kann man sagen, immer wenn der Mensch künstlich eingegriffen hat, ist es schwierig für Gaia, dieses sanft zurückzuholen, weil das Gleichgewicht gestört ist?

Richtig.

Kann man das als Transformation bezeichnen?

Richtig. Ich möchte hier nur als Beispiel den Assuan Staudamm anbringen. Der Nil überschwemmt seit Jahrtausenden das Land in regelmäßigen Zyklen und bringt Fruchtbarkeit. All das ist jetzt weg. Der Nil hat keine Überschwemmungsphasen mehr. Das heißt, das Land wird künstlich bewässert. Die Folge davon ist Versalzung. Das heißt, die Böden werden immer ärmer, und irgendwann werden auch die Niläcker, die seit Jahrtausenden überflutet worden sind, ihre Fruchtbarkeit verlieren. Das heißt, dort leben die Menschen von geliehener Zeit.

Und das ist die Folge des Siegels, das die Gruppe in Ägypten gelöst hat? Dieses Siegel verursachte, dass alle

Kreativität des Menschen immer auch eine negative Folge haben musste?

Und es ist wichtig, dass ihr begreift, ihr braucht heute den Assuan Staudamm, um ganz Ägypten mit Elektrizität zu versorgen. Das ist richtig, aus eurem jetzigen Stand des Bewusstseins. Aber warum werden die weiten Flächen der ägyptischen Wüste nicht zu riesigen Sonnenkollektoren gemacht? Auch dann könnte man ganz Ägypten mit Elektrizität versorgen, und die angrenzenden Länder übrigens auch. Wenn es denn um Elektrizität gehen würde, versteht ihr? Hier wird kurzfristig gedacht und nicht auf lange Sicht geplant. Es gibt ein Problem, und das muss jetzt gelöst werden. Nicht die sofortige Lösung ist wichtig, sondern das Auseinandersetzen mit dem Problem. (Siehe hierzu Kapitel III: Lösung der zwölf Siegel in Ägypten.)

Was ja wiederum mit den Siegeln, die in Ägypten gelöst wurden, zusammenhängt. Durch das Lösen der Siegel ging diese Energie in die Heilung und in das Morphogenetische Feld. Somit besteht jetzt die Möglichkeit, dass die ganzen Wirtschaftsfunktionäre, Politiker usw. die Probleme jetzt anders angehen können, in der Form, wie du es gerade beschrieben hast. Es geht um eine Lösung, und nicht um die sofortige Umsetzung. Also erst einmal darum, sich das Problem anzuschauen und dann eine vernünftige Umsetzung zu finden?

Richtig.

War diese Erdheilung in Ägypten der Startschuss für diese Phase der Evolution?

Richtig, jetzt hat eine spezielle Phase der Evolution begonnen, eine Phase des Verinnerlichens. Im Mai 2006 werden wir dieses in der „Konvergenz der Waage“ einspielen, auch in die Materie hinein. Und bitte, nicht nur in die Materie des Menschen, sondern auch in die Materie des Wassers, des Feuers und so weiter. (Siehe Kapitel III: Die Konvergenz der Waage, Reise nach Thailand im Mai 2006.)

Und da es um eine Transformation auf Gaia geht, wird es eine Art Aussaat geben, so dass das, was nicht im göttlichen Plan vorgesehen ist, automatisch transformiert wird und das andere bleibt, wie es ist?

So kann man das nicht sagen. Bitte, wenn Katastrophen auf dieser Erde geschehen, dann sagt ihr immer: Wie kann Gott das zulassen? Das lässt Gott nicht zu. Das ist gemacht, das ist von Menschenhand hergestellt. Musste man die Stadt New Orleans unterhalb des Meeresspiegels bauen und unterhalb des Seelevels? Und bitte, dass die Stadt vollläuft, wenn die Dämme brechen, das ist dann doch logisch. Das sagt euch doch euer vernünftiger Menschenverstand. Bitte, warum plant man solche Projekte? Warum nutzt man die menschliche Ressource dazu, zu überlegen, mit welcher Waffe kann ich ein anderes Volk unterjochen und ein Gleichgewicht der Angst herstellen?

Warum schließen sich die Industrienationen dieser Welt nicht zusammen und errichten, zum Beispiel auf der Sonne zugewandten Seite des Mondes, ein Kraftwerk, in dem in einer Zentralstation auf dieser Erde Energie im Überfluss über die gesamte Erde ausstrahlen kann. Das heißt, überall gäbe es Strom, ohne ein einziges Kraftwerk auf diesem Planeten. Die menschliche Technik ist bereits soweit. Warum geht ihr dieses nicht an? Ihr fragt uns nach dem Gebrauch der Freien Energie. Möchtet ihr wissen, was das ist, die Freie Energie? Es ist die Rotation der flüssigen Gesteinsmasse um den Eisenkern. Ein riesiger elektrischer Magnet. Warum nutzt ihr diese Kraft nicht? Es wäre euch technisch möglich. Aber bitte, erkennt, darüber würde euer Industriezweig Elektrizität völlig außer Kraft gesetzt und ein gesamter Industriezweig wegbrechen. Das heißt, dieses Konstrukt, in dem ihr lebt, ist in sich lebensfeindlich. Ihr müsst Atome spalten, damit ihr abends Licht in eurer Wohnung habt. Das ist ein lebensfeindliches Prinzip.

Aufgrund der Arbeit in Ägypten und den bereits vorhandenen Plänen besteht jetzt eine große Chance. Wird hier ein Umdenken geschehen?

Wenn der Mensch bereit ist, wenn die Leserin und der Leser bereit sind, sich auf neue Bewusstseinsspiele einzulassen. Denn das ist Evolution! Ihr meint, wenn ihr an dem Alten festhaltet, würde sich etwas verändern. Das ist eure Sicherheitsstruktur. Ihr habt durch die vermeintliche

Trennung vom göttlichen Kern diese Illusion. Diese Illusion, ich bin getrennt vom göttlichen Kern, führt dazu, dass ihr ein Sicherheitsbedürfnis habt. Ihr haltet euch an dem Alten fest. Das kann ja nicht so schlecht sein. Ich möchte euch etwas provozieren. Bitte erlaubt! Das war schlecht, denn sind deine Eltern glücklich? Ist die Generation vor dir glücklich in die andere Welt gegangen? Ohne Angst? Warum hältst du dann daran fest?

Weil man das Neue nicht kennt, und alles, was man nicht kennt, macht Angst.

Das ist der große Irrtum, und dieser Irrtum ist bewusst geplant und bewusst gewollt. Das ist eine Folge des Blitzes von Karon. Schaut euch kleine Kinder an, die das Leben entdecken, die anfangen, sich hochzuziehen, neu zu entdecken, neu zu laufen. Sie tun es ohne Angst. Wenn dann Mutti sagt: Vorsicht, Vorsicht, das ist gefährlich, dann passiert etwas.

Also, je unbefangener der Mensch mit einer Situation umgeht, desto eher evolutioniert er sich?

Ich habe es diesem Kanal (Michael), meinem Botschafter, beigebracht, indem ich ihm zeigte, dass ein Kind unter zwei Jahren einen ganzen Mund voll Glasmurmeln haben kann, ohne zu ersticken. Und es ist wichtig, dass dieses Kind diese Erfahrung gemacht hat. Als dann Michael und die besorgte Mutter sorgenvoll versuchten, dem Kind die

Murmeln aus dem Mund zu nehmen, verschluckte sich das Kind. (Achtung: Bitte an alle Mütter, das heißt nicht, dass man spirituelle Erfahrungen nur mit Glasmurmeln macht. Hier bitte achtsam sein, dies ist nur ein Beispiel des Lebens.) Entdeckt die Evolution als Spiel. Die Menschheit hat sehr viele Möglichkeiten. Und bitte, das hat nichts mit Phantastereien zu tun. Sondern, das hat mit einem Potenzial, mit einem energetischen Potenzial der Christuskraft einer gesamten Menschheit zu tun.

Geht Gaia nun ihren unbeirrbaren Weg in die Fünfte Dimension, da es nun angekickt wurde, gestartet, und wir dieses nicht mehr aufhalten können? Werden wir in die Form des Friedens gelangen, die du weiter vorne beschrieben hast, in dieses Glücklich-Sein?

Tochter des Lichtes, erlaube mir, dass ich dich hier unterbreche, denn wir reden bereits über die Fünfte Dimension. Das ist wichtig, und das ist gut. Jedoch möchte ich nicht meine Botschaft an die Menschheit richten im Sinne von Science-Fiction. Indem ich sage: Wartet darauf, in der Fünften Dimension wird alles besser. Es ist wichtig, dass die Dritte Dimension lebenswert, liebenswert und glücklich sein kann.

Nicht vertrösten auf eine neue Dimension, denn dann tun wir nichts anderes als viele Religionen, die sagen: Nach dem Tod wird alles besser, denn dann bist du im Paradies. Verstehst du? Sondern jetzt das Leben glücklich zu gestalten. Jetzt die Ressourcen dieses wunderbaren

Sterns an diesem Himmel zu nutzen! Jetzt die Ressourcen der Kräfte der Erde zu nutzen, nicht auszunutzen, sondern zu nutzen! Ihr pumpt aus diesem Planeten sein Blut heraus. Wie lange denn noch? Es bildet sich nicht nach. Jedenfalls nicht in dem Tempo, wie ihr es ableitet. Und bitte, ihr solltet es lernen, die natürlichen Kräfte dieser Erde zu nutzen, und dazu gehört auch die Freie Energie, die aus der Rotation der flüssigen Gesteinsmasse um den Eisenkern der Erde entsteht.

Elyah, wenn wir auf die geheilte Energie zurückgreifen können, können wir dann spüren, was ein anderer fühlt? Zum Beispiel ich kaufe einen Stuhl, der aus missbrauchtem Holz (mit Gift bearbeitet) gefertigt ist. Ich empfinde das, wenn ich auf diesem Stuhl sitze, als sehr unangenehm. Das veranlasst mich, so lange nach einem Stuhl zu suchen, der aus Holz gefertigt ist, das mit Liebe bearbeitet wurde?

Das ist richtig. Und das nenne ich Bewusstsein im evolutionären Sinne.

Und dann kaufen die Menschen nur noch einen Stuhl, der liebevoll verarbeitet wurde, und bald werden nur noch solche Stühle produziert?

Also wird die Industrie hier einsteigen und sagen, die Menschen wollen glückliche Stühle. Erlaube mir bitte, dass ich dieses Beispiel nehme. Oder der Mensch möchte ein glücklich produziertes Gemüse auf seinem Teller haben.

Weil ich es gar nicht mehr aushalten kann, ein unglückliches Gemüse auf dem Teller zu haben?

Nicht, weil du es nicht aushältst, sondern weil du es nicht willst! Weil du die Sinnhaltigkeit dieses Unglückes nicht siehst! Und das ist ein großer Vorteil eures Emotionalen Feldes. Ihr könnt dieses spüren. Das können andere Wesenheiten nicht.

Das ist der Bereich, den wir beim Zuckerbeispiel von dir gezeigt bekommen haben? Der Bereich, der hinter der Linie der Bewertung liegt?

Richtig. Bitte, das Beispiel mit dem Zucker war ein sehr wichtiges Beispiel für euch. Ihr solltet darüber nachdenken und meditieren, denn es geht nicht nur um neue Erfahrungen, sondern darum, diese alten Erfahrungen zu verbinden mit den neuen Erfahrungen, denn das ist Evolution. Und euch nicht trennen von dieser ganzen Vergangenheit. Aber bitte jetzt auch nicht beginnen, in der Vergangenheit herumzuwühlen. So nach dem Motto, was müsste ich hier noch auflösen und so weiter, denn dieses sind Spiele eines Egos. Dadurch funktioniert nicht wirklich Evolution.

Elyah, wie Ist es im Gesamtspiel der Natur? Wir haben jetzt sehr viel über uns Menschen gesprochen im Hinblick auf die Veränderungen der Dritten Dimension und der

Fünften Dimension. Wie ist das mit der Natur? Wenn ich jetzt aus dem Fenster schaue, sehe ich Bäume verschiedenster Art, Pflanzen usw. Bleibt das so?

Ja, aber es wird sich verändern, denn wenn es ein einheitliches Klima gibt, werden sich Pflanzen auch ausweiten können über die Erde. Zum Beispiel die Dattelpalme. Dann wachsen in Stuttgart Dattelpalmen.

Die Natur müsste sich auch ändern, denn es gibt ja dann keine Jahreszeiten mehr?

Richtig.

Das heißt, die Informationen, die heute in den Bäumen und in den Pflanzen sind (zum Beispiel es wird Herbst, sie färben ihre Blätter, sie verlieren ihre Blätter, sie wachsen im Frühjahr wieder neu) verändern sich auch?

Richtig. Alles evolutioniert sich, der gesamte Planet. Deswegen spreche ich von einem Gesamtbewusstsein, und es ist auch sehr trügerisch und auch von der Schwingung her nicht förderlich, wenn ihr Natur und Menschsein trennt, denn ihr seid ein Teil der Natur!

Wie ist es mit Leben, das unter der Erde existiert? Es sollen (siehe zum Beispiel Jules Verne) unterirdische Städte existieren oder auch Wasserwesenheiten von den Plejaden, die in den Weltmeeren leben.

Das ist richtig.

Lernen wir diese kennen? Haben wir dann einen Zugang zu ihnen?

Am Andreasgraben liegt eine große Stadt der SHOMANAH. Dort leben Wesenheiten von Sirius. Und diese Stadt wird von großer Bedeutung sein. Nämlich für die Bedeutung der physischen Rekonvaleszenz von Atlantis. Das, was Lemurien in der Fünften Dimension darstellt, stellt das Volk der SHOMANAH am Andreasgraben dar. Und hier verbindet sich das Wissen der Materie mit dem Wissen der lichten Schwingung der Fünften Dimension. Und dann kommt es zu einer Rekreation von Atlantis. Das ist das, was Visionäre dargestellt haben in der Stadt des Neuen Jerusalems zum Beispiel. Aber das sind alles Metaphern für ein und dasselbe.

Und wenn ich das jetzt richtig verstehe, ist Begegnung da? Also auch körperlich? Wir wissen dann, das sind Wesenheiten der SHOMANAH?

Ja. (Elyah lacht) *Nein, ich lache nicht über diese Frage, sondern: Habt ihr euch nie gefragt, wohin die ganzen Menschen verschwunden sind, die im Bermuda Dreieck verschollen sein sollen? Sie leben glücklich und zufrieden in der Stadt der SHOMANAH.*

Wie ist es dazu gekommen?

Es war ein Versuch der Kontaktaufnahme. Denn bitte, auf dieser Erde ist es doch so, schaut euch eure Filme an, schaut euch eure Medien an. Stellt euch vor, ich würde als Elyah plötzlich vor dem Schreibtisch des amerikanischen Präsidenten Raum einnehmen. Und ich würde dort eine körperliche Gestalt annehmen. Nur einfach als Beispiel, bitte, da sage ich nichts gegen einen amerikanischen Präsidenten. Dann würde sofort eine Horde von Sicherheitsbeamten mich überwältigen. Sie würden mich in ein Labor stecken. Sie würden mich zerschneiden und sezieren. Ich wäre nicht mehr im Körper lebensfähig. Also tue ich dieses nicht. Denn ich bin kein dummes Wesen. Warum sollte ich dieses tun? Warum sollte ich meine Wesenheit selbst zerstören lassen von den Wesenheiten, die ich liebe und denen ich helfen darf?

Ähnlich denken die SHOMANAH, und deshalb haben sie dieses dimensionale Tor im Bermuda Dreieck errichtet. Das übrigens nicht mehr aktiv ist. Und sie haben somit Kontakt zu Menschen aufgebaut. Diese Menschen sind entschwunden, sie sind nicht tot. Sie leben in der Stadt der SHOMANAH und werden vorbereitet, wieder zur Erde zurückzukehren.

Und diese Menschen wissen auch, dass sie jetzt bei den SHOMANAH sind?

Aber natürlich.

Also war das ein bewusster Akt, auch ein Akt des Einverstandenseins?

So könnte man dieses nennen.

Du sagtest, das Dimensionstor sei jetzt geschlossen. Jetzt stellt sich mir natürlich die Frage, warum?

Weil jetzt genügend Menschen da sind, die mit den SHOMANAH Kontakt haben, und die dann darauf vorbereitet werden, zur Erde zurückzukehren. Denn es geht ja nicht darum, Menschen von der Erde verschwinden zu lassen. Sondern es geht darum, neues Bewusstsein zu erschaffen.

Diese Menschen kommen dann wieder zurück und leben hier bei uns. Und was ist mit den Wesenheiten der SHOMANAH?

Die SHOMANAH werden mit an die Oberfläche kommen.

Ist es dennoch korrekt, dass die Wesenheiten der Plejaden auf dem Meeresgrund leben?

Ja, sie leben zum Teil im Atlantik und zum Teil im Pazifik. Euer Erdboden ist wirklich besiedelt. Wisst ihr eigentlich, dass ihr mehr über die Oberfläche des Mondes wisst als über die Oberfläche eurer eigenen Meere?

Was tun sie dort?

Sie leben dort. Sie nutzen zum Beispiel die Energie des Erdkerns zur energetischen Versorgung. Sie leben von der freien Energie. Sie ernähren sich aus dem Meer. Sie haben Wasser, genügend. Sie sind zum Teil körperlich so wie ihr, aber von der Energie etwas feiner. Das heißt nicht besser, sondern fein schwingender. Ihre Körper sind nicht so fest wie eure Körper.

Kann es sein, dass hieraus das Bild der Meerjungfrau entstanden ist?

Zum Beispiel. Wobei sie keinen Fischschwanz haben.

Sind die Quallen Wesenheiten der Plejaden?

Das ist richtig.

Sind das Bewusstseinsanteile dieser Wasserwesenheiten oder so etwas Ähnliches, wie wir Haustiere haben?

Nein, die PLEJADIER haben keine Haustiere. Es gibt auch keine Haustiere, Tiere sind Tiere. Das, was ihr mit euren Hunden und Katzen macht, ist lebensfeindlich. Aber das ist ein anderes Kapitel. Es ist wichtig, dass ihr wisst, dass diese Quallen nur eine andere Daseinsform von Leben darstellen. Genauso wie ein Hund eine andere Daseinsform von Leben darstellt. Wer gibt denn euch als Menschen das Recht zu sagen, ich als Mensch bin bewusster als ein Hund? Woher weißt du denn, was ein Hund denkt? Woher weißt du denn, was eine Katze denkt? Und dennoch bestimmst du maßgeblich dieses Leben, und bitte, das ist sehr vermessen. Das machen PLEJADIER nicht. Erlaubt mir diese Bewertung. Eine Qualle ist nicht irgendwie ein ekeliges Tier im Meer, sondern eine Königin der Eleganz und der Schönheit. Habt ihr mal Quallen im freien Meer beobachtet? Wie wunderschön sie sind und wie sie die Lichter der Sonne brechen? Sie nehmen die Energie auf und strahlen sie in das Wasser ab. Sie energetisieren das Wasser mit Leben. Und das ist ihre Aufgabe. Eine Qualle ist in ihrem Bewusstseinsspektrum manchmal höher anzusiedeln als ein Mensch, und dennoch bezeichnet ihr sie als Tiere.

Versteht ihr hier den Zusammenhang? Es geht hier wirklich um Bewusstsein. Wenn ihr euren Hund erzieht, tut ihr das ja nicht so, dass ihr sagt, wir ermöglichen jetzt diesem Hund sein natürliches Verhalten. Sondern ihr sagt, wir domestizieren ihn. Das kommt von domos – Haus. Das heißt, wie binden eine wilde Kreatur an unser Haus. Und diese Kreatur muss dann Ersatzleistung bringen. Ihr substituiert damit eure Kinderlosigkeit, eure Einsamkeit und all diese Dinge und ladet dieses auf das Tier. Das Tier tut dies in Liebe zu euch, nicht, weil es dümmer ist, sondern weil es bewusster ist. Weil es dieses annimmt und sagt: Na ja, dann wollen wir den Menschen mal helfen und spielen niedliches Kätzchen. In Wirklichkeit bin ich ein Raubtier, aber ich spiele niedliches Kätzchen. Damit dieser Mensch ein Gefühl von Glück bekommt. Erkennt dieses bitte und begreift dieses bitte. Keine Katze ist freiwillig in einem Haus. Kein Hund ist freiwillig bei einem Menschen, sondern sie helfen euch im evolutionären Schritt und geben euch ein gutes Gefühl von Treue, von Zuverlässigkeit, von Geborgenheit, von Beschütztsein, von Beschäftigung, von Aufmerksamkeit. Und das schenken diese Tiere euch. Ja, und bitte, das tun sie aus Liebe zu euch. Sie haben ein hohes, hohes Bewusstsein. Und bitte, denkt darüber nach, stellt euch nicht über das Bewusstsein eurer Tiere, sondern lebt mit ihnen. Und wenn eine Kuh zu einem Beefsteak wird, seid euch dessen bewusst, dass diese Kuh ein Leben hatte. Seid euch bewusst, dass sie es tut aus Liebe zu euch.

Weil sie weiß, dass ihr Eiweiß und Proteine braucht. Sie weiß das nicht, so wie ihr das jetzt mental wisst. Es ist bei ihr ein inneres Wissen. Und das ist die Balance zwischen Beute und Jäger. Die in dieser Natur der ungeheilten Dualität jetzt noch ist. Aber das wird sich ändern.

Deswegen kann ich auch nicht sagen, hört nun auf, Fleisch zu essen. Ich habe noch nie in meiner Existenz Fleisch zu mir genommen. Ich habe noch nie in meiner Existenz eine Pflanze zu mir genommen. Ich ernähre mich von Licht. Aber bitte, das heißt doch nicht, dass der Mensch sich jetzt vom Licht ernähren muss, denn er ist noch nicht so weit. Versteht ihr! Und das ist genau das Ding. Deswegen sind solche Fragen wie:" Ist Vegetarismus besser oder Fleisch essen" irrelevant, weil das doch nur Spiele des egoistischen Feldes sind. Ihr seid jetzt dort, wo ihr seid, und an dieser Stelle darf ich euch begleiten und abholen.

Es wird dahin gehen, dass ihr nicht mehr töten werdet, nur um euch zu ernähren. Aber dort seid ihr noch nicht angekommen. Und das geht auch nur, wenn eine ganze Erde diesen Bewusstseinsschritt mitmacht. Denn viele Vegetarier oder Veganer halten sich für besser als Fleisch essende Menschen. Damit wird Trennung erzeugt, keine Gemeinschaft. Es wird eine Gemeinschaft der Veganer erzeugt, aber nicht eine Gemeinschaft der Menschheit. Und diese veganische Gemeinschaft ist wieder separiert von den anderen, die so böse sind und Ledergürtel tragen. Versteht ihr, das ist hier wirklich ein Bewusstseinsspiel und eine Zeitenwende, an der dieser Planet steht. Und das müsst ihr erkennen. Ihr benutzt Natur, ihr benutzt eure Tiere, und das ist nicht gut. Begegnet ihnen mit Respekt und Würde. Das wäre ein anderer Weg, und das wäre ein Weg des Einswerdens. Du kannst auch mit deinem Steak auf dem Teller eins werden und sagen: Ich danke diesem Leben, das da war. Das sich hingegeben hat, mich zu ernähren. Und dann schmeckt dir dieses Steak auch. Weil dann eine Verbindung zur Energie des Lebens hergestellt wird, dass dieses Steak kreiert hat. Übrigens, das macht jede Raubkatze, wenn sie ihre Beute tötet. Sie bedankt sich. Das macht jeder Delfin, der einen Fisch fängt. Da ist der Mensch noch nicht so weit, nicht wahr, und auf diesem Weg seid ihr. Der Mensch war mal so weit, aber das wurde vergessen. Und jetzt bin ich da und erinnere euch. Seid im Segen!

Elyah, kannst du uns sagen, wie Europa ungefähr in 100 Jahren aussehen wird nach der Evolution von Gaia? Wird es so bleiben?

Ein sehr grüner Kontinent. Es werden keine Grenzen mehr existieren, ähnlich wie jetzt schon in der Europäischen Union. Menschen werden in verschiedenen Kulturkreisen zusammenleben, aber es wird ein reger Austausch zu den anderen Kulturkreisen sein.

Jetzt kommt eine sehr spezielle Frage. Wird der Golfstrom versiegen?

Nein, der Golfstrom wird nicht versiegen. Der Golfstrom ist ja auch wichtig für das Wetter und das Klima in Europa. Nein, aus welchem Grund sollte er versiegen? Nur weil es ein einheitliches Klima gibt? Das ist nicht der Grund.

Also, der Golfstrom beeinflusst weiterhin das Wetter?

Ja natürlich, und zwar Niederschläge zum Beispiel.

Und der Zusammenhang mit den Weltmeeren, die der Golfstrom hat?

Das bleibt alles so erhalten.

Elyah, kannst du uns mehr zu den Steinkreisen sagen? Es gibt ja verschiedene Steinkreise weltweit, die bis heute als Kraftorte genutzt werden. Was hat es generell mit Steinkreisen auf sich? Sind sie von außerirdischen Wesenheiten erbaut worden? Sind es Verbindungsebenen? Wie ist das zu verstehen?

Die Steinkreise sind an Plätzen errichtet worden, an denen es dimensionale Verbindungstore gab. Diese dimensionale Verbindungstore wurden durch die damaligen Kulturen genutzt und für heilige Stätten erklärt. So zum Beispiel auch Stonehenge. Ein anderer Ort in Irland ist New Grange. Und bitte, es geht hier um alte Verbindungen, die zu Sternenfahrern, Sternenrassen, bestanden haben. Und diese Orte haben heute nach wie vor eine sehr lichtbringende und sehr heilbringende Kraft. Und deshalb ist es auch für spirituelle Menschen sinnvoll, dort aufzutanken oder auch aufzuladen.

So wie zum Beispiel Stonehenge ein sehr, sehr heilsamer Ort ist im Bereich der OG MIN, um dort in Kontakt zu den Wesenheiten der OG MIN zu gelangen.

So kann man im Grunde alle Steinkreise, die wir auf der Welt kennen, als heilende Orte bezeichnen?

Das ist richtig.

Gibt es heilende Kraftplätze, die für bestimmte Krankheiten des physischen oder auch der anderen Körper besonders heilsam sind?

Nein, die gibt es nicht. Diese Heilkreise, diese Steinkreise, wirken immer ganzheitlich. Bitte, es ist wichtig, dass ihr Krankheit nicht trennt vom allgemeinen Befinden. Sondern es geht immer um eine gesamtheitliche Sichtweise des Menschen. Wenn du einen eitrigen Zahn hast, bist du generell krank, und zwar in allen Ebenen.

Du sagtest ja auch, dass diese Steinkreise in Verbindung zu bestimmten Sternenrassen stehen. Diese Verbindungen bestehen ja heute noch. Brauchen wir als einzelner Mensch diese Steinkreise noch, um mit Sternenwesen in Verbindung zu treten?

Nein, ihr braucht sie hierzu nicht. Aber es ist gut, dass sie da sind. Die Welt wäre energetisch ärmer ohne Avebury. Und bitte, diese Kraftplätze sind auch Plätze der Rekonvaleszenz, der Erholung, des Einswerdens mit seinem Ursprung. Und dafür haben sie immer noch eine sehr, sehr starke Kraft. Und dazu solltet ihr sie auch nutzen.

Also, allgemein, es ist völlig egal, zu welchem Steinkreis oder heilbringenden Platz wir gehen?

Es sind ja nicht nur Steinkreise. Es gibt ja auch Megalith-Monumente, wie zum Beispiel in der Bretagne. Es sind ja nicht immer nur Kreisformationen. Wenn ihr zum Beispiel die Alignements von Carnac seht oder, oder, oder. Also hier gibt es verschiedene Orte, die wichtig sind, diese auch aufzusuchen, um einfach eine Re-Anbindung, eine

Rekonvaleszenz zu erhalten für die ganzheitliche Gesundheit.

Ist das auch der Grund, warum sich Menschen von solchen Plätzen berührt fühlen?

Ganz besonders von einem Platz wie Stonehenge. Denn Stonehenge könnte ich als Kontaktdom bezeichnen. Ein Kontaktdom zu den Ebenen der OG MIN. Dort ist eine besonders starke OG MIN-Präsenz zu spüren. Und wir waren ja dort mit Menschen vor einigen Jahren an diesem Platz, um hier Kontakt herzustellen.

Und die Kontakte zu den Sternenwesen werden häufiger an solchen Kraftplätzen als an anderen Orten sein?

Das ist richtig. Weil dort die Schwingungsphalanx, die Schwingungspräsenz, dementsprechend ausgerichtet ist. Du würdest ja auch nicht in eine Gefriertruhe gehen, um dort zu telefonieren. Du würdest ja auch nicht in einen Raucherraum im Flughafen gehen, um frische Luft zu schnappen.

Ich könnte dort einfach leichter Kontakt zu diesen Sternenrassen aufnehmen?

Das ist richtig.

Jetzt habe ich Fragen zu den Kornkreisen. Die traten ja in den vergangenen Jahren vermehrt auf der Erde auf. Du sagtest einmal, dass diese Kornkreise von Sternenwesen kreiert werden.

Das ist richtig.

Gibt es da eine bestimmte Rasse, die das macht?

Es sind alle Rassen. Aber vorzugsweise tun dieses die NEDDEK und die Energielinien der Plejaden. Und sie schreiben damit Botschaften in die Nahrung hinein. Denn die Kommunikation in diesen Weltenebenen funktioniert über Ernährung. Wenn man einem Partner zum Beispiel sagen möchte „Ich mag dich" oder „Ich liebe dich", gibt man ihm eine bestimmte Nahrung. Deshalb kommunizieren sie über Nahrung.

Habe ich das jetzt richtig verstanden? Bestimmte Sternenrassen kommunizieren über Nahrung?

Ja. Deswegen drücken sie ihre Informationen in eure Nahrung.

Und wollen uns so Botschaften geben?

Richtig. Weil sie es so gewohnt sind.

Ist es jetzt noch wichtig, dass man diese Symbole entziffert?

Ja, das ist sehr wichtig. Ich möchte dieses im Sommer 2006 tun. Weil es wichtig ist, dass ihr die Botschaften dieser Kornkreise versteht.[1)]

Du möchtest dieses vor Ort tun und nicht jetzt über dieses Buch?

Das ist richtig, denn es wäre viel zu umfangreich.

Gibt es eine bestimmte Jahreszeit, in der diese Reise gemacht werden sollte?

Ja, dann, wenn das Korn reif ist. Es wäre untrüglich schlecht, im Dezember zu fahren.

Wird es zwischen den einzelnen Sternenrassen und den Menschen eine gemeinsame Sprache geben? Wie zum Beispiel den PLEJADIERN oder den SHOMANAH, die schon auf der Erde sind?

Ja, die gibt es bereits. Diese Sprache ist die Mathematik. Über Zahlenreihen. Bitte, eure Computer, sollten sie noch so modern sein, funktionieren nur über Einsen und Nullen.

[1)] Reise zu den Kornkreisen, Juli 2006, nähere Info unter: www.elyah.net

Und die Menschen, die ja auch verschiedene Sprachen haben, zum Beispiel Italienisch, Englisch usw., werden diese wieder eine gemeinsame Sprache sprechen, wie in der Zeit vor dem Blitz von Karon?

Das ist richtig, aber es wird weiterhin Italienisch oder Deutsch, Französisch oder Englisch gesprochen. Die Sprachen wird es weiterhin geben.

Aber wir verstehen uns untereinander?

Richtig. Jemand spricht mit dir Italienisch und du antwortest in Deutsch, und ihr beide versteht euch.

Es stellt sich hier die Frage, ob das Wetter schon seit einiger Zeit von Menschen von der Erde aus beeinflusst wird. Ist das richtig?

Das ist richtig.

Warum wird das getan bzw. wird es immer noch getan?

Es wird getan, um Menschen zu manipulieren. Um gewisse Zonen auf dieser Erde ganz bewusst verarmen zu lassen. Dieses wird getan. Ich möchte nicht den Namen dieses Projektes nennen. Aber wenn ich sage „Projekt", kann jeder seinen Schluss daraus ziehen.

Elyah, ich möchte hier noch einmal auf das Wetter zurückkommen. Es findet ja ganz bewusst eine Manipulation des Wetters statt. Kann ich jetzt als bewusst werdender Mensch sagen: OK, egal welches Wetter mich jetzt trifft, ich nehme es einfach an. Sprich, ich freue mich über Wind, über Regen, über alles. Kann ich so der Energie dieses Projektes etwas die Macht nehmen?

Das ist richtig. Seht zum Beispiel, dass unter dem Südpol eine riesige Landmasse ist.

Da steht ein ganzer Kontinent plötzlich zur Verfügung, wenn diese Kappe abtauen würde. Dieser Kontinent hat die Größe von Australien. Und dann regt ihr euch über den kleinen Landstrich Holland auf, der vielleicht ein bisschen nasse Füße bekommt!

Und das ist der Wissenschaft bekannt?

Das ist richtig. Vor einigen Milliarden Jahren lebten am Südpol Saurier. Da gab es riesige Urwälder.

Elyah, kannst du uns mehr über Atlantis sagen? Wird sich Atlantis neu kreieren, neu erwachen?

Nein, Atlantis, so in sich, wird es nicht mehr geben. Aber es wird eine Form des atlantischen Bewusstseins geben. Dieses atlantische Bewusstsein wird ein weltweites Bewusstsein sein, denn das atlantische Bewusstsein ist ein Gaia-Bewusstsein, ein weltweit umspannendes.

Und dieses Bewusstsein wird sich in den Köpfen und Herzen der Menschen ausbreiten und dann auch für Vernetzung sorgen. Und zwar über alle Schranken der soziokulturellen, der sozio-politischen oder der sozio-religiösen Schranken hinweg.

Können wir über die Pyramide von Poseidonis zu dem atlantischen Bewusstsein und Wissen Kontakt aufnehmen, indem wir uns damit verbinden?

Die Pyramide von Poseidonis ist atlantisches Bewusstsein. Sobald ihr darüber meditiert, taucht ihr ein in atlantisches Bewusstsein.

Kannst du uns die zwölf Bruderschaften erklären?

Die zwölf Bruderschaften von Atlantis sind zwölf Sternenstämme, die aus verschiedenen Bereichen des Universums kamen. Sie bildeten das Volk von Atlantis. Und diese zwölf Sternenstämme haben verschiedene Namen bekommen. Zum Beispiel in Form der Söhne Jakobs. Hier geht es aber nicht um Namensnennung, sondern um Bewusstseinsstufen. Zwölf Bewusstseinsstufen, die in Atlantis dazu führten, dass man sich vereinigte und den Kosmischen Menschen erschuf.

Der Kosmische Mensch aber wiederum besteht aus sechs Sternenrassen.

Das ist richtig.

Wie kann ich das verstehen, wenn zwölf Sternenrassen in Atlantis gelebt und dort den Kosmischen Menschen kreiert haben, der Kosmische Mensch aber nur aus sechs Sternenrassen besteht?

Weil die anderen Sternenrassen nicht kompatibel waren zum Leben auf dieser Erde. Deswegen gaben sie aus Liebe ihre DNA-Struktur nicht hinzu.

Wie verbinde ich mich mit dem Wissen von Atlantis? Über die Pyramide von Poseidonis und das Morphogenetische Feld?

Über das Plateau von Gizeh, über dem die Pyramide von Poseidonis energetisch aufgebaut ist (siehe Kapitel III „Lösung der zwölf Siegel in Ägypten“). *Wenn du dich mit dem Plateau von Gizeh befasst und dich damit verbindest, verbindest du dich auch mit dem Morphogenetischen Feld. Ihr denkt hier viel zu linear. Das ist eine Einheit.*

Wie wurde damals das Wissen weitergegeben? Über Kristalle?

Über Schwingungen. Kristalle waren dort nur die Medien, die Überträger von Schwingungen. Diese Schwingungen hat ein jeder Mensch auch in seiner Zelle.

Das bedeutet, wenn ich mich jetzt oft mit dem Plateau von Gizeh verbinde in der Absicht, atlantisches Wissen in mir wachzurufen, beginnen meine Zellen zu schwingen, und irgendwann ist dieses Wissen als Gedanke in mir?

Das ist richtig.

Wie geht Gaia mit den Belastungen um, die sie jetzt bereits trägt, und den wachsenden Belastungen, die wir ihr zumuten als Menschheit? Und inwieweit wird sie es transformieren bzw. was ist von unserer Seite in diesem Bereich zu tun?

Das ist eine sehr komplexe Frage. Bitte wisse, dass Gaia hier nicht erträgt, sondern die Entwicklung der Menschheit auch durchaus eine Entwicklung des Gesamt-Planetenbewusstseins Gaia ist. Das heißt, hier finden zwar störende Schwingungen statt, aber Gaia ist durchaus in der Lage, damit umzugehen und diese Energiephalangen auch zu verändern, wenn es sein muss.

Und der Bereich der Umweltverschmutzung, die Verschmutzung der Weltenmeere und Ähnliches, auch was in den Bergen passiert, ist das im Evolutionsplan enthalten?

Nein, das ist nicht im Evolutionsplan enthalten. Das ist eine Folge der Zerstörung der nicht geheilten Dualität. Aber bitte, ihr verhaltet euch so, als hättet ihr noch eine zweite Erde in der Hosentasche. Dies ist aber nicht so.

Ihr habt nur diese eine Erde, und ihr werdet sehr, sehr bald bemerken, dass sich hier das Bewusstsein verändern muss, denn sonst zerstört ihr diesen Planeten, und das werden wir zu verhindern wissen.

Dann möchte ich zu einem anderen Themenaspekt kommen.

Welche Aufgaben haben die Feen und Elfen oder andere Naturgeister für den Planeten?

Das energetische Gleichgewicht dieses Planeten aufrechtzuerhalten. Sie energetisieren die Leylines, die Meridiansysteme dieser Erde. Sie hüten die Magischen Foken dieser Erde. Sie lenken Energien der Sternenebenen hinein in die Materie. Sie haben einen sehr, sehr wichtigen Auftrag hier im Zusammenhalt der gesamten Erde.

Bitte, seid euch bewusst, dass jede Pflanzengattung, jedes Tier seine eigene Feenart hat. Ob es nun Faune, Elben oder Elfen sind. Es gibt hier sehr viele verschiedene Formen, und alle diese gehören zum Gesamtbereich des Hauses Rhubinius[1], der Naturwesenheiten, der Naturgeister. Und sie alle lenken Energien in einem Gesamtkunstwerk, so möchte ich dieses einmal bezeichnen, das wir Erde nennen.

Warum können sie nicht von allen Menschen wahrgenommen werden?

---

[1] Siehe *Erdenwege* und *Die Legende von Mohja*

Warum sind sie für die meisten Menschen noch im Verborgenen?

Das liegt am Bewusstseinstand des Menschen, der zurzeit herrscht. Bitte, es gab Zeiten, da waren Feen und Elfen ein alltäglicher Bestandteil des Lebens. Heute wird das in den Bereich der Märchen und Mythen abgetan. Mit Ausnahme eines Landes, das ich sehr schätze auf diesem Planeten, das Island ist. Sonst werden Feen und Elfen in den Bereich der Fantasie abgedrängt, womit man diesen Wesenheiten nicht wirklich gerecht wird.

Also, das heißt, je bewusster der Mensch ist, desto eher kann er in Kontakt zu den Feen und Elfen kommen?

Das ist richtig.

Wir brauchen sie im Grunde auch nur einzuladen, wie es ja auch schon viele Menschen tun, und mit ihnen zusammenleben?

Natürlich, indem ihr zum Beispiel Plätze schafft, wo ihr ihnen begegnen wollt. Und indem ihr einfach Orte schafft in eurem Umfeld, die für Feen und Elfen geeignet sind.

Kann man Menschen generell sagen, egal vor welcher Pflanze sie stehen, dass hier auch eine Elfe oder eine Fee ihre Heimat hat?

Das ist richtig.

Wovon leben Feen und Elfen? Kann man ihnen irgendetwas anbieten?

Sie leben von den Energien der Pflanzen. Sie extrahieren energetisch Pflanzenenergien und ernähren sich davon. Es ist eine Lichtschwingung. Elfen und Feen lieben ganz besonders Wein. Also, mal ein Gläschen Wein in den Garten stellen. Das ist sehr schön.

Leben die Naturwesen auch in der Wohnung?

Sie leben auch in der Wohnung, aber immer in der Verbindung zu lebenden Wesen. Das heißt zu Blumen, zu Pflanzen, die in der Wohnung sind, oder, wenn du ein Haustier hast, zu deinem Haustier.

Gibt es Größenunterschiede bei Feen und Elfen? Kann man sagen, dass es kraftvollere und weniger kraftvolle Feen gibt? Oder sind alle Naturwesen gleichwertig im Sinne ihres Kraftpotenzials? Gibt es Gruppenwesenheiten?

Sie sind alle gleich vom Kraftpotenzial. Mit einer Ausnahme, das sind die Devas. Devas sind Gruppenwesenheiten, so könntet ihr dieses bezeichnen, und sie sind in den Bereich der Engelebene einzuordnen. Die Devas sind die Engel der Elfen und Feen.

Jetzt möchte ich kurz wieder zu den Tieren zurückkommen. Tiere haben ja eine Kollektivseele. Werden die Tiere, ebenso wie Gaia, beim Wandlungsprozess in die Individualseelenebene übergehen?

Gegenfrage: Ist das so erstrebenswert? Nein, aber ich verstehe den Ansatz dieser Frage sehr wohl. Es ist für viele schwierig, zu verstehen, wenn ein Tier aus dem Leben der Dritten Dimension geht, dass es dann in ein großes Ganzes aufgeht und nicht mehr als Individuum greifbar ist. Dieses Tier ist nie ein Individuum gewesen. Es war immer verbunden mit der zentralen Wesenheit. Natürlich hat ein Tier einen eigenen Charakter, aber dieses macht nicht das Individuum eines Tieres aus, sondern ein Tier definiert sich über die Zugehörigkeit zu seiner Gruppe, zu seiner Rasse, zu seiner Spezies. Eine Katze hat kein Mitleid mit einer Maus, sondern die Maus gehört zum Beuteschema und nicht zum Schema der Katze an sich. Sie hat auch nicht das Gefühl: Ich tue der Maus jetzt etwas Übles oder ich tue der Maus etwas Schlechtes. Wie soll eine Katze unterscheiden? Mäuse darf sie jagen, Vögel aber nicht. Beides ist Beuteschema. Hier wird menschliches Empfinden auf die Katze übertragen. Bitte, eine Maus spürt den Biss einer Katze genauso wie ein Vogel.

Exkarnieren die Seelenaspekte zum Beispiel einer Maus oder eines Vogels sofort?

Ja, natürlich.

Noch einmal zurück zum Kollektivwesen Tier.

Früher gab es einmal die Theorie, dass zum Beispiel die Kollektivseele Katze sich auch weiter evolutioniert. Also, umso mehr Katzen jetzt irgendwelche Erfahrungen machen, umso eher entwickeln sie sich weiter. Aber wenn ich das mit dem jetzigen Wissen betrachte, ist die Katze ja schon entwickelt?

Sie ist sehr entwickelt.

Das heißt, hier muss man nichts weiter evolutionieren?

Nein, bedankt ihr euch bei jeder Kuh, die ihr schlachtet? Eine Katze tut das bei jedem Beutetier. Bitte, es hat doch etwas mit Bewusstsein zu tun. Wie ihr damit umgeht. Ich habe dieses ja schon ausgeführt. Es geht darum, mit welchem Bewusstsein ich gewisse Dinge tue oder nicht tue. Wichtig ist, dass ich sie bewusst tue. Wenn ich ein Stück Fleisch esse, bedanke ich mich bei dem Gesamttier, dass es mir die Möglichkeit gibt, diese Eiweißbausteine meinem Körper zuzuführen. Das macht ein Raubtier, dazu gehören auch die Katzen, generell. Also, hier könnten wir doch in der Wertung sagen, die Katze ist höher evolutioniert als der Mensch.

Und was ist mit Fliegen und Stechmücken, die wir alle zu gerne töten?

Dieses zu tun ist eher hinderlich für die Evolution, denn auch Insekten bevölkern diese Erde viel, viel länger als es der Mensch tut. Und diese Formen haben durchaus ihre Daseinsberechtigung. Auch eine Stechmücke, denn sie gehört in den großen Kreis der Nahrungskette, und bitte, auch eine Stechmücke will leben, und sie muss Blut trinken, damit sie ihre Eier legen kann.

Könnte man mit ihnen sprechen und bitten, dass sie nicht stechen und ihnen dafür etwas anderes anbieten?

Das könntet ihr tun, aber bitte bedenkt auch, dass gerade Stechmücken in diesen Breiten, in den Breiten Europas durchaus auch die Aufgabe haben, eure Meridiane zu aktivieren, indem sie diese akupunktieren. Und bitte, erkennt und begreift, dass hier das eine das andere bedingt. Sie ernährt sich von einem Tropfen Blut und kann somit ihre Nachkommenschaft sichern, gleichzeitig energetisiert sie diesen Körpermeridian.

Und wenn wir nicht in diese Energie der Aggression oder Angst gehen, die diese Stechmücke momentan noch in uns aktiviert, spüren wir dann den Stich der Stechmücke nicht? Und es kommt folglich auch nicht mehr zu den unangenehmen Beulen und dem Juckreiz? Wir würden nur noch wahrnehmen: Ach, da ist ja eine Stechmücke?

Das ist richtig. Es ist eine Sache der Bewertung. Bitte, ihr seht das genauso an diesem Beispiel der Arachnophopie (Angst vor Spinnen). *Hier seht ihr sehr, sehr stark, dass Menschen wirklich ein völlig falsches Bild von der*

Spinne haben. Wenn die Erde ohne Spinnen wäre, würdet ihr unter Schwärmen von Insekten leben müssen.

Was mache ich, wenn in meiner Wohnung viele Spinnen hängen?

Biete ihnen an, nach draußen zu gehen. Biete ihnen an, in deine Sträucher auf den Balkon zu gehen. Das kannst du tun, und das werden sie dann auch tun.

Also, mehr und mehr, egal ob Insekt oder ein größeres Tier, in die Akzeptanz gehen?

In die Einheitsform gehen. Das ist wichtig.

Wir haben jetzt Fragen aus einem komplett anderen Wissensgebiet.

Wer hat die Cheopspyramide erbaut? Was war die ursprüngliche Bestimmung und was für eine Verkleidung hat sie getragen?

Cheops hat die Pyramide nicht gebaut, sondern er hat sie bauen lassen. Bitte, Cheops hat hier diese Pyramide bauen lassen von Menschen, aber auch von Sternenwesen, mit denen er in Verbindung stand. Denn die Planung der Cheopspyramide ist eindeutig eine sirianische Planung, und es haben auch grobstoffliche Wesen vom Sirius dabei geholfen, diese Pyramide zu errichten. Damals gab es noch die dreidimensionalen Tore zwischen den einzelnen

Welten, die es heute nicht mehr in dieser Form gibt. Außen war sie verkleidet mit Kalkstein. Dieser Kalkstein war weiß getüncht.

Hier schließt sich die Frage an: Wurden die Chefren- und die Mykarinos-Pyramide über denselben Fokus mit Hilfe von Sirius erbaut?

Das ist richtig. Über die drei Pyramiden stellt sich die geheilte Form von El, An und Ra dar, den Gürtelsternen von Orion.

Du sprichst gerade von Dimensionstoren. Die Nebelbänke um die Insel Avalon stellen auch ein Dimensionstor dar?

Das ist richtig. Der Nebel bzw. die Nebelbänke um die Isle of Avalon ist eigentlich nur eine Darstellung eines Dimensionstores.

Und ist es uns heute möglich, dort wieder hinzugelangen?

Ja, natürlich ist es möglich, denn es geht um die Reaktivierung dieser Tore. Aber das heißt nicht, um damit aus der jetzigen Realität zu fliehen, sondern wieder eine Vernetzung herzustellen, denn es geht um die Einheit.

Und wie geschieht diese Reaktivierung?

Diese Reaktivierung ist möglich ab dem Jahr 2012, denn dann seid ihr in dem Bewusstsein, in dem ihr diese Öffnungen nicht mehr missbraucht. Denn zurzeit würde noch ein Missbrauch dieser Energien stattfinden, ähnlich, wie ich es schon über die Lebensformen auf dem Meeresgrund erklärt habe.

Elyah, zu dem Thema Avalon fällt mir noch etwas ein: Es gibt zurzeit immer mehr Menschen, die sich tätowieren lassen. Handelt sich hier um eine Rückerinnerung an das Blaue Volk, da es jetzt immer mehr um die Rückerinnerung der Menschen an ihre Wurzeln geht?

Das hat etwas damit zu tun.

Dann ist es auch nicht schädlich, sich tätowieren zu lassen?

Das möchte ich so nicht sagen. Bitte, wer bin ich, ich habe selbst keine Haut, wenn ihr eure Haut bemalen lassen wollt, euch stechen lassen wollt, ist es eine Entscheidung für euer eigenes Feld, für euren Körper. Aber bitte, erkennt und begreift, dass hier auch Meridiane durch Tätowierung gestört werden können. Das ist nicht zu unterschätzen. Deshalb ist eine genaue Prüfung von Tätowierungen auf dem Körper wichtig.

Danke, Elyah!

Medizin und Gesundheitswesen

Elyah, kannst du uns Informationen zur Entwicklung, Entstehung und Veränderung unserer DNS sagen? Zurzeit haben wir Menschen ja eine Doppelhelix. Worin liegt der Sinn dieser Veränderung?

Der Sinn der Veränderung liegt darin, dass der Mensch in sein eigenes, persönliches Potenzial eindringt. Die Doppelhelix, der Doppelstrang, den ihr als natürlich bezeichnet, ist eine Form, die unnatürlich ist. Sie entstand durch den Blitz von Karon, der in den Transponder von Poseidonis eingeschlagen ist. Dadurch wurden Aminosäuren abgespalten, und zwar genau 64 Aminosäuren. Diese Aminosäuren sind im Liquor, in der Lymphe und im Blut frei enthalten, bilden aber keine neuen DNS-Paarungen aus. Sie tun dieses deshalb nicht, weil Botenstoffe, enzymatische Stoffe, fehlen. Und deshalb hat der Mensch jetzt eine Doppelhelix und kein 12-Strang-Knäuel. Wir können dieses nicht mehr als Helix bezeichnen, denn es sieht wirklich aus wie ein Wollknäuel. Und dieses Wollknäuel befehligt Menschen dazu, zum Beispiel Körper zu erneuern, Körper zu verändern, die Körperform den Lebensumständen anzupassen. Ähnlich wie ein Schneehase, der zum Winter hin ein weißes Fell bekommt. Er passt sich seiner Natur an.

Auch der Mensch war in der Lage dazu, doch durch Karons Zerstörungswelle ist das nicht mehr möglich, und deshalb hat er auch seinen Bezug zu seiner Natürlichkeit und auch zu seiner Natur auf diesem Planeten verloren. Und versucht auch deshalb, Natur zu verändern. Mit all den Folgen, mit denen ihr euch heute in der nicht-geheilten Dualität beschäftigen müsst. Zum Beispiel Erosion oder auch Schadstoffemissionen in der Luft usw. Hättet ihr die Doppelhelix mit der 12-Strang-DNS abgelöst, wäre eine Schadstoffemission durch Heizung zum Beispiel nicht nötig, denn ihr würdet euch mit eurer Körpertemperatur der Außentemperatur anpassen.

Welche genetischen Veränderungen werden sich durch die 12-Strang-DNS ergeben?

Alle. Das heißt, hier ist der Mensch in der Lage, wie ich es eingangs schon sagte, sich der Umwelt anzupassen. Ich mache ein Beispiel. Wenn es hier draußen friert und schneit, macht ihr es euch in euren Wohnungen gemütlich und warm. Das ist ja nur die eine Seite der Medaille, denn damit ihr es warm und gemütlich habt, verbrennt ihr fossile Stoffe.

Diese Verbrennungsgase gehen in die Atemluft. Diese machen euch dann Beschwerden. Der Mensch der 12-Strang-DNS ist in der Lage, seine Körpertemperatur konstant auf 36/37 Grad zu halten. Wobei ich hier sagen muss, dass die natürliche Temperatur eines Menschen mit der 12-Strang-DNS 37,5 Grad ist. Also, ihr würdet heute sagen, eine leicht erhöhte Temperatur. Der Mensch hat dann eine höhere Verbrennung und kann sich dementsprechend anpassen, indem er seine Verbrennung inner-

halb seines Körpers erhöht und die Außentemperatur nicht mehr als kalt empfindet.

Ist diese Veränderung nachweisbar? 2-Strang-Helix teilt sich auf in 12-Strang-Knäuel? Ist es medizinisch und wissenschaftlich nachweisbar, und wie reagiert die Welt der Medizin und Wissenschaft darauf?

Sie reagiert zum einen mit Neugierde und zum anderen mit Schock darauf. Die gesamte Stammzellenforschung zum Beispiel weiß bereits, dass es sich hier um eine DNS-Mutation handeln wird, ihr nennt es Mutation, also im Sinne einer Veränderung, die auch krank macht. Aber bitte, habt dort keine Furcht, es wird nicht krank machen. Nachweisbar und weltweit begreifbar wird dieses im Winter des Jahren 2012.

Welche Aufgabe hat die *junk DNA*?

Die junk DNA (Abfall-DNA) ist sehr interessant, und ich finde den Begriff junk hier sehr abwertend. Denn junk bedeutet Abfall. Diese Abfall-DNA, die ihr so nennt, ist kein Abfall, sondern ein Versuch des Körpers, diese alte Struktur der 12-Strang-Helix wieder herzustellen. Und bitte, das ist wichtig, denn der Körper hat sich über all die Jahrhunderte und Jahrtausende immer wieder selbst ausprobiert, um diesen alten Kode, das ist ja auch ein mathematischer Kode, innerhalb des Körpers wieder zu reproduzieren. Aufgrund der Erinnerung, die immer noch bruchstückhaft in dieser junk DNA, wie ihr sie nennt, beinhaltet ist. Das ist kein Abfallprodukt, sondern ein Versuch des Körpers, sich selbst zu helfen.

Um was für einen Kode handelt es sich?

Es ist, wie ich bereits sagte, ein mathematischer Kode. Es sind ja wesentlich mehr Bausteine notwendig als die vier bekannten zur DNS-Bildung. Und ihr beschränkt euch auf diese vier. Aber wichtig ist es hier, die 64 Grundbausteine zu sehen. Ihr benutzt vier und sechzig liegen brach. Und bitte, diese sechzig sind medizinisch nachweisbar. Die Medizin sagt dazu, im jetzigen Stand ihres Bewusstseins, ja, das sind rudimentäre Stoffe, die wir aufgrund der Entwicklung von den Urmenschen bis zum heutigen Menschen noch in uns tragen. Davon wird auch die junk DNA (Abfall-DNA) abgeleitet. Und das ist ein Fehler.

Wird die mRNA[1] Verbindungen herstellen zu diesen sechzig unentdeckten Aminosäuren?

Hhm, darf ich dich korrigieren? Sie sind nicht unentdeckt, sie sind schon bekannt. Man kennt nur ihre Funktion und Wirksamkeit nicht. Und bitte, hier ist es doch sehr vermessen, denn alles, was in der Natur unnütz ist und nicht mehr gebraucht wird, stirbt ab. Das hat die Natur so eingerichtet. Warum stirbt der Mensch dann nicht aus?

---

[1] Enzym

Und das ist eine große und wichtige Frage, die hier auch Bewusstsein schult. Dieses Enzym ist wichtig und dient zur Auffindung und neuen Reproduktion eines Grund-DNS-Knäuels, des 12-Strang-Bewusstseins. Also, die mRNA ist durchaus wichtig und auch gewollt. Hier kommt aber auch noch ganz stark das Bewusstsein hinzu, das ihr Serotonin nennt, denn die mRNA kommuniziert mit dem Serotonin. Aber das wird erst in zwei Jahren wirklich entdeckt werden.

Was hat es mit dem Rauchen von Tabak und dem Genuss von Alkohol auf sich, hinsichtlich Abhängigkeit, Entspannung, Schädigung und Sucht?

Suchtstoffe sind Stoffe, die euch vermeintlich, und bitte, dieses vermeintlich sehr unterstreichen, vorgaukeln, die Trennung aufzuheben. Sie haben eine sedierende (beruhigende) Wirkung, obwohl sie zelluläre Gifte darstellen. Dennoch haben sie eine sedierende und entspannende Wirkung. Die Sucht wird auch körperlich gesteuert, und zwar über das Belohnungszentrum im Gehirn, und hier ist es wichtig, dass ihr eure medizinische Forschung nicht nur darauf beschränkt, den Leuten zu erklären, wie schädlich Gifte sind. Sondern auch, was im Gehirn passiert. Zum Beispiel beim Genuss von Zigaretten, beim Genuss von Kaffee oder schwarzem Tee. Oder Alkohol. Hier wird ein Belohnungseffekt, ein Hormon des Wohlbefindens, ausgeschüttet. Und diese Suchtstoffe haben die Möglichkeit, diese Hormonproduktion anzuregen. Und dadurch kommt es zu einer Sucht, denn der Mensch möchte sich immer wieder belohnen. Ein ganz drastisches Beispiel ist zum Beispiel das Rauchen. Geraucht wird dann, wenn man sich belohnt. Kaffee getrunken wird dann, wenn man sich belohnt. Man ritualisiert dieses. Diese zehn Minuten einer Zigarette sind zehn Minuten des Heraustretens aus dem Alltag. Aus dem Stress. Und all das registriert das Gehirn als erlerntes Verhalten. Und diese Suchtstoffe, die ihr dem Körper zufügt, sorgen dann dafür, dass ihr einen Belohnungseffekt habt. Den gleichen Effekt hat auch Schokolade oder fettes Essen. Und dadurch kommt es wirklich zu einer Belohnung. Ihr gebt euch selbst die Belohnung. Die Frage ist: Wofür müsst ihr euch belohnen? Ist das Leben an sich nicht eine Belohnung? Aber das ist hier wirklich auch auf die Trennung in der nicht-geheilten Dualität zurückzuführen.

Bitte, das soll jetzt nicht die Standardantwort sein. Nicht, dass ihr mich hier falsch versteht. Aber es ist wichtig, dass ihr erkennt und begreift, dass die Dinge holistisch eng miteinander verwoben sind. Das Ziehen an einer Zigarette ist zu vergleichen mit einem belohnenden Effekt des Säuglings, der sich an der Mutterbrust festsaugt. Auch das erschafft ein Wohlbefinden. Und auch hier werden Glückshormone im Gehirn ausgeschüttet. Beim Säugling, wie bei der Mutter. Und das ist ein Gewöhnungseffekt. Und bitte, genau dasselbe passiert einem Nikotinsüchtigen. Oder einem Alkoholiker, Kaffeetrinker oder Schokoladenesser. Versteht ihr?

Heißt das im Umkehrschluss, wenn die Dualität geheilt ist, können wir auf diese Dinge verzichten?

Das ist richtig. Denn diese Gifte schädigen den Körper. Das ist bekannt, und auch das kann ich nicht mildern. Es kommt natürlich auch darauf an, in welchem Bewusstsein man Alkohol, Schokolade usw. zu sich nimmt. Wenn dieses ritualisiert ist, zum Beispiel in einer gemütlichen Runde ein Glas Wein, geschieht dies auch in einem guten Bewusstsein und kann ein Genuss sein. Aber bitte, es geht ja hier um das Suchtverhalten, Alkohol, Nikotin, Kaffee usw. haben zu müssen. Bitte, es ist wichtig, dass ihr erkennt, Suchtstoffe sind giftig.

Durch die nicht-geheilte Dualität entstehen aber auch Suchtstoffe, die in eurem Bereich gar nicht als Suchtstoffe deklariert sind. So gibt es Menschen, die können nicht auf dem Land leben, weil sie nach Smog süchtig sind. Sie müssen in die Stadt und fühlen sich nur wohl, wenn es rußt und qualmt und stinkt. Sie sind süchtig nach Abgasen. Ihr würdet jetzt sagen, dass es solche Menschen nicht gibt. Doch, die gibt es! Das beobachte ich hier auf diesem Planeten. Zum Beispiel bei Menschen in Ballungszentren. Wenn sie klare Luft atmen, ist es unangenehm für sie. Für den Urlaub ist es einmal in Ordnung, aber dann sind sie wieder froh, wenn sie in ihrer Stadt sind.

All das, was mit Zwang zu tun hat, egal ob Schokolade, Zigaretten, Kaffee, Alkohol, Smog usw., ist ein Suchtverhalten?

Die Frage ist richtig, aber erlaube, wenn ich hier interveniere, ein Kaffeetrinker handelt hier nicht unter Zwang. Er würde dieses nicht als Zwang sehen. Er würde sagen: Na ja, ich brauche morgens meine Tasse Kaffee, um in die Gänge zu kommen. Wenn du ihm sagst, es ist ein Zwangsverhalten, dann wird er dich angehen. Es ist aber zum Beispiel auch ein Zwangverhalten, sich die Zähne zu putzen. Es ist auch ein Zwangverhalten, sich die Nase zu putzen oder gewöhnliche Dinge des Alltags erledigen zu müssen. Das kann Zwang sein.

Bestimmte Gewohnheiten können also auch Zwang sein?

Richtig. Zum Beispiel, du verlässt die Wohnung und musst noch einmal nachschauen, ob du den Herd ausgeschaltet hast, obwohl du ihn gar nicht benutzt hast. Auch das ist ein Zwangsverhalten, und auch das ist eine Art Sucht. Denn du hast ein befriedigendes Gefühl, wenn du siehst, der Herd ist nicht angeschaltet. Auch hier werden dann Glückshormone freigeschaltet.

Also ist das alles sehr individuell auf den Einzelnen ausgerichtet? Man kann das gar nicht so pauschal sagen?

Eben. Das ist ja gerade das Schwierige. Was man aber generell sagen kann ist, dass es sich hierbei um das Belohnungszentrum des Gehirns handelt. Deshalb arbeiten wir auch aus der spirituellen Ebene immer wieder mit dem Belohnungszentrum im Gehirn. Das wird aber vom Menschen nicht sehr gerne genommen. Es wird lieber angenommen, wenn wir ihnen sagen: Ja, du hast hier etwas Schlechtes getan, und hier hast du etwas Schlechtes getan. Das wird akzeptiert, und daran wird gearbeitet. Wenn wir aber einem Menschen sagen, du bist wunderbar und göttlich, dann wird dieses erst einmal nicht akzeptiert, – nicht, weil der Mensch das nicht akzeptieren will, sondern weil das Belohnungszentrum nicht angesprochen wird. Ihr seid konditioniert, versteht ihr?

Wie sieht das aus, wenn ihr mit dem Belohnungszentrum arbeitet?

Dann geben wir euch ein Gefühl über das Belohnungszentrum. Wir geben euch das Gefühl, glücklich zu sein, zufrieden zu sein, in die Ruhe zu kommen, und dieses verstärken wir. Bitte, das ist wirklich eine Form der Konditionierung.

In welcher Form arbeitet ihr mit unserem Belohnungszentrum?

Zum Beispiel sind die Sternenstein-Essenzen ganz gezielt von uns in Kassiopeia dafür entwickelt worden, um das Glückszentrum anzusprechen, das Belohnungszentrum anzusprechen und hier Erfolge zu vermitteln, denn dadurch kommt es zu einer Veränderung. Das ist sehr medizinisch und auch sehr anatomisch belegbar.

Kannst du uns in diesem Zusammenhang „Konditionierung“ erklären?

Es gibt in der nicht-geheilten Dualität zwei Formen der Konditionierung: Einmal die Negativ-Konditionierung (zum Beispiel durch Suchtstoffe). Und die Positiv-Konditionierung (zum Beispiel durch gutes Erleben). Diese Form des guten Erlebens geht immer mehr zurück. Und stärker wird die Negativ–Konditionierung. Ihr seht es daran, dass ihr euch sehr, sehr schnell an negative Ereignisse in eurem Leben erinnert. An positive aber nicht. Dazu braucht ihr Fotos. Das ist zum Beispiel auch der Grund, warum bei Hochzeiten so viel fotografiert wird. Ihr braucht dazu ein Foto. Ihr braucht dazu die Erinnerung, um hier noch einmal dieses Gefühl hochzuholen. Bei negativen Dingen, da kommt es, wie sagt ihr, wie aus der Pistole geschossen. Weil ihr diese Dinge viel tiefer in euch aufnehmt. Und das hat etwas mit der Konditionierung zu tun. Ihr seid darauf gepolt.

Und das ist auch ein Effekt, der in der Medizin unterstützt wird. Denn eine nicht-geheilte Medizin macht süchtig. Wie viele Menschen gehen zum Arzt, nicht weil sie krank sind, sondern weil sie Zuwendung brauchen. Und die Zuwendung sieht so aus: Ich verschreibe Ihnen da mal etwas. Das ist die Form der Zuwendung. Das ist unmenschlich. Und bitte, ich möchte den Ärzten und den Menschen, die mit kranken Menschen arbeiten, hier nicht zu nahe treten, denn auch sie sind Kinder ihrer Zeit. Aber es ist wichtig, dass hier ein globales Umdenken auf diesem Planeten stattfindet. Dass Medizin wirklich Medizin ist.

Bitte erlaubt mir, dass ich das als Sternenwesen so erläutere. Medizin ist eine Kunstform. Ist eine philosophische Geisteswissenschaft. Nicht eine Wissenschaft an sich. Natürlich wird geschnitten und gehobelt und gefräst, aber bitte, ein Körper ist ein Kunstwerk. Und ein Mediziner sollte seinen Beruf als Kunst empfinden. Als Lebenskunst. Und dann bekommt Medizin einen ganz anderen Wert.

Heute sind doch die Medizin und die Chirurgie in den Bereich abgerutscht, na ja, die Fingerfertigkeit ist wichtig, und das ist auch bei einem guten Klempner wichtig. Aber bitte, hier geht es nicht um Rohre, sondern hier geht es um Menschen! Und deshalb unterstütze ich den ganzheitlichen Ansatz, den Mensch als Kunstwerk zu betrachten, und dann geschieht Medizin flankierend zum Helfen.

Medizin ist entwickelt worden von den hohen Geistern in Ägypten, in Rom, in Griechenland, um die Schönheit des Menschen darzustellen. Und um ihn gesund zu erhalten. Nicht um Krankheiten zu behandeln. Das war ein Nebeneffekt. Aber das ist völlig gekippt. Heute ist Medizin dazu da, um Krankheit zu behandeln. Das seht ihr auch schon in den Abrechnungen eurer Krankenkassen. Denn eine prophylaktische Behandlung, egal in welchem medizinischen Zweig, wird sehr negativ bewertet, was ihr in der Bezahlung seht. Aber wenn eine große Präparation oder eine große Operation ansteht, da wird dann ordentlich bezahlt. Also, dieses System ist in seiner Form schon krank.

Wichtig für euch ist, zu erkennen, dass der menschliche Körper über viele, viele Selbstheilungsmechanismen verfügt, auch schon in der Doppelhelix und nicht erst in dem 12-

Strang-Knäuel. Ich mag das Wort Helix. Es hat eine eigene Schwingung und erinnert mich sehr an die Solaren Bruderschaften. Es ist wichtig, dass ihr hier erkennt: Medizin sollte dazu da sein, auch die Selbstheilungskräfte innerhalb des menschlichen Körpers anzuregen und zu entwickeln. Dem Körper die Möglichkeit zu geben, diese 12-Strang-Knäuelform auszubilden, damit er sich selbst helfen kann.

Nur, wie sollte dieses abgerechnet werden mit einer Krankenkasse? Versteht ihr? Da sollte sich das System grundlegend verändern, und es wird sich verändern. Was natürlich vielen Ärzten auch die Angst ins Gesicht treibt, weil sie sich nicht vorstellen können, wie dann eine Behandlung vorzunehmen ist. Aber das wird euch alles noch erklärt werden. Nicht nur von mir, sondern auch von anderen Wesenheiten der Sternenbruderschaften und auch der Solaren Bruderschaften.

Also ist es immer wichtiger, dass wir als Mediziner Krankheit erkennen und mit dem Patienten den Weg suchen, warum diese Krankheit jetzt da ist, nach dem Motto: Was will das System des Menschen damit sagen? Was steht hinter dieser Krankheit? Und wo kann der Patient mit der Heilung ansetzen?

Nein, das ist nicht richtig, von meiner Warte aus. Erlaube mir, dass ich das so bewerte. Ein Patient kommt zu einem Mediziner, zu einem Arzt, und berichtet über seine Beschwerden. Der Arzt hinterfragt nicht den Patienten, sondern die Krankheit. Es geht nicht darum, dass du sagst:

Na ja, weil du Schwierigkeiten mit deinem Vater hast, deshalb geschieht dir das und das. Denn das impliziert bei dem Patienten die Schuldfrage: Hätte ich das Thema mit meinem Vater also bearbeitet, wäre mir dieses und jenes nicht passiert. Das ist grausam.

Bitte, es ist wichtig, dass der Patient gesehen wird als ganzheitliches Wesen. Und nicht nur als Krankheit. Jetzt hast du den Hintergrund dieser Krankheit erkannt. Dieses würde ich dem Patienten nicht sagen, sondern ich würde sagen: Wir werden nun einen Weg miteinander beschreiten, der dir hilft, diese Krankheit zu bearbeiten, diese Krankheit aus deinem Organismus loszuwerden. Dazu kann gehören, dass er medikamentös behandelt wird. Dazu <u>muss</u> gehören, dass Gespräche geführt und honoriert werden. Dazu muss gehören, dass zum Beispiel Entspannungsmethoden, alternative Behandlungen usw. ein Gesamtkonzept ergeben, in dem der Mensch sich als Mensch ganzheitlich entfalten kann.

Der Effekt davon ist, dass der Körper plötzlich registriert: Ich brauche diese Form der Krankheit nicht. Und jetzt fängt er an, aus sich selbst heraus, <u>nicht gegen</u> die Krankheit anzugehen, sondern sie zu verinnerlichen in ihrer reinsten Energie, und somit ist sie entschwunden. Du als Mediziner hilfst, flankierst. Das kann eine Plombe im Zahn sein, das kann aber auch eine Tablette sein oder eine Behandlung im konventionellen, medizinischen Bereich.

Damit ist die Arbeit des Arztes jedoch nicht abgeschlossen, sondern damit beginnt sie erst. Und das ist ein Umdenken in der Medizin.

Kann man sich das wie eine Handvoll Karten mit verschiedenen Behandlungsmethoden vorstellen, und der Arzt sucht für den Patienten jeweils die richtige Behandlungsform aus?

Das ist richtig, und das ist ein sehr schönes Beispiel. Es könnte aber sein, dass dir der Körper des Patienten zeigt, was er aus dem gesamten Repertoire deiner Möglichkeiten braucht. Vielleicht wäre medizinisch gesehen eine Überkronung eines Zahnes die richtige Möglichkeit, aber vielleicht ist es auch besser, diesen Zahn jetzt nicht zu überkronen, sondern erst einmal zu füllen.

So, wie du praktisch auch mehrere Methoden anbietest, mehrere Wege, um so einen Zugang für die jeweiligen Menschen zu schaffen, zu diesem Wissen? So müssen wir in der Medizin auch lernen, aus dem ganzen Spektrum, sei es Akupunktur oder Homöopathie usw., das Passende herauszufinden?

Ja. Das ist richtig. Und hier ein ganz wichtiger Hinweis für alle medizinisch behandelnden Menschen: Es ist wichtig, dass ihr euch löst von dem Begriff der klassischen Medizin. Dass ihr euch davon löst, konventionell ist das richtig. Das, was euch hier als richtig erscheint, ist antik. Denn die Erhöhung der Schwingung der Erde geht unaufhaltsam voran.

Und auch die Medizin als Wissenschaft entwickelt sich weiter. Vor fünfzehn bis zwanzig Jahren habt ihr in der

Medizin Dinge gemacht, da schlagt ihr heute die Hände über dem Kopf zusammen. Und sagt, wie konnten wir das damals tun? Damals war das modern und richtig. Medizin, Wissenschaft, egal welcher Art, bewegt sich. Ist in einem rollenden Modus, wie ich das immer nenne. Und bitte, hier ist es wichtig, auch Wege zu gehen, die konventionell, erlaube mir diesen Begriff der Bewertung, falsch sind.

Wer sagt uns denn, welcher Behandlungsweg der richtige ist?

Die Kombination. Die Kombination aus deinem spirituellen Bewusstsein, deinem medizinischen Wissen, deiner Menschlichkeit. Aus dieser Kombination entsteht ein Feld, in dem du dem Patienten neutral gegenübertrittst.

Der Patient signalisiert dir auf verschiedene Möglichkeiten: Hilf mir!

Bist du zum Beispiel Zahnarzt, kann es heißen, schau dir den Mundraum an. Dann siehst du vielleicht kariöse Zähne. Der Patient möchte, dass er wieder richtig kauen und beißen kann. Ohne Schmerzen. Und dann ist es wichtig, dass du den Patienten ganzheitlich siehst. Und nicht sagst: Aha, der 5er ist kariös, der 7er ist kariös, sondern der gesamte Mensch ist zurzeit kariös.

Das heißt, dass diese Bakterien angreifen konnten, hat einen Grund. Den diskutierst du aber nicht mit dem Patienten, sondern den hast du in deinem Hintergrund. Und dann fängst du an, den gesamten Rahmen abzustecken. Das heißt, Immunsystem stärken, damit er nicht mehr sofort auf einen Bakterienbefall seiner Zahnsubstanz reagiert, damit der Speichelfluss, die Speichelzusammensetzung wirklich so verändert wird, dass sie schnell neutralisieren kann. Das ist ebenfalls wichtig. Dann: wie sieht der Zungenbelag aus? Handelt es sich um eine Pilzinfektion im Mundraum, die das Immunsystem im Mundraum so weit heruntersetzt, dass der Zahnschmelz angegriffen werden kann? Dann kommt die klassische Versorgung des kariösen Zahns. Das heißt, mit Ausbohren usw. So ist dem Menschen ganzheitlich geholfen.

Und er hat auch dadurch den Eindruck, ganzheitlich mitwirken zu können, denn an seiner Pilzinfektion kann er mitarbeiten. Er kann zum Beispiel hier auf den Bereich der Schulmedizin oder der Naturheilkunde einschwenken. Er kann seinen Speichelfluss verändern. Zum Beispiel über natürliche Gaben von Salbei oder Tinkturen aus dem Rhabarber. Er kann hier ganz viel selbst tun. Und du gibst als Mediziner dem Menschen „Instrumente“ in die Hand, mit denen er sich selbst helfen kann. Und so entsteht ein Dialog zwischen Behandler und Patient. Es ist wichtig zu erkennen, dass es ein Pas de Deux zwischen Behandler und Patient ist. Ein Tanz. Und je schöner dieser Tanz, umso kraftvoller die Heilung, und desto lichter die Erfahrung der Heilung für beide!

Dann ist ja noch sehr viel zu tun in unseren Universitäten?

Ja. Aber genau das ist der neue Zweig der Medizin. Dann kommt natürlich die Frage, wie soll das bezahlt werden? Und da sage ich, anständig. Denn was weltweit in Krankenhäusern und Praxen geschieht, ist nicht wirklich heilbringend und sinnvoll. Ich beobachte das sehr genau.

Und bitte, mir tun hier auch die Ärzte leid. Aber auch die Patienten. Denn ihr seid in einem krank machenden System. Und dieses System muss grundlegend verändert werden. Es wäre sinnvoll, wenn ein Zahnarzt Prämien dafür bekäme, möglichst wenig kariöse Zähne zu behandeln. Das heißt, er bearbeitet seine Patienten dahingehend, dass sie keine Löcher bekommen. Das wäre sinnvoll. Und das sollte höher honoriert werden als zum Beispiel eine große Präparation. Dann gäbe es weniger Leid.

Danke, Elyah!

Wir kommen jetzt zu einem neuen Themenbereich: Die Stammzellenforschung.

Ja, ein sehr interessantes Thema.

Du wirst hier um deine Meinung gebeten, und man möchte wissen, wie die Forschung auf diesem Gebiet aussieht?

Die Stammzellenforschung, gerade die Embryonalenforschung, ist ein neuer medizinischer Zweig, von dem ich persönlich sehr, sehr viel halte, denn hier versucht der

Mensch, hinter das Geheimnis der 12-Strang-DNS zu kommen. Ich finde es wichtig, dass sich Mediziner mit diesem Zweig beschäftigen. Bitte, ich möchte nicht in den Horrorgesang so vieler Wesenheiten einsteigen, die dieses verdammen. Es geht hier nicht um ein Verdammen. Sondern ich lobe den Menschen, dass er hier auf die richtige Fährte geht. Denn in den Stammzellen ist die rudimentäre Erinnerung an die 12-Strang-DNS besonders stark. Das wissen auch die Mediziner. Deshalb forschen sie an diesen Stammzellen, um nämlich neue Zellen zu bilden. Das, was ein Embryo aus sich heraus tut, tut ja ein geborener Mensch nicht mehr. Und deshalb ist hier die Stammzellenforschung wichtig.

Der rechtliche Rahmen und das, was hier gemacht wird, steht auf einem anderen Blatt. Verstehst du? Denn das ist nicht in der Liebe. Es ist nicht in der Liebe, dass Embryonen gezüchtet werden, nur um an Stammzellen heranzukommen. Das ist nicht wirklich in der Liebe. Das ist menschenverachtend. Also bitte, versteht hier sehr genau, dass alles in der Dualität zwei Seiten hat. Ich habe die eine Seite beleuchtet, die andere liegt im Dunkeln.

Deshalb bin ich hier für ethische Kommissionen, die Stammzellenforschung wirklich ganz stark zu begrenzen. Und zwar sollten Stammzellenforschungen nicht an neu gezüchteten Embryonen stattfinden. Es gibt andere Möglichkeiten.

Ist denn die Entwicklung der Stammzellenforschung ein Segen, sodass es keine Krankheiten mehr geben wird?

Nein, das würde ich nicht so sehen. Denn wenn das Gesundheitssystem generell verändert werden würde, würde es keine Krankheiten mehr geben.

Genau. Das ist ja das, was du vorhin angesprochen hast. Dass wir generell andere Wege der Vorsorge gehen sollen?

Eben.

Auch andere Wege des Bewusstseins?

Ja. Denn es ist ja sehr wichtig, dass dem Menschen nicht verboten wird, dieses oder jenes zu tun, sondern dass er das richtige Maß findet. Das ist wichtig. Das richtige Maß zu finden. Es ist ja nicht schlimm, Schokolade zu essen. Es geht ja nur um das richtige Maß. Und da hat die Medizin in den letzten Jahren wirklich versagt, weil sie immer nur behandelt hat. Und nicht gehandelt.

Wie werden wir Menschen mit den großen Krankheiten (Krebs, Autoimmunkrankheiten, Aids, Herzerkrankungen usw.) umgehen? Werden wir uns nach wie vor damit auseinandersetzen müssen?

Sie werden zurückgehen, und das Erschreckende ist, dass sie dort zurückgehen, wo vorbeugend gearbeitet wird. Sehr dramatisch ist die Lage in den sogenannten Dritte Weltländern, wie ihr diese Länder nennt. Allein die-

ser Begriff ist schon sehr bewertend und sehr abwertend.

Es ist wichtig zu erkennen, dass zum Beispiel Afrika an diesem Virus HIV leidet. Das HIV-Virus ist zerstörerisch im Menschen und verursacht, erlaubt mir diese Bewertung, diese furchtbare Immunerkrankung AIDS. Es ist wirklich wichtig, dass hier aufgeklärt und den an diesem Virus Erkrankten geholfen wird, damit dieser Virus in ihnen nicht mehr wirken kann.

Und darauf richte ich einen großen Teil meiner Energie, um hier auch Wissenschaftler zu inspirieren, Möglichkeiten zu finden, wie man mit diesem Virus, mit diesen Krankheiten umgehen kann. Diese Krankheiten werden vergehen.

Warum werden Menschen mit Tourette-Syndrom bei aggressiver Stimmung innerhalb ihres Umfeldes immer ruhig?

Das liegt daran, dass diese innere Unruhe, die das Tourette-Syndrom verursacht und zu Schreianfällen führt, selbst ad absurdum führt, wenn sie im Außen gespiegelt wird. Und dann können diese Menschen entspannen. Das ist eine Rückkoppelung, ein Rückkoppelungsprinzip. Deshalb werden Menschen mit Tourette-Syndrom in einer lauten Atmosphäre ruhig.

Wie kann man dann diesen Menschen helfen? Indem sie immer unter Menschen sind?

Indem sie in quirligen Situationen sind, ja. Das ist aber nur zeitweise eine wirkliche Hilfe. Es geht bei dem Syndrom um die Auflösung der inneren Unruhe innerhalb der Synapsen[1] des Gehirns.

Wir kommen jetzt zum Thema Abtreibung. Was passiert mit der Seele, die sich inkarnieren wollte, aber abgetrieben wurde?

Die Seele geht in den großen Seelenpool zurück, sie begibt sich wieder in den großen Kreislauf der Reinkarnation und kann zurückkehren. Damit wird kein Karma gewoben. Weder bei der Seele, noch bei der Mutter.

Bitte, es ist immer schwierig, wenn ich ein öffentliches Statement zum Thema Abtreibung abgebe, denn man kann dazu kein allgemeines Statement abgeben, da es immer Individualfälle sind. Und jeder Fall ist hier wirklich anders, und auch jede Schwangerschaft ist hier anders. Ich kann nicht generell sagen, die Geistige Welt sagt dies oder das.

Jeder Fall ist ein individueller Fall. Bitte, verdammt die Kinder nicht. Verdammt aber auch die Mütter nicht, sondern gebt ihnen liebevolle Zuwendung. Es ist wichtig, dass ihr begreift, jedes Wesen ist liebenswert und lebenswert, und darum erschafft Möglichkeiten, dass eine Mutter ihr Kind bekommen kann, und nicht, dass sie aufgrund wirtschaftlicher Verhältnisse zur Abtreibung gezwungen und

---

[1] Verbindungsstellen

ihr dann auch noch ein schlechtes Gewissen eingeredet wird. Also bitte, da ist die Gesellschaft krank, nicht die Mutter. Und wenn wir hier von Karma reden wollen, dann belastet dieses Karma die Gesellschaft, nicht die Mutter.

Hemmt es die spirituelle Entwicklung der Mutter oder der Eltern?

Nein.

Gilt hier der Satz, du darfst nicht töten?

Das ist richtig. Aber es heißt richtig, du sollst nicht töten. Und das ist ein deutlicher Unterschied. Bitte, ihr redet hier von Karma. Ihr fragt nach Karma. Dieses Gesetz von Ursache und Wirkung, von Karma, ist ein Begriff aus dem Hinduismus. Es geht hier um Ursache und Wirkung. Und es geht auch um Wiedergutmachung. Bitte, warum übernehmt ihr ungefragt diese Struktur? Denn wenn ihr an Karma festhaltet, dann solltet ihr auch an Kasten denken. Das entspricht auch dieser Kultur. Das heißt, es gibt hochwertig Geborene, und es gibt minderwertig Geborene. Zu welchem Bereich möchtest du denn gehören? Verstehst du? Und damit wird eine ganz klare Hierarchie aufgebaut.

Bitte, dahinter steht auch ein Prinzip der Bestrafung. Nicht wie im Christlichen, dass Gott straft. Sondern da strafst du dich selbst, indem du ein Karma auf dich lädst und in der nächsten Generation, in einer niederen Kaste zum Beispiel, noch einmal leben musst, um dich hier aus-

zugleichen. Und hier wieder gutzumachen, was du früher verdorben hast. Ist es nicht tragisch, dass du dich aber gar nicht daran erinnerst, was du damals getan hast? Und deswegen ist dieses System lieblos.

Bitte, es geht auf dieser Erde darum, dass ihr in der Schwingungserhöhung erkennt, ihr seid liebevolle Wesen. Es geht nicht darum, dass ihr danach sucht, was haben wir verkehrt gemacht? Sondern, dass ihr begreift: Wir wollen Liebe leben. Wir wollen glücklich sein. Da hilft nicht das Gesetz von Karma und Schuld.

Deshalb, du sollst nicht töten, das ist richtig. Tötet nicht. Und bedenkt, ich könnte dieses auch zu jemand sagen, der gerade in den Garten geht und einen Kopfsalat abschneidet. Auch das ist töten. Versteht ihr? Dann dürftet ihr euch nur von Beeren ernähren. Du sollst nicht töten bedeutet für mich, du solltest nicht das ewige Licht, das Leben ist, auslöschen. Und da bekommt dieser Satz eine andere Bedeutung. Seid im Segen!

Es geht nun um den Bereich der Behinderungen, sowohl der geistigen als auch der körperlichen Behinderungen. Wenn ein Mensch behindert auf die Welt kommt, steht dahinter ein genetischer Defekt oder ein karmischer Grund?

Hier liegt eventuell ein genetischer Defekt vor, vielleicht aber auch ein Fehler bei der Geburt. Zum Beispiel ein Sauerstoffüberschuss oder -mangel. Das ist häufiger als ein genetischer Defekt.

Hier geht es darum, dass diese Seelen einen ganz bewussten Auftrag haben, nämlich euch anzurühren, euch daran zu erinnern, dass ihr Menschen seid. Euch daran zu erinnern, mildtätig und gutherzig zu sein. Aus diesem Grund kommen diese Menschen auf diese Erde, in dieser Form. Und sie leisten einen ganz hohen und lichtvollen Beitrag zur Schwingungserhöhung dieses Planeten.

Und erlaubt mir, dieses noch drastischer auszudrücken: Wenn diese Wesenheiten, diese Menschen, nicht auf dieser Erde wären, dann hättet ihr euch als Menschheit schon längst ausgelöscht. Denn diese Menschen zeigen euch, dass ihr Menschen seid!

Sollen uns diese Menschen durch ihre bedingungslose Liebe, die zum Beispiel geistig behinderte Kinder bei Zuwendung zeigen, an die eigentliche Form der Liebe erinnern? Nicht diese matrixgeführte Form, sondern wirklich diese ursprüngliche, schildlose Liebe? Denn diese Menschen haben keinen Schild?

Das ist richtig.

Warum kommt die Form der Alzheimer–Demenz in der heutigen Zeit so häufig vor?

Das ist sehr wichtig. Denn diese alzheimerische Erkrankung ist eine Folge der Herzenshärte dieser Menschheit. Diese Menschen fliehen und schallen ihr Gehirn ab. Sie fliehen vor der Grausamkeit der Dritten Dimension.

Und bitte, das muss so deutlich gesagt werden: Sie sind auf der Flucht vor der Dritten Dimension. Und das ist eine Gnade des menschlichen Gehirns. Es schaltet die Synapsen neu, und sie leben in ihrer eigenen Welt.

Und was liegt der Parkinsonschen Krankheit zugrunde?

Diese ist eine Fehlsteuerung der elektro-chemischen Reaktion in der Gehirnrinde. Und dieses wird ausgelöst und verstärkt ausgelöst durch Umweltgifte. Deshalb nimmt auch hier diese Erkrankungsform so sehr zu. Je mehr ihr euch entwickelt und diesen Wohlstand preist, umso mehr kommt die Parkinsonsche Erkrankung, mehr und mehr und mehr. Es ist eine Fehlsteuerung der Reize im Gehirn.

Kann man diesen Patienten, auch wenn sie schon sehr aggressiv sind, Linderung verschaffen, zum Beispiel durch die Verminderung der Einflüsse, der Umweltgifte oder auch durch Herauslösen von Umweltgiften, Almalgam und Schwermetallbelastungen aus dem Körper, oder durch die Veränderung der Ernährung?

Du könntest sogar Hilfe verschaffen. Nicht nur Linderung. Denn das Gehirn, der Stoffwechsel, muss sich nicht mehr mit diesen Umweltgiften beschäftigen, kann diese ausleiten und dann zu seiner natürlichen Form zurückkehren. Parkinson ist ein Kriegszustand im Körper. Der Körper versucht, sich zu wehren. Eine andere Form, die in den gleichen Kreis geht, obwohl sie von euch nicht als Parkinson bezeichnet wird, ist die Zunahme von Autoimmunerkrankungen und Allergien. Das ist das Gleiche. Wenn die Parkinsonsche Erkrankung einen Weltkrieg darstellt, dann stellt eine Allergie oder eine Autoimmunerkrankung einen Konflikt zwischen Holland und Belgien dar. Um das einmal in der Bildersprache auszudrücken.

Haben geistig behinderte Menschen die gleiche Möglichkeit, spirituell zu wachsen wie wir?

Sie brauchen es nicht, denn sie sind bereits erwachsen.

Wie sollen wir mit körperlichen Blockaden am Bewegungsapparat umgehen? Wir haben ja verschiedene Techniken, diese zu behandeln. Zum Beispiel über Clearings, Kiria Deva Kristalle usw. Ist es dann noch notwendig, körperlich auch die Haltung, zum Beispiel durch Übungen aus der Physiotherapie[1], zu verändern? Wird sich das in den nächsten Jahren durch die Schwingungserhöhung verändern?

Beides ist richtig. Es wird sich erstens durch die Schwingungserhöhung verändern. Darauf habe ich ja nun in diesem Kapitel mehrfach hingewiesen. Jedoch ist auch eine physische, physikalische Behandlung des Körpers

---

[1] Krankengymnastik

dringend erforderlich. Denn es ist wichtig, dass der Körper, die Grobstofflichkeit eures Körpers, sich an die natürliche Form erinnert. Ja, erlaubt mir diese Bewertung: Das Schreckliche an Krankheit ist ja nicht die Krankheit an sich. Das Schreckliche ist, dass der Körper die Erinnerung daran verliert, wie funktioniere ich im gesunden Modus. Und da kann eine physikalische Therapie, eine gute medizinische Rehabilitation, wirklich Hilfe und Gnade sein für den Körper, um sich an seine Unversehrtheit zu erinnern.

Ihn also praktisch wieder mehr ins Bewusstsein zu führen?

Das ist richtig.

Man könnte sagen, das ist eine der Karten, die wir als Behandelnder jetzt in der Hand haben, um sie für den Patienten auszuspielen?

Das ist richtig.

Ein jedes Organ hat seine differenzierte Aufgabe, auch im Kontext zum gesamten Körper. Hat somit auch jedes Organ sein eigenes geistiges Thema?

Im Geistigen, wie im Emotionalen. Jetzt können wir hier nicht alle Organe durchgehen, aber exemplarisch möchte ich hier einmal die Leber nennen. Die Leber als Entgiftungsorgan in diesem Körper und auch als Verdauungsor-

gan ist ein Organ, das zum Beispiel Umweltgifte aus dem Verdauungs- und/oder Blutkreislauf aufnimmt und festhält. Das hat eine Auswirkung auf das Emotionale Feld, denn die Menschheit fühlt sich immer müder, schlaffer und lustloser. Das ist eine Information, die das Gift über die Leber weitergibt an das Emotionale Feld und von dort an das Spirituelle Feld. Die Menschen werden auch hier immer träger und sind immer mehr bereit, extreme spirituelle Wege zu gehen, um hier noch einen Erfolg zu haben. Also, behandelt doch die Leber, dann geht es dem ganzen Menschen besser.

Wenn jedes Organ in einer Sternenebene erschaffen wurde, im geistigem Sinne, dann müsste auch in dieser Sternenebene der Heilungsansatz, die Heilung liegen?

Auch das ist richtig. Bleiben wir auch hier exemplarisch bei der Leber. Die größtmögliche Heilschwingung für die Leber ist die sirianische Energie, da die Leber auf Sirius entwickelt wurde.

Das kann man für alle anderen Organe oder Themengebiete, wie jetzt Halteapparat oder Nervenleitungen, ganz genauso sehen?

Ganz genau.

Kannst du uns mehr zum Thema Organ-Transplantation sagen? Was bedeutet das für die Seelen und deren Bestimmung?

Organtransplantationen sind notwendig zur jetzigen Zeit in eurem medizinischen Kontext, in eurer Schwingung auf der Erde. Jedoch ist es wichtig, dass ihr das zu implantierende Organ reinigt, nicht nur medizinisch, sondern auch im Sinne der Energie. Das heißt, durchtrennt die Energieverbindung zum Spender.

Ist es auch notwendig, dass man sich beim Spender bedankt für dieses Organ?

Ja, das ist wichtig und richtig. Ihr werdet feststellen, wenn ihr das tut, sind medikamentöse Gaben zwar noch erforderlich, wegen der Fremdabstoßung des Gewebes, aber sie sind längst nicht mehr so hoch wie ohne Dank.

Könnte man zum Beispiel bei Leukämiekranken, bei denen die Übereinstimmung der Verträglichkeit der zu transplantierenden Stammzellen besonders wichtig ist, praktisch von anderen Menschen Zellen nehmen, vorausgesetzt, man behandelt diese Zellen entsprechend?

Das wäre richtig.

Das wäre ja super. Ein unglaublicher Erfolg.

Natürlich.

Es wäre folglich wichtig, dass zum Beispiel in Krankenhäusern solche Prozesse wie Transplantationen auch energetisch begleitet werden?

Das ist richtig, und auch das sollte in einem neuen Gesundheitssystem berücksichtigt werden, denn auch diese Arbeit ist wichtig. Es geht nicht nur um die reine mechanische Verpflanzung der Stammzellen des Rückenmarks, sondern auch, dass hier wirklich energetisch gearbeitet wird.

Elyah, wie kann man das Bewusstsein, das zum Beispiel durch dieses Buch vermittelt wird, an andere Mediziner herantragen und weitergeben (Fortbildungen, Vorträge oder Ähnliches), ohne dass man im eigenen Kollegenkreis aufgrund des spirituellen Ansatzes der Arbeit belächelt wird?

Indem du hier exemplarische Fälle darlegst. Menschen zeigst, mit denen du so gearbeitet hast, und dass du diese Thesen wissenschaftlich, medizinisch untermauerst. Und das ist wichtig. Gerade im Bereich der Wissenschaft. Und so kommt es zu einem Umdenken. Und hier gilt immer noch der alte Lehrsatz: Wer heilt, hat recht.

Dann sollte man eigentlich auch an den Kern der wissenschaftlichen Ausbildung gehen? An die Universitäten?

Das ist richtig.

Da wird dann einiges an Unterstützung notwendig sein.

Ja, diese Unterstützung wird auch gegeben. Es ist wichtig, dass zum Beispiel junge Medizinstudenten, junge Mediziner, wirklich auch ausgebildet werden in energetischen Techniken. Denn bitte, es gibt immer mehr Patienten, die eine solche Behandlung möchten.

Das stimmt, da sind oft die Patienten schon weiter als die Ärzte. Weil die Patienten schon dieses Bewusstsein erlangt haben und die Ärzte immer noch zu sehr an diesem schulmedizinischen Lehrstoff kleben.

Ja, aber auch, weil sie sich fürchten. Weil sie sich fürchten, neue Wege zu gehen, weil sie sich sagen, da hängt ein Menschleben dran. Aber wenn ich einem Menschen Chemikalien in die Vene pumpe, hängt davon auch ein Menschleben ab.

Wenn ein Mensch im Koma liegt, arbeitet dann die Seele auf anderen Ebenen weiter?

Ja, das ist richtig. Die Ebene der Seele ist hier quasi schon außerkörperlich und arbeitet dort ganz gewohnt weiter, erhält aber den Körper mit Lebensenergie.

Wäre es in diesem Fall richtig, den Körper von der Nahrungszufuhr abzuschalten?

Auf gar keinen Fall. Das wäre dann ein klassischer Mord.

Entscheidet die Seele von sich aus, wann sie den Körper ausschaltet?

Richtig.

Hat es einen Sinn für das Umfeld, indem die Hinterbliebenen eines Komapatienten diesen noch über Jahrzehnte hinweg pflegen?

Ja, das hat einen Sinn, denn ein Komapatient sorgt hier für die Bindung innerhalb der Familie. Und selbst ein Komapatient wirkt heilend auf die familiäre Struktur. Bitte, wir müssen hier ganz deutlich für die Leserin und den Leser eine Unterscheidung treffen:

Der Komapatient ist hier nicht der hirntote Patient. Bei einem hirntoten Patienten ist etwas anderes geschehen. Bei einem hirntoten Patienten wird mit Hilfe der Technik der Körper „in Gang gehalten". Bei einem Komapatienten nicht, denn ein Komapatient ist nicht hirntot. Damit hier keine Verwischung der Erklärungen entsteht. Ein hirntoter Mensch wird oftmals am Leben erhalten, um ihn, ja, organtechnisch noch gebrauchen zu können. Und das ist etwas anderes als ein Komapatient, der zum Beispiel im Wachkoma liegt.

Bei einem hirntoten Menschen wird versucht, eine Imagination von Leben zu erhalten. Indem der Körper atmet, indem der Körper warm ist, indem der Blutkreislauf funktioniert. Aber weißt du, ab der Halsschlagader aufwärts funktioniert nichts mehr.

Im Gegensatz dazu denkt der Komapatient. Er hat noch ein Bewusstsein von Ich-Bin. Das Gehirn funktioniert. Der Komapatient träumt auch, was ihr zum Beispiel an den Augenbewegungen sehen könnt.

Der Komapatient könnte sich auch wieder entscheiden, zurückzukommen?

Das ist richtig. Was ein hirntoter Mensch nicht tun kann, weil die Seele schon längst in einer anderen Ebene ist.

Hier ist es also wichtig, ganz speziell den Angehörigen, die davon betroffen sind, verständlich zu machen, dass es diese Unterschiede gibt?

Ja. Richtig.

Elyah, was kannst du uns zu dem Thema Schizophrenie sagen?

Schizophrenie ist eine Form der Wahrnehmung des Gehirns, auch einer außersinnlichen Wahrnehmung. Aber hier gibt es ganz, ganz starke Abstufungen. Es gibt auch eine hirnorganische Schädigung, die Schizophrenie verursacht. Also, das ist ein sehr komplizierter und sehr komplexer Bereich und für dieses Buch nicht geeignet.

Was ist Denken?

Denken ist eine sehr komplexe Angelegenheit. Es sind elektro-magnetische Impulse, die von Gehirnzelle zu Gehirnzelle weitergegeben werden. Ein Feuerwerk elektrochemischer Reaktionen innerhalb des Gehirns, die sich dann zu Worten, Bildern und komplexen Zusammenhängen zusammenfügen. Denken ist ein Reden des Gehirns mit dem eigenen Körper.

Danke, Elyah!

Ökonomie

In der Einheit des Lichtes, dies ist Elyah, die zu euch spricht. Fahrt nun fort mit euren Fragen.

Elyah, was ist zurzeit los in Deutschland? Diese Frage umfasst das Thema Arbeitslosigkeit, Hartz IV, Mobbing am Arbeitsplatz, Ängste im Arbeitsalltag.

Das ist eine Auswirkung der nicht-geheilten Dualität. Eine Form des Miteinanders. Ich möchte eigentlich sagen: Eine unmenschliche Form des Miteinanders. Denn Energien eurer Christuskraft, die eigentlich Energien der Präsenz sind, die Energien der freudvollen Kreation sind, verkehren sich hier, pervertieren hier in eine Form der Zerstörung und in eine Form des Nicht-existieren-könnens in diesem Gefüge, das ihr Staat nennt.

Elyah, kannst du uns helfen, oder kannst du uns sagen, wie wir damit umgehen sollen? Denn es schafft in vielen Menschen zusätzlich Ängste und Aggression.

Es ist wichtig, dass ihr euch weitgehend aus diesem Gefüge heraushaltet. Wenn ihr nun Hartz-IV-Empfänger seid, wenn ihr nun in diesen Mühlen seid, ist es wichtig, sich dennoch innerlich anders zu definieren und eure Kräfte dahingehend einzusetzen, aus diesen Strukturen wieder herauszukommen.

Hilft es auch, sich immer wieder zu sagen, das ist die Matrix, und ich bin so in Ordnung, wie ich bin?

Das hilft zum Teil, aber bitte, es ist wichtig, generell seine Christuspräsenz dahin zu lenken, dass man wieder in einen Zustand der Selbstversorgung kommen kann.

Und wenn es im Einzelnen wieder geheilt ist, heilt es sich auch global?

Ja, das ist richtig.

Elyah, was können die Mitarbeiter dieser Institute tun, die jetzt diese Menschen betreuen? Was können wir aktiv tun, um hier Hilfe zu leisten?

Indem die Agentur für Arbeit sich wirklich auch verstärkt an die Arbeitgeber wendet. Dort mehr wirbt, auch für ältere sogenannte Arbeitslose. Indem hier auch wirklich die Materie der Erfahrung und des Wissens genauso hoch gehalten wird wie die der Jugend.

Und es ist wichtig, dass hier auch wirklich Statistiken zu Rate gezogen werden, denn danach ist nachweislich ein älterer Mitarbeiter seltener krank als ein junger Mitarbeiter. Seid im Segen.

Elyah, zu diesem Thema gehört auch die Angst vieler Menschen um ihren Arbeitsplatz. Erschaffen wir, intensivieren wir durch diese Angst die Missstände auf dem Arbeitsmarkt? Müssen wir mit unserer Manifestationskraft sehr achtsam sein?

Angst ist niemals ein guter Lehrmeister, Schülerin des Lichtes. Angst ist immer eine Zerstörung, Angst ist immer eine Vermeidungstaktik, und somit verlernt ihr die Lust auf Leben. Denn Angst, etwas zu verlieren, bedeutet, dass man klammert, dass man festhält und über den Druck der Angst dann das Festgehaltene zerstört. Also, Angst ist niemals gut.

Wichtig ist es aber hier, die Manifestationskraft einzusetzen für neue Formen der Arbeit. Für Formen, miteinander umzugehen, auch gerade im Bereich der Dienstleistung. Auch gerade den Bereich der spirituellen Arbeit mehr und mehr auszubauen und auch Spiritualität in die alltäglichen Abläufe der Arbeitswelt mit einfließen zu lassen.

Kannst du uns hier ein Beispiel nennen?

Ja, zum Beispiel könnte man Schwingungen in Städten innerhalb weniger Tage um 50 Prozent erhöhen, wenn zum Beispiel öffentliche Parkanlagen nach den lichten Formen der göttlichen Geomantie angelegt würden. Das würde den Gärtnern gut tun, die diese Anlagen anlegen. Sie wären glücklich und zufrieden. Sie könnten ihre Kreativität ausleben und die Menschen, die durch diese Parkanlagen lustwandeln, bekommen diese lichte Energie mit und sind in ihrer Stimmung geheilt und fröhlich. Dieses überträgt sich dann zum Beispiel auf die Bewerbungen, die sie zu Hause schreiben, um einen neuen Arbeitsplatz zu finden. Und das macht Menschen auch flexibler. Das heißt, sie sind nicht so ortsgebunden, und somit kann sich hier eine stärkere Fluktuation von Arbeitskraft über das gesamte Land bewegen wie eine Wellenbewegung.

Oder, du bist zum Beispiel in einem Großraumbüro: Was hindert dich zum Beispiel daran, einen mit Licht und Liebe geladenen Bergkristall auf deinen Schreibtisch zu stellen? Was hindert dich daran? Und schon schaffst du ein Umfeld von Leichtigkeit. Auch wenn deine Kollegen vielleicht denken „Oh, das ist jetzt die Esoterikerin“, oder „Die spinnt jetzt ein bisschen“. Dennoch wird sich die Schwingung lichtvoll und freudvoll in diesem Büro ausbreiten.

Ihr habt zu wenig Mut, etwas an eurem eigenen Platz, an eurem eigenen Lebensraum zu verändern. Das liegt daran, dass ihr euren Lebensraum nicht als euren Lebensraum definiert, sondern als Raum der Existenz.

Sehe ich es richtig, dass es darum geht, Menschen immer mehr Mut zu machen? Ihnen zu sagen, achte auf dich, und wenn du ein Gefühl hast, dass du etwas tun solltest, dann tue es?

Das ist richtig, und weißt du, das ist ein großes Problem, das immer wieder auch in unseren Ebenen durch eure Meditationen und Gebete bei uns ankommt. Es wären viel mehr Menschen in ihrem persönlichen Glück und in ihrer Zufriedenheit, wenn sie nicht so viele unglückliche spirituelle Menschen sehen würden, die von einem Pro-

zess in den nächsten gejagt sind, die die Erleuchtung und die Erlösung förmlich auf ihren Schultern tragen und fast daran zerbrechen. Versteht ihr, Spiritualität ist euch auch gegeben, Leben ist euch auch gegeben, um glücklich zu sein, nicht, um zu leiden.

Dazu möchte ich noch folgenden Satz sagen: Bitte wundert euch nicht, dass es so viele Eiswürfel unter den spirituellen Menschen gibt, wenn so viele Kühlschränke Seminare leiten und spirituelle Lehrer sind.

Die Wirtschaft ist weltweit rückläufig. Die Frage ist, wie kommen wir aus dieser Welle wieder heraus. Können wir etwas dafür tun?

Oh, ihr seid schon im Aufschwung. Ihr seid schon auf der Welle des wirtschaftlichen Aufschwungs. Die weltweite Rezessionsphase ist überwunden.

Das heißt, die Wirtschaft erholt sich langsam, aber sie erholt sich. Also bitte, die Wirtschaft nicht so negativ beäugen. Es hat immer Talfahrten gegeben, und eine Weltwirtschaftskrise habt ihr nicht erlebt. Also, hier erholt es sich wieder sehr, sehr deutlich. Denn es wurden rechtzeitig weltweit Mechanismen ergriffen, um die Wirtschaft wieder anzukurbeln. Wobei es wichtig ist, jetzt in einer Hochphase der wirtschaftlichen Entwicklung auch darüber nachzudenken, ob man nicht generell Wirtschaft verändert.

Es gibt spirituelle Kreise, die behaupten, ein wirtschaftlicher Kollaps wäre nötig, um die Ökonomie zu verändern, um das Denken zu verändern und aus diesem veränderten Denken heraus in eine friedlichere und gerechtere Wirtschaft zu kommen.

Stimmt das?

Das ist nicht-geheilte Dualität. Bitte erlaube es mir, dass ich dieses hier so scharf sage. Warum ist es für euch immer wichtig, durch eine Phase der Zerstörung, des Krieges, des Untergangs gehen zu müssen, um dann zu erkennen, dass man etwas verändern muss? Bitte, ihr untergrabt hier eure mentalen und auch eure emotionalen Felder. Die Menschheit möchte nicht eine wirtschaftliche Rezession. Sie möchte aber Veränderung.

Das heißt, wir werden in den nächsten Jahren durch diese Veränderung eine gerechtere Wirtschaftsordnung erschaffen können?

Das ist richtig. Bitte, die Menschheit ist doch nicht schlecht. Schaut zurück auf den Dezember des vergangenen Jahres 2004, als diese fürchterliche Welle über Südasien lief. Weltweit sind Menschen zusammengekommen und helfen bis heute. Eine Welle des Mitgefühls entstand. Und das war sehr gut. Ein großes Lob an die Menschheitsgemeinschaft dieser Erde, denn das wäre vor zwanzig Jahren eurer Zeitrechnung noch nicht möglich gewesen. Also, da habt ihr viel geleistet. Daran seht ihr, dass hier Veränderung schon stattfindet.

Elyah, wird der Mittelstand, für den es im Moment ziemlich schwierig ist, sich wieder stabilisieren, oder wird es immer weiter auseinanderklaffen?

Nein, es wird nicht weiter auseinanderklaffen. Zumindest nicht in Europa. In anderen Ländern wird diese Trennung sehr, sehr stark sein, wie zum Beispiel in den USA oder Russland. Aber in Europa wird sich der Mittelstand wieder erholen.

Dann habe ich noch eine Frage zum Geld und zum Zinswesen. Bleibt das heutige Geld und Zinswesen so bestehen? Und wird der Satz „Geld regiert die Welt" seine Gültigkeit behalten?

Das wird sich verändern, aber noch wird sich dieses Thema halten. Und ihr werdet das Wort Geld langfristig durch Energie ersetzen. Das heißt, ihr bekommt ein Gespür für Energie. Doch ist Geld ein gutes Medium, um Energiefluss, den Umgang mit Energie zu lernen, denn wenn ihr Energie investiert, zum Beispiel in die Manifestation tragt, ihr dafür auch Zinsen bekommt, das heißt, ihr habt einen erhöhten Gewinn an Energie. Versucht einmal, das Wort Geld durch Energie zu ersetzen, dann bekommt das einen ganz anderen Sinn.

Und was passiert mit den Menschen, die vom „Gott des Geldes" regiert werden? Die also überhaupt keinen Sinn für die Energie haben?

Sie werden erleben, dass ihr Gott von einem Sockel gestürzt wird und das als Befreiung erleben. Denn die Sucht nach Geld wird aufhören.

Elyah, jetzt noch eine Frage zur Arbeitslosigkeit. Je höher die Arbeitslosigkeit in Deutschland wird, umso intensiver wird auch die Ausländerfeindlichkeit. Viele Menschen sagen: Da kommen Ausländer zu uns ins Land und nehmen uns die Arbeitsplätze weg. Würde sich das verändern, wenn wir hier die Einwanderungsquote beschränkten?

Nein, die sollte erhöht werden. Bitte, erkennt und begreift, es gibt keine Ausländer. Ihr seid alle Terraner. Ihr seid alle Menschen dieser Erde, dieses Planeten. Du bist überall ein Fremder, wenn du nicht gerade an dem Ort bist, an dem du geboren wurdest.

Wenn du selbst in Deutschland in ein anderes Bundesland ziehst, bist du ein Fremder. Und bitte, das ist eine Sublimation. Menschen, die aus einem anderen Kulturkreis kommen, aus einem anderen Land, werden generell zu Feinden und verantwortlich gemacht für die Misere. Erinnert euch, und das ist auf der Weltzeituhr nur wenige Sekunden her, da habt ihr Italiener, Spanier und Griechen ins Land geholt. Und jetzt sind sie dafür verantwortlich, dass es diesem Land, das ihr Deutschland nennt, schlecht geht!?

Nein, das ist wieder einmal eine Form der nicht-geheilten Dualität, versteht Ihr? Das ist eine Form, Menschen verantwortlich zu machen für Dinge, für die sie nicht ver-

antwortlich sind, denn die Verantwortung liegt auf anderen Ebenen, nicht bei den Gästen eures Landes.

Wird dieses Gefälle zwischen der westlichen Welt und der sogenannten Dritten Welt langsam abgebaut und uns das genommen, was wir der Dritten Welt genommen haben – wie eine Art Ausgleich?

Nein, es wird nichts genommen. Aber erkennt in eurem Bewusstsein, dass ein freiwilliges Geben jetzt Sinn macht. Das heißt, hier verändert sich ein Gefüge in der Weltordnung, denn es gibt ein Nord-Süd-Gefälle. Der reiche Norden, die reiche nördliche Hemisphäre, die arme südliche Hemisphäre dieser Erdkugel.

Durch die Heilung des Transponders von Südafrika (siehe Kapitel III: Transponder Südafrika – Geldfluss – Kosmischer Kode) *im Januar des Jahres 2005 kam es zu einer Verschiebung dieser Kraft. Das heißt, jetzt beginnt diese ausgleichende Energie zu fließen, seit letztem August, um dies genau zu bezeichnen. Und dieser Energiefluss ist nicht mehr zu stoppen. Das heißt, hier kommt es zu einer Angleichung und einer gerechten Verteilung der Ressourcen dieser Erde. Und auch das ist ein politisches Thema, und hier tut sich politisch sehr viel. Zum Beispiel, indem die Weltbank verschuldeten, sogenannten Dritte-Welt-Ländern, die Schulden komplett erlässt.*

Und das ist von den Politikern ehrlich gemeint?

Ja, das ist ehrlich gemeint.

Und was können wir gegen die Tatsache tun, dass der Kontinent Afrika am Aussterben ist, weil einfach nicht genügend Nahrungsmittel und Medikamente dorthin kommen und das auch von der Regierung so gesteuert wird?

Ja, glaubt ihr denn, dass die Menschen der nördlichen Hemisphäre dazu schweigen? Es bewegt sich zurzeit schon einiges, das heißt, hier wird tatsächlich schon tatkräftig geholfen. Nur, das wird nicht publiziert. Und bitte, es ist wichtig, dass Afrika geholfen wird, denn hier, in Afrika, entsteht eine große, große Hilfe, und das ist wichtig.

Elyah, in Zusammenhang mit dieser Hilfe habe ich kürzlich einen Kommentar von einem kenianischen Wirtschaftsberater gelesen, der an die westlichen Länder appellierte, doch bitte aufzuhören, das Geld nach Afrika zu pumpen. Weil sich nur die Regierenden daran bereichern würden und der Mensch, der das Geld eigentlich braucht, dabei leer ausgeht.

Das ist richtig. Das geschieht auch in großen Teilen so. Ich meine mit Hilfe jedoch nicht, Geld nach Afrika pumpen, sondern ich meine damit, Organisationen zu unterstützen, die in das Land selbst fahren und Agrarprojekte aufbauen, Schulen vor Ort aufbauen. Nicht wo das Geld in irgendwelchen dubiosen Regierungskanälen versackt, sondern wo zum Beispiel direkt vor Ort eine Schule im Senegal gebaut wird. Wo in Universitäten Praxisräume eingerichtet werden, wo Menschen, zum Beispiel aus dem Senegal, eine medizinische Ausbildung erhalten, und so weiter und so weiter. Das ist wichtig.

Dass man einfach bewusst schaut, in welches Projekt spende ich Geld?

Da gibt es viele Projekte. Und zwar ist eine Richtlinie zu prüfen, welches Projekt garantiert, dass das Geld direkt vor Ort ausgegeben wird, ohne große Zwischenkosten.

Eine solche Organisation ist zum Beispiel die Organisation „Ärzte ohne Grenzen“. Dort gehen Ärzte in ihrem Urlaub in diese Länder und behandeln dort Menschen und zeigen ihnen, wie man zum Beispiel durch Hygienemaßnahmen Krankheiten verhindern kann. Oder sie bilden dort Ärzte aus, um neueste Verfahren dann in die Dörfer zu tragen.

Danke, Elyah!

Politik und Weltgeschehen

Elyah, wie ist das System der Bilderberger[1] im Zusammenspiel mit der Evolution der Menschheit zu verstehen? Sind sie wichtig für Gaia, und was ist ihre Aufgabe?

Diese Personen haben einen sehr, sehr wichtigen wirtschaftlichen und auch politischen Einfluss auf das Weltgeschehen und sind auch bereit, sich geistig und spirituell zu evolutionieren, was sie tun, auch wenn das in der Öffentlichkeit nicht so bekannt ist. Und von diesen Menschen werden wichtige Impulse ausgehen, auch zu einer gerechteren Gesellschaft auf diesem Planeten.

Also ist das so zu verstehen, dass sie nicht „das Böse" an sich sind, wie es oft dargestellt wird?

Es gibt nicht das Böse als solches. Natürlich gibt es auch dort Menschen, die ihre eigenen Interessen verfolgen, aber bitte, die Idee als solche ist wichtig. Dass es Menschen, die Einfluss haben, schaffen, sich zu verbinden und über neue Modelle einer neuen Weltordnung nachzudenken. Das ist nicht verkehrt. Sie gehen, wie alle Menschen, in die Evolution mit Gaia.

Wollten die anderen Formen der Geheimbündnisse, die Weltherrschaft angestrebt haben, ebenso wie das

---

[1] Weltweite Geheimorganisation aus ca. 120 Persönlichkeiten..

Bündnis der Bilderberger eine Weltordnung als Modellversion erschaffen? Also auch mit dem Hintergedanken, dass sie es für Gaia tun?

Ja. Das ist richtig. Bitte, es ist wichtig zu erkennen, was die Motivation der Weltordnung ist. Ist es herrschenwollen? In einer Form der Weltdiktatur? Oder geht es hier um ein Miteinander-sein-Wollen? Und das ist auch ein ganz klares Unterscheidungsmerkmal, und das solltet ihr auch anwenden. Prüft bitte mit eurem Herzen, mit eurer eigenen spirituellen Anbindung, was eine solche Gruppe möchte. Und wenn ihr sagt, das können wir tragen, dann unterstützt eine solche Gruppe. Wenn ihr jedoch merkt, ihr könnt es nicht tragen, dann solltet ihr auch ganz bewusst Abstand davon nehmen.

Werden diese Bündnisse mehr und mehr aufgedeckt und gibt es dadurch im Grunde keine Geheimbünde mehr? Im Grunde kennen wir nur einige wenige wie Bilderberger, Freimaurer, Illuminaten.

Nein, sie werden nicht aufgedeckt werden. Ihr kratzt nur ein wenig an der Oberfläche, und das interessiert sie nicht wirklich. Bitte, das Wort geheim ist bei euch gleichbedeutend mit schlecht. Deshalb nehmt doch stattdessen das Wort okkult. Okkult bedeutet versteckt. Das sind Gesellschaften, die nicht offensichtlich sind. Das Wort okkult heißt nicht böse, sondern einfach nur verborgen oder versteckt. Bitte, das ist wichtig, denn es gibt sehr viele Ver-

schwörungstheorien, gerade in spirituellen Kreisen, in denen andere dann verantwortlich gemacht werden, wenn etwas Schlimmes passiert.

Bitte, es ist wichtig, dass ihr aus den Theorien der Verschwörung herausgeht, auch wenn sie noch so interessant sind. Ich erinnere nur an gewisse Dinge, die angekündigt worden, auch aus der sogenannten Geistigen Welt, aber nicht eingetroffen sind. Große Verschwörungen und große Katastrophen. Wie zum Beispiel, ein Meteorit würde 1998 in die Nordsee stürzen. Das ist nun sieben Jahre her, und der Meteorit ist noch nicht da.

Haben sich denn diese Formen, diese Zusammenschlüsse von Menschen (die das Spiel des Lichtes und des Nicht-Lichtes spielen) im Vorfeld darauf geeinigt? Gab es hier Absprachen?

Das ist ein Spiel. Du kannst hier nicht so ins Detail gehen. Es ist ein Spiel auf hoher Ebene. Es gibt lichte Gesellschaften, und es gibt nicht-lichte Gesellschaften. Und beide tummeln sich auf diesem Spielball der Erde, und bitte, es gibt auch lichte Gesellschaften, die eine Weltherrschaft anstreben. Aber es geht nicht um eine Weltherrschaft, sondern um eine Weltordnung. Ein Miteinander der Menschheit in Glücklichkeit und Liebe. Darum geht es.

Nicht um ein politisches Regime oder darum, ob nun der Kapitalismus oder der Kommunismus das geeignete Staatsregime ist. Es geht darum, dass Menschen Menschen sein können. Dass Menschen unversehrt sein kön-

nen an Körper, Geist und Seele. Dass sie glücklich sind, und dass sie lieben dürfen. Darum geht es auf diesem Planeten. Wir bezeichnen das als Schwingungserhöhung.

Wie wird sich die Form des Terrorismus bis zum Jahr 2012 verändern? Wird es mit der Schwingungswelle im Oktober 2012 aufhören?

Das ist richtig.

Wird es sich bis dahin immer wieder auf und ab bewegen?

Bis dahin wird es immer wieder Eskalationen geben. Es ist tragisch, erlaubt mir diese Bewertung, aber es ist auch aufgestauter Hass, der sich weltweit ein Ventil sucht.

Und die Menschen, die dieses direkt miterleben, haben sich damit im Gunde einverstanden erklärt?

Nein, ich befürworte diese Theorie überhaupt nicht. Nein, diese Menschen erleben etwas und werden an diesem Erlebten wachsen.

Auch wenn sie zum Beispiel daran sterben?

Ja. Es ist grausam, dieses so zu sagen. Aber ist es nicht auch grausam zu sagen, sie haben es sich ausgesucht? Welch ein böses Schicksal tut denn so etwas? Gott ist Liebe und sucht so etwas nicht aus. Das sind Auswirkungen einer nicht-geheilten Daseinsform. Ihr versucht, spirituell den Dingen einen Sinn zu geben, indem ihr sagt, diese Seele hat sich das ausgesucht. Bitte erkennt, dass dieses grausam ist. Stell dir vor, du hast ein Kind. Du hast einen Sohn geboren. Dieser Sohn ist nun erwachsen, steigt in ein Flugzeug und fliegt zu einem Geschäftstermin nach Hongkong. Die Maschine explodiert in der Luft. Ihr stellt fest, dass es ein Anschlag einer terroristischen Vereinigung war. Und dann würde jemand zu euch kommen und sagen: Ja, dein Sohn hat sich das ausgesucht. Das ist grausam. Du hast ein Kind geboren, nur damit es einige Jahre später in einem explodierenden Flugzeug zu Tode kommt! Das ist grausam!

Überdenkt einmal eure spirituelle Redeweise. Bitte zieht spirituelles Reden nicht in den Bereich der Floskeln und der Grausamkeiten. Ich kann einem Menschen auch sehr spirituell sagen, dass ich ihn für nicht würdig halte. Versteht ihr? Sprache ist die größte Waffe auf diesem Planeten. Ja, es ist auch so im Bereich der Medizin. Wenn ein Arzt einem Menschen sagt, was hast du dir da ausgesucht? Das ist grausam.

Wird das politische Geschehen, wie wir es zurzeit kennen, weiterhin Bestand haben, auch nach 2012?

Nein, das wird sich komplett verändern, wenn die Menschheit sich mit ihrem Bewusstsein erhöht. Auch durch die Sternenschwingung, die wir geben. Auch durch die vielen Lichtwesen, Aufgestiegenen Meister und Energien, die ja hier am Aufstieg dieser Erde mitwirken, wird sich diese Schwingung derart verändern, dass sich auch politische Systeme verändern.

Sind politische Systeme in diesem Sinne auch das Spiegelbild der Gesellschaft?

Ja. Das ist richtig. Es wird mit großer Wahrscheinlichkeit in einigen Jahren, und ihr werdet dieses noch erleben, die Vereinigten Staaten von Europa geben. Und in diesen Vereinigten Staaten gibt es dann ein deutsches Parlament und ein holländisches Parlament usw., aber es gibt auch ein Zentrales Parlament. Und dieses Zentrale Parlament wird in Straßburg sitzen. Und dort werden politische Entscheidungen für den gesamten Kontinent getroffen. Dann hast du keinen deutschen Pass mehr, sondern einen europäischen.

Gibt es dann eine Form der ehrlichen Politik? Wir erleben ja immer wieder, dass Politiker in der heutigen Zeit eher zu vagen Aussagen greifen, und man hinterfragt oft die Ehrlichkeit der Politiker.

Sieh einmal, Mensch des Lichtes, warum sollte ein Politiker anders sein als zum Beispiel eine Verkäuferin? Ist sie ehrlich, wenn sie etwa sagt, dieser Kuchen ist frisch? Warum sollte ein Politiker, nur weil er ein Amt bekleidet, anders sein? Wenn aber die Verkäuferin in ihrem spirituel-

lem Bewusstsein ist und der Politiker auch, dann verändert sich dieses. Denn dann werden sie authentisch. Es geht hier nicht um Ehrlichkeit. Es geht hier um Authentizität.

So, wie es in der Gesellschaft ist, ist es demnach in der Politik. Wie unten, so oben?

Es geht um Wahrhaftigkeit, nicht um Ehrlichkeit. Das ist ein Unterschied. Ehrlichkeit ist ein subjektives Empfinden. Würde dieser Kanal sagen, er ist vollschlank, wäre er ehrlich. In seinem Empfinden. Wahrhaftig wäre es nicht. Versteht ihr den Unterschied? Deshalb ist auch hier das Spiel mit Worten sehr wichtig, und Politiker spielen mit Worten. Es geht darum, dass Politiker authentisch, wahrhaftig sind. Im Sinne des politischen Kalküls können sie auch manchmal ehrlich sein.

Es stellt sich in diesem Zusammenhang auch die Frage nach der Bundestagswahl, die jetzt ansteht[1]. Wird es hier aufgrund der Evolutionsschritte der Menschheit auch Veränderungen im Bewusstsein der Menschen geben, die nun zur Wahl gehen werden?

Ja. Wird es geben, denn wirklich wichtig ist, dass auch in den Wahlslogans Menschlichkeit hineingenommen wurde, und das ist sehr, sehr wichtig. Es geht um Menschlichkeit. Es geht nicht darum, dass jeden Tag tausende

---

[1] September 2005

von Arbeitsplätzen verschwinden, sondern es geht um Menschlichkeit.

Elyah, es gibt pro Jahr eine Million Suizide. Hat die Seele sich irgendwann in diesem Leben verabschiedet und es ist nur noch eine Frage der Zeit, bis der Abschied aus dem Körper stattfindet?

Das ist richtig, die Seele hat, ich möchte es einmal so ausdrücken, aufgegeben. Der Mensch gibt sich auf. Ein Suizid ist niemals geplant. Auch nicht auf der Seelenebene. Aber ein Mensch kann sich ganz stark gegen den Auftrag seiner Seele stellen. Dann ist die Spannung so hoch, dass oftmals ein Suizid als Ausweg erscheint. Aber es ist immer eine grausame Tat. Und es immer ein Akt der absoluten Verzweiflung.

Gibt es einen Zusammenhang zwischen der momentanen Schwingungserhöhung und der Vielzahl der Suizide?

Nein, das hat nichts mit der Schwingungserhöhung zu tun. Es hat etwas damit zu tun, dass Menschen in ihrem Leben keine Perspektive mehr sehen. Das ist eine Auswirkung der nicht-geheilten Dualität, aber nicht der Erhöhung der Lichtenergie auf dieser Erde.

Welche Bedeutung hat Amerika für die Weiterentwicklung von Gaia?

Keine spezielle. Amerika ist gleichwertig mit den anderen Staaten. Es geht nicht darum, dass Amerika die Welt regiert. Es geht nicht darum, dass Amerika das Gewissen dieses Planeten ist, sondern Amerika, das ich als wunderschönes Land erachte und das mit sehr liebevollen, gesegneten Menschen besetzt ist, sollte gleichwertig mit anderen Ländern auch am Aufbau dieser Erde teilhaben.

Welche Aufgabe hat Mitteleuropa?

Eine sehr wichtige. Und zwar zur Balance zwischen den Erdmagnetströmungen in der neu ausgerichteten Erdachse. Mitteleuropa ist zentraler Knotenpunkt auch einer spirituellen Erweckung. Es war nun lange so, dass ihr generell nach Amerika geschaut habt. Alles, was aus der spirituellen Arbeit aus Amerika kam, war ungefiltert gut. Was aus dem eigenen Land kam, war schlecht. Das verändert sich mehr und mehr.

Mitteleuropa ist spirituell, aber auch politisch ein Zeichen des Aufbruchs – spirituell in den neuen Formen des Umgangs mit menschlichen Formen, politisch in den Vereinigten Staaten von Europa. In Europa werden sich in diesem Staatenbund viele ethnisch verschiedene Völker unter einem Dach zusammenfinden, ohne Rassismus, ohne Fremdenfeindlichkeit. Und das ist erstmalig in der Geschichte dieser Erde.

Das passiert aus sich heraus, ohne großartige Anstrengung?

Das entsteht aus der Schwingungserhöhung oder Bewusstseinsveränderung der spirituellen Menschen, die hier in Europa leben.

Wie ein Virus, der infiziert?

So könntest du dieses sagen, wobei Virus ja bei euch negativ ist.

Wird durch die Aufrichtung der Erdachse Wohnraum verloren gehen?

Ja. Aber es wird neuer geschaffen.

Werden Inseln verloren gehen?

Ja, Inseln werden zum Teil verloren gehen. Aber diese Fragen habe ich schon beantwortet. Der Meeresspiegel wird langsam steigen. Das wird über Jahre gehen, und die Menschen werden nicht ertrinken. Sie haben die Möglichkeit, umzuziehen.

Es wird ein neuer Kontinent entstehen. Zum Beispiel liegt der Südpol über einer großen Landmasse, und auch das Eis liegt auf einer großen Landmasse. Dort wird ein völlig neuer Kontinent entstehen.

Danke, Elyah!

Naturwissenschaften

Elyah, wie werden sich unsere Fortbewegungsmittel oder unsere Fortbewegungsmöglichkeiten verändern (zum Beispiel in der Autoindustrie)? Werden wir in Zukunft Planeten besuchen, dorthin fliegen?

Das sind zwei verschiedene Fragen, aber bitte, ich versuche, sie in einem zu beantworten. Ihr seid jetzt auch hier gerade in einer großen Zeitenwende. Durch die Explosion der Rohstoffpreise auf dieser Erde kommt es immer mehr zu den sogenannten Hybrid-Antrieben. Das sind Antriebe aus Kombinationsmotoren. Zum Beispiel zum Teil Verbrennung, zum Teil Elektrizität. Das ist aber nur ein Übergang, ein Wechsel zu motorisierten Systemen, mit denen ihr auch Autos fahren könnt, die auf der Energieleistung der Freien Energie basieren. Das heißt, die Fahrzeuge, wenn man das noch so nennen kann, der Zukunft haben Motoren, die sich über Freie Energie versorgen, und somit keinen Ausstoß mehr haben.

Also egal, ob Flugzeug oder Auto?

Das ist egal, um welches Fortbewegungsmittel es sich handelt.

Und die Frage, werdet ihr andere Planeten besuchen? Ja, das werdet ihr. Ihr werdet neu besiedeln. Und zwar solltet ihr hier auch größere Mittel an Energie, auch an finanzieller Energie, in den Bereich des sogenannten Ter-

raformings stecken. Das sind Forschungsbereiche der Weltraumorganisation, in denen es um Bildung von Atmosphäre auf Planeten (sauerstoffhaltigen Atmosphären) geht. Ein Blickpunkt ist hier in naher Zukunft der Planet Mars, auf dem ihr beginnen werdet, größere Stationen außerhalb der Erde zu gründen.

Also demnach sind unsere Versuche in der Raumfahrt, ins All vorzudringen, durchaus in Ordnung?

Ja, aber natürlich. Denn die Adamnische Rasse, die menschliche Rasse, wurde auch dazu kreiert, neue Lebensräume, unbewohnte Planeten einzunehmen und sie in einen Schwingungsgürtel der Welten einzureihen, damit mehr Lebensräume, auch universal gesehen, eingenommen werden können. Aber bitte, das hat nichts mit Eroberungen zu tun, denn diese Planeten sind nicht bewohnt.

Wann wird es ungefähr sein bzw. ab welchem Zeitpunkt werden wir Menschen solche Raumflüge machen können?

Ihr seid jetzt schon in der Lage dazu, denn ihr beginnt ja auch schon Sonden zum Mars zu schicken und genau auszusondieren, was ist möglich, was ist nicht möglich, wobei es hier ab dem Jahre 2015 eine große Entwicklung auch im Antrieb eurer Raumfahrzeuge geben wird, und dann wird der sogenannte Mars in greifbare Nähe kommen.

So, wie es im Bereich der Science-Fiction schon vor Jahren gezeigt wurde?

Richtig.

Elyah, was wird unsere Basisenergie für unsere gesamte Energieversorgung werden? Die Freie Energie?

Ja, die Freie Energie, die ich in einem anderen Zusammenhang schon ausführlich erklärt habe.

Welche Voraussetzung brauchen wir, um uns von einem Ort zu einem anderen „beamen“ (Materieauflösung an Punkt X und innerhalb kürzester Zeit Materiezusammenfügung an einem anderen Ort) zu können? Ist das möglich?

Ja, das ist möglich. Und zwar über die Veränderung der atomaren Dichte und der Struktur der Verbindungen der Atome eurer Körper. Nur müsstet ihr bis dahin begriffen haben, wie sich die Struktur eures Körpers zusammensetzt und wie hier Strukturen wieder reproduziert werden können. Denn sonst hättest du am Ende einen Haufen organischen Matsches. Es ist wichtig, dass ihr hier die kosmische Ordnung begreift, und dazu braucht ihr eine Schwingungserhöhung auf diesem Planeten.

Wenn wir das begreifen und verstehen, dann können wir es umsetzen?

Richtig. Aber das wird noch einige Jahrhunderte dauern.

Was geschieht geistig durch die Atomenergie, durch die Kernspaltung? Welche Folgen haben Atomversuche?

Diese Frage ist sehr interessant. Bitte, hier solltet ihr etwas beachten: Es geht gar nicht so sehr um die Kernspaltung, sondern um das grundlegende Prinzip der nicht-geheilten zur geheilten Dualität. Die nicht-geheilte Dualität funktioniert durch die Explosion. Durch die Erzeugung von Kraft und Hitze. Die geheilte Form ist die Implosion, bei der Materie zusammenbricht und sich verdichtet. Das ist ein Unterschied. Die Kräfte, die dabei freigesetzt werden, die Energien, sind gleich. Wichtig ist, dass hier mehr und mehr zum Prinzip der Implosion als zum Prinzip der Explosion übergegangen wird. Was die Kernspaltung so gefährlich macht, ist das Hochexplosive. Das ist die große Gefahr.

Wann wird es möglich sein, Maschinen mit immateriellen Energien zu betreiben?

Das ist schon möglich, wobei man sagen muss, dass diese Patente immer wieder in den Schubladen der Wirtschaft verschwinden. Aber es wird sich durchsetzen im Jahre 2020.

Ist die Freie Energie die Alternative für Öl und Gas?

Ja, das ist richtig. Gas und Öl werden dann dort belassen, wo sie sind. Denn ihr braucht sie nicht mehr zum Heizen. Würdet ihr Freie Energie benutzen, wenn ihr denn eure DNS-Struktur verändert habt, braucht ihr noch nicht mal zu heizen.

Wird es dann auch keine Erdölkrise mehr geben?

Auch das ist richtig. Bitte erkennt, wozu der Raubbau an diesem Planeten führt – zu einer Krise. Das ist nun ein wirklich treffendes Beispiel für nicht-geheilte Dualität. Auch für die Borniertheit einiger Individuen eurer Spezies, die dann meinen, damit Reichtum anzuhäufen. Doch was nützt ihnen der Reichtum, wenn sie hinterher nichts mehr dafür kaufen können?

Wie können wir uns gegen Elektrosmog schützen? Ist hier Schutz notwendig? In der geheilten Dualität werden wir uns so ja nicht mehr schützen müssen?

Richtig. Weil es dann keinen Elektrosmog mehr gibt. Jedoch ist es wichtig, und das beobachte ich mit, erlaubt mir diesen Begriff, immer größer werdender Sorge, auf die Verstrahlung mit elektromagnetischen Strahlen eures Umfeldes zu achten. Denn darüber schafft ihr auch Mutationen in eurem Zellkern, die dann zu einem sprunghaften Anstieg von Krebs-Krankheiten führen können.

Das sind ja Folgen unserer jetzigen Form der Technologie. Wie sollte die Technik der Zukunft sein? Wie sollte der Bereich der Computertechnologie aussehen?

Diese Verstrahlung kommt nicht durch den Computer. Das ist eine irrtümliche Meinung, Hier wird ein Elektrodengehirn verteufelt, ich möchte es mal wirklich so benennen, das nicht zu verteufeln ist. Was viel riskanter für euch ist, ist die Bestrahlung durch Mobiltelefone, Mikrowellen, Hochspannungsleitungen usw., denn diese ist viel stärker als die Strahlenkraft eines Computers oder eines Vektors.

Und wie können wir uns schützen?

Wichtig ist, dass ihr eure Zellmembranen schützt. Und das ist durch das Legen der Sternenstein-Essenzen (Tag und Nacht-Legesystem, siehe Kapitel III: Menschlich(t)keits-Konzept) *schon gegeben.*

Das ist ja super. Danke, Elyah!

Gibt es ein bestimmtes Bild für unser zukünftiges Fortbewegungsmittel? Was für eine Art wird das sein? Wird es noch ein Auto sein?

Nein, es wird ein Gleiter sein.

Ein Gleiter, wie wir ihn schon in Filmen gesehen haben?

Ja, bitte dazu möchte ich sagen, dass viele Science-Fiction Autoren Kanäle sind und Visionen bekommen aus unserer Ebene, damit sich dieses umsetzt und ihr euch schon daran gewöhnt, sozusagen.

Wir werden also über diese Filme vorbereitet?

Ja, das ist richtig.

Ist fernsehen als solches schädlich?

Fernsehen ist nicht schädlich, nein. Es kommt darauf an, wie setze ich das Fernsehen ein? Wenn ich dieses Fernsehen einsetze als Beruhigungsmittel für Kinder, dann ist es eine durchaus, erlaubt mir diese Bewertung, nicht zuträgliche Maßnahme für das Kind. Wenn ihr aber für gemeinsame Unterhaltung einen Film anschaut, kann das sehr zuträglich und auch förderlich für eure Gespräche sein.

Welche Auswirkungen hat der Standort eines Atomkraftwerks auf das gesamte Umfeld, Vegetation, Mensch, Tier, Luft?

Eine sehr, sehr bedenkliche, denn ihr habt die Strahlkraft des Uraniums noch gar nicht richtig begriffen.

Die Physiker und die gesamte Wissenschaft hat noch nicht begriffen, was da eigentlich passiert?

Sie hat es schon begriffen. Sie wissen zum Beispiel, dass die Celsiumspaltung Strahlung freisetzt, die gewebeschädigend ist. Sie wissen, dass Atomstrahlen ab einem gewissen Becquerelbereich[1] schädlich sind. Wer legt denn diese Richtwerte fest?

Wir Menschen?

Versteht ihr? Es ist wichtig, hier wurde am Gewebe geforscht. Auch an den Opfern von Hiroshima, Nagasaki und jüngst an Tschernobyl. Bitte erkennt, dass auch geringste Dosen von radioaktiver Strahlung äußerst gefährlich sind. Und zwar auch für den Zellkern. Es gibt auch eine natürliche Strahlung. Eine natürliche radioaktive Strahlung, die vom Körper adaptierbar ist. Wird diese Strahlung jedoch erhöht, verändert oder manipuliert, kann der Körper diese Energie nicht mehr einordnen und nicht mehr richtig reagieren. Und dann entsteht langfristig eine Zerstörung.

Ich möchte ein Beispiel geben: Eine Kuh weidet auf einer Wiese neben einem Atomkraftwerk. Der Kuh geht es gut. Die Kuh gibt auch gute Milch. Diese Kuh bekommt ein Kalb. Auch diesem Kalb geht es gut. Dieses Kalb wird zur Kuh und dann verkauft in einen Bereich, wo es kein Atomkraftwerk gibt. Diese Kuh bekommt nun wieder ein Kalb. Dieses Kalb wieder ein Kalb, und dann wird plötzlich bei dieser vierten Generation eine Leukämie festgestellt.

---

[1] Maßeinheit für die Aktivität ionisierender Strahlung, nach dem franz. Physiker Henri Becquerel

Keiner käme auf die Idee, dass diese Leukämie von dieser Ur-Ur-Kuh, die neben dem Atomkraftwerk graste, kam. Das ist eben das Gefährliche. Außerdem strahlt der Abfall aus radioaktiven Reaktoren Jahrtausende, und strahlt auch Jahrtausende im genetischen Kode. Versteht ihr? Das ist sehr brisant. Denn diese Strahlungen lagern sich ein.

Und was können wir aktiv tun, nachdem wir das jetzt wissen?

Das ist sehr, sehr tragisch. Ich wäre für eine generelle Abschaltung aller Atomkraftwerke auf diesem Planeten. Nur, das wird nicht geschehen. Bitte, das weiß auch ich. Aber wichtig ist, dass ihr eure Lebensräume möglichst weit weg von diesen Atomkraftwerken auswählt. Und wenn ihr nun doch neben einem Atomkraftwerk leben müsst, weil ihr dort ein Haus gebaut habt, oder man euch später ein Atomkraftwerk vor die Nase gebaut hat, dann ist es wichtig, dass ihr euch zum Beispiel über die Sternenstein-Essenzen schützt, oder über euer Bewusstsein eure zelluläre Membran mit dem Licht der göttlichen Einheit umgebt, damit hier diese Schäden nicht auftreten können. Das gleiche gilt für Handys und, was nicht zu vergessen ist, für den Gebrauch von elektrischen Handrührgeräten! Diese haben eine hohe Elektrosmogleistung.

Genügt es, die Sternenstein-Essenzen für kurze Zeit, zum Beispiel eine Stunde, hinzulegen?

Nein. Sie sollten permanent in der Wohnung oder im Haus in Form des Tag- und Nachtlegesystems liegen, sodass sich ihre Wirkung über alle Räume erstreckt.

OK. Danke, Elyah.

Welche Möglichkeit gibt es jetzt im Moment, Freie Energie in unserem Alltag zu nutzen, ohne Maschinen? Kannst du uns dazu ein Beispiel nennen?

Ja, das ist durchaus möglich. Zum Beispiel, indem ihr euch selbst, also euren Körper, der Freien Energie aussetzt. Das heißt, indem ihr eine Übung praktiziert, die euch mit dem Freien Energiefeld verbindet.

Diese Übung erfolgt über ein Dreieck, eine kosmische Form, die ihr ausstrahlt, und zwar von der Basislinie eurer Füße hin zum Dritten Auge. Diese Spitze fahrt ihr in den Eisenkern der Erde. Dabei entsteht ein räumliches Konstrukt, das ihr Oktaeder nennt. Dieses Konstrukt verbindet ihr jetzt mit der energetischen Pyramidalkonstruktion der Pyramide von Poseidonis, die in Gizeh entstanden ist. Dann lasst dieses energetische Konstrukt fluten, und ihr seid im freien Energiefeld eingewoben. So möchte ich es einmal nennen. Ihr merkt es zum Beispiel an eurer Attraktivität, ihr merkt es an eurer Haut, ihr merkt es an eurem allgemeinen Wohlbefinden und an der Fähigkeit der Konzentration.

Wie oft sollte man diese Übung machen?

Sinnvoll ist es, am Anfang, das heißt, in den 15 – 25 Tagen, je nach der Schwingungsdurchlässigkeit des Gewebes, die bei jedem Menschen unterschiedlich ist, diese Übung einmal am Tag zu machen. Dieses Konstrukt hält vierundzwanzig Stunden. Gut ist es immer zur gleichen Zeit, denn dann seid ihr rundum in dieser Schwingungsebene, und der Körper hat die Möglichkeit, dieses zu programmieren. Das heißt, die Wirkung geht auch in die zelluläre Schwingung über, der Körper macht das von ganz allein. Aber dazu braucht ihr die Möglichkeit der Zeitspanne von 15 – 25 Tagen. Denn dann geschieht die Übung über die zelluläre Erinnerung. Und das ist für jeden Menschen praktikabel. Ob er nun einen spirituellen Hintergrund hat oder nicht.

Super. Klasse.

Wer sagt denn, dass Bewusstseinserhöhung schwierig ist?

Niemand. Es ist nur so, dass wir uns freuen, weil das von jedem anwendbar ist.

Danke, Elyah!

Übung: „Verbindung mit Freier Energie“

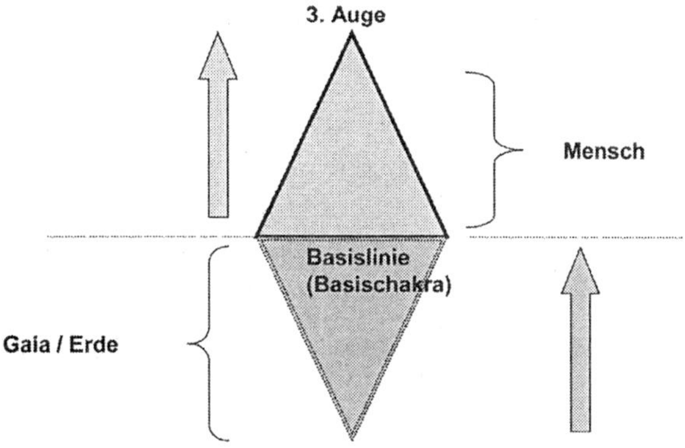

Verbinden über das 3. Auge mit dem Basischakra. Mensch ist ein Dreieck. Dreieck vom 3. Auge nach unten klappen in den Mittelpunkt der Erde. Dadurch entsteht ein Oktaeder.
Über den Mittelpunkt von Gaia verbinden wir uns mit dem Plateau von Gizeh / Pyramide von Poseidonis und ziehen nun diese Energie über den Oktaeder in unser Dreieck. Dadurch findet eine zelluläre Programmierung in unserem System statt. Ca. 15 – 25 Tage braucht das menschliche System, um sich dieser neuen geheilten Schwingung anzugleichen.
1x am Tag machen. Hält dann 24 Stunden.

Menschengruppen und ihre Kinder (Gesellschaft und Erziehung)

Elyah, wie können wir Kinder und Jugendliche optimal unterstützen?

Wichtig ist zunächst, dass ihr Kinder Kinder sein lasst und nicht versucht, sie einzugrenzen in einen Terminplan, den ihr pädagogisch begründet nennt. Es ist wichtig, dass Kinder Freiräume haben, um sich zu entfalten, körperlich, geistig und seelisch. Ihr nennt dieses auch Förderung. Nur, eure Förderung möchte ich zum Teil auch Überforderung nennen. Denn wenn Kinder von vier Jahren von Termin zu Termin gehetzt werden, damit sie optimal gefördert sind, erleben sie ihre Kindheit nicht mehr als Erfahrung und Experiment mit dem Leben, sondern als geplant: Alles ist machbar, und alles ist erreichbar. Damit züchtet ihr lebende menschliche Roboter, aber keine Menschen. Und bitte, es ist wichtig, dass Kinder Freiräume haben. Wichtig ist, dass ihre spirituelle Entwicklung gefördert wird, indem man ihnen Freiräume auch zum Träumen gibt, zum Erfahren der außersinnlichen Wahrnehmung. Ich meine damit nicht weltfremde Träume, sondern es muss in einem Gleichgewicht sein, denn auch das Träumen gehört zur Entwicklung genauso dazu wie das Erlernen neuer Fertigkeiten.

So würdest du eine kindgerechte Erziehung sehen?

Ja.

Es ist auffallend, dass die Kinder immer früher intellektualisiert sind. Liegt das an den Eltern? Liegt es an dieser Art der Vorgehensweise dieser Eltern?

Ja. Stell dir einmal ein Kind von Eltern vor, die beide beruflich sehr angespannt sind, die beide darauf ausgerichtet sind, ihren Lebensstandard zu erhalten, ihre Karriere zu forcieren. Das Kind muss mithalten, das heißt, das Kind muss immer adrett sein, das Kind muss immer gesund sein, das Kind muss in diesem und jenen Förderkurs sein, das Kind muss diese und jene Schulen besuchen, usw. und so fort. Damit wird das Kind nicht zu einem eigenständigen Lebewesen, sondern zu einem Produkt der Erwartung der Eltern. Das hat nichts mehr mit Erziehung zu tun, das ist Manipulation in euren Familien.

Welche Rolle hat hier die Waldorf-Schule, die Waldorf-Pädagogik?

Die Waldorf-Pädagogik befürworte ich sehr. Auch befürworte ich die Pädagogik der Maria Montessori. Wichtig ist, dass ihr Waldorf-Pädagogik auch in einer Entwicklung seht, indem nicht am Alten festgehalten wird, sondern sich diese auch in die neue Form der Schwingungserhöhung der Erde einbettet. Es gibt sehr, sehr viele positive Aspekte in der Waldorf-Erziehung. Doch möchte ich den Waldorf-Pädagogen eine Bitte mitgeben: Bitte überprüft, in welcher Zeit diese Form der Pädagogik entstanden ist und passt sie an die Anforderungen und veränderten Lebensverhältnissen der Jetzt-Zeit an, in der Kinder im anthroposophischen Sinne von Steiner erzogen werden. Die Anthroposophie ist gut. Auch wenn Steiner von sich behauptet, er sei die Anthroposophie, möchte ich hier sagen, auch eine Schwingung wie die Anthroposophie verändert sich im Laufe der Evolution dieses Planeten. Also, hier tut auch eine gewisse Erinnerung an das Kindeswohl wirklich Not, denn es geht darum, dass auch hier eine der Schwingung angepasste Förderung stattfindet, und die anthroposophische Richtung der Förderung ist hier auch offen.

Wie sieht es denn in diesem Zusammenhang mit der allgemeinen staatlichen Schulbildung aus? Diese passt sich ja nicht der Entwicklung des Kindes an.

Doch, das tut sie, nur hat sie aufgrund ihrer rechtlichen und ihrer gesellschaftlichen Stellung nicht diesen Stellenwert. Bitte, es gibt so viele aktive und wirklich bemühte Pädagogen, auch gerade in staatlichen Schulen, in Schulsystemen, wie wir sie auch hier gerade in Deutschland haben. Nur kommen sie hier nicht zum Tragen, da Förderpläne, Schulpläne, Lehrerpläne am Kind vorbei gemacht worden sind, – von Menschen, die schon lange nicht mehr im Schuldienst sind und die den Kontakt zur Basis ein wenig verloren haben. Aber das ist ein generelles Problem in der nicht-geheilten Dualität. Das ist in der Politik genauso.

Wie können wir als Eltern, als Erziehungsberechtigte, da eingreifen?

Indem die Kinder zu Hause auch die Möglichkeit haben, gefördert zu werden und sich zu entwickeln. Aber kindgerecht. Es ist doch zu beobachten, dass die Schule die Verantwortung auf die Eltern schiebt und das Elternhaus die Verantwortung auf die Schule. Hier findet ein Konflikt statt. Es ist so, als würden sich hier zwei Kriegsparteien gegenüberstehen, und die Kinder wären die Boten. Mal mit der weißen, mal mit der roten Flagge. Und bitte, es geht nicht mehr darum, dass hier Eltern gegen Schule und Schule gegen Eltern arbeiten. Sondern es geht darum, dass beide am Wohl des Kindes arbeiten, und zwar nicht am Kind vorbei, sondern <u>für</u> das Kind. Dem Kind Leben zutragen. Die Schule etwa in der Entwicklung von Naturtechniken wie Schreiben, Lesen, Rechnen. Die Eltern im Sinne der Wertevermittlung, im Sinne der liebevollen Fürsorge für das Kind. Im Sinne von Liebe erfahren und Heilraum erfahren, wobei auch Liebe und Heilraum in der Schule erfahren werden sollten.

So wie du das sagst, kommt ja den Eltern wieder ein ganz anderer Stellenwert zu.

Natürlich. Den sie ein Stück weit auch in unserer Gesellschaft abgegeben haben. Sie mussten ihn abgeben. Ich muss hier wirklich, erlaubt mir diesen Begriff, eine Lanze für die Eltern brechen, denn, wenn ihr, und das erlebt ihr als inkarnierte Wesen selbst, eure Existenz bestreiten müsst, alles Mögliche machen müsst in eurer Existenz, um auch gesellschaftlich einen gewissen Rang zu halten, dann kommt das schwächste Glied in der Kette zu kurz, und das sind in dieser Gesellschaft die Kinder.

Wie sieht das nun praktisch aus? Die Kinder gehen zur Schule und lernen dort, was sie zu lernen haben, und kommen dann zurück in die Familien. Wie sollte es nun hier aussehen? Soll man hier wirklich sagen, das Kind als eigenständiges Individuum weiß am besten, wie und wann es zu lernen hat? Wie es den Stoff aufzuarbeiten hat und welche Erholungsphasen es braucht, oder welche Zeitphasen es mit der Familie braucht? Sollte man dieses komplett dem Kind überlassen?

Warum ist es nicht so, dass ihr bei Beginn der Pubertät den Buben und Mädchen eine dreijährige Frist der hausaufgabenfreien Zeit gebt? Warum sagt ihr nicht, in dieser Zeit müssen keine Hausaufgaben gemacht werden? Denn, das Kind ist so sehr, biologisch und psychisch, mit sich selbst beschäftigt, dass hier auch die meisten Einbrüche bestehen. Die Kinder, die sitzen bleiben, bleiben meist in dieser Phase sitzen. Und das hat etwas mit der körperlichen, geistigen und seelischen Entwicklung zu tun. Jetzt hier noch Lern- und Förderprogramme zusätzlich durchzuführen, halte ich für sehr unrealistisch und sehr gefährlich. Erlaubt mir diese Bewertung, denn damit biegt ihr das Kind in eine Richtung, in die das Kind gar nicht gebogen wer-

den will. Es möchte jetzt entdecken, und zwar sich selbst.

Das verstehe ich als Einzelperson, das verstehen auch sehr viele Eltern mittlerweile. Indem sie sich gegenüber ihren Kindern zum Beispiel in der Form äußern: Das schaffen wir schon. Da gehen wir gemeinsam durch. Doch hier stößt man auf Gegenwehr innerhalb des Schulsystems.

Hier ist es wichtig, dass Eltern sehr selbstbewusst sind und sich entsprechend verhalten.

Aber die Kinder müssen doch zur Schule gehen.

Natürlich. Sie gehen ja auch während der Pubertät zur Schule. Das ist ja nicht das Problem. Ich sage ja nicht, dass sie nicht zur Schule gehen sollen. Ich sage damit, dass hier Schule eine Sache ist, die zum Beispiel am Vormittag stattfindet, und im Übrigen, wer sagt denn, dass man im Unterricht sitzen muss? Und es ist wichtig, dass hier die Förderung in der Schule passiert. Das ist ein fest umgrenzter Rahmen. Darauf kann sich auch ein pubertierendes Kind einstellen. Aber dann braucht es auch den Freiraum seiner Entwicklung. Und dann nicht noch in den Cellokurs, in den Klavierunterricht oder ins Ballett zu gehen. Und dann noch dieses und dann noch das, wenn das Kind es nicht will. Und dann braucht es vielleicht einfach mal Zeit, um auf dem Bett zu liegen, sich seine Poster anzuschauen und zu träumen.

Auch das ist Förderung. Und zwar Förderung des

Herzens und Förderung der Emotion. Bitte, es geht mir darum, dass Eltern begreifen, welch wunderbare Aufgabe sie übernommen haben, ein neues Menschleben in den Kreislauf der Natur dieses Planeten einzuführen. Denn so betrachte ich Elternschaft. Und bitte, das ist eine wunderbare Aufgabe. Eltern sollten dafür gelobt werden. Und sie sollten auch die Möglichkeit bekommen, dieses ihrem Kind zu erschaffen. Das heißt, dass zum Beispiel Mutter oder Vater auch für das Kind da sein können. Nicht gluckenhaft über dem Kind schweben, sondern sagen: Ja, ich verlagere zum Beispiel meinen Arbeitsplatz für einen halben Tag nach Hause.

Das heißt, es muss zunächst sehr viel Bewusstsein geschaffen werden innerhalb der Elternschaft?

Ja, das ist richtig. Die Eltern haben dieses Bewusstsein bereits. Nur aufgrund der gesellschaftlichen Struktur ist dieses gar nicht möglich, gelebt zu werden. Und so sind Eltern gezwungen, Kompromisse zu machen. Dadurch werden diese Bildungsaufträge des seelischen, emotionalen Bereichs abgegeben an Kreise wie Schule, Sportverein, Verbände usw. Und das ist nicht richtig. Denn hier geben Eltern, erlaubt mir diese strikte Bewertung, ihre eigene Verantwortung ab. Und das ist sehr, sehr schade, denn damit züchten sie Haltlosigkeit bei Jugendlichen, und das fördert Renitenz.

Wer sich darüber freut, sind zum Beispiel fundamentalistische Gruppierungen, seien sie religiöser Natur, seien es politische. Und dann entsteht so etwas wie Radikalismus.

Also ist es nicht nur wichtig, für das Kind da zu sein, sondern auch dem Kind das Gefühl zu geben, dass es ernst genommen wird?

Richtig. Und bitte, warum beißen sich Lehrer und Erzieher auf die Zunge, wenn es zum Beispiel um die eigene Pubertät geht? Warum wird dieses Thema generell weggestrichen? Die Pubertät wird zu einem biologischen Faktum. Ein Ausbilden der Keimdrüsen usw. Ihr alle wisst, wie die Pubertät bei euch selbst gelaufen ist. Die Höhen und die Tiefen. Ist mein Busen zu klein, mein Busen ist zu groß. Ich habe meine Tage noch nicht. Oh Schreck, oh Schreck, ich bin 13 und noch Jungfrau. Und alle diese Dinge beschäftigen Kinder in diesem Alter. Und diese Dinge sind für diese Kinder elementar wichtig. Ihr mögt darüber lächeln, aber denkt an eure Zeit zurück. Es war auch für euch elementar wichtig. Und hier brauchen Kinder Freiraum.

Dieser Umgang mit Kindern fällt uns oft zum Beispiel als Tante leichter.

Ist das nicht traurig?

Ja, aber so erlebe ich es.

Und auch das hat etwas mit spiritueller Entwicklung zu tun. Wenn eure Kinder aus dem Haus laufen, liegt es auch an den Eltern. Bitte, ich möchte nicht in eine Elternschelte verfallen. Es geht nicht darum, Eltern zu schelten, denn die Eltern haben heute ja auch keine andere Möglichkeit mehr. Deshalb sollten wir über das Modell der Familie generell nachdenken. Das Modell der Familie, wie ihr es propagiert, – Mann/Frau/Kinder – ist ein Modell, das ein verkürztes Modell ist. Bitte, erlaubt mir hier den Begriff, es ist ein kastriertes Modell. Denn Vater–Mutter–Kind, eingebettet in Großfamilie, Großeltern, Neffen, Kusinen, Onkel und Tanten, das ist heute nicht mehr der Fall. Das ist zerstückelt und weiträumig verstreut. In welchem Haushalt leben noch die Großeltern mit? Und das ist genau das Problem, bitte, man entzieht dem Säugetier Mensch die Herde. Und das ist ein großes Problem.

Früher war es einfach so gegeben, dass jeder dieser Aspekte, ob Tante, ob Onkel oder wie auch immer, dem Kind seine Qualitäten zeigen konnte, und das Kind konnte dadurch lernen.

Richtig. Das Kind konnte lernen. Es konnte wählen. Es konnte Entscheidungen treffen. Es konnte sagen: Na ja, mit dem Papa kann ich nicht darüber sprechen, aber mit der Oma. Und somit waren hier verschiedene Bezugspersonen gegeben. Lehrer können dieses nicht ersetzen.

Die Verantwortung der Eltern war verteilt auf mehrere Personen?

Richtig.

Die alle ihre Daseinsberechtigung in diesem Familienverband hatten?

Eine kindgerechte neue Form der fünfdimensionalen Erziehung, ja, so möchte ich sie einmal nennen, ist eine Form des Lebens in Lebensgemeinschaften. In Kleingemeinschaften. Und dieses ist auch durchaus möglich in eurer heutigen Zeit.

Seht zum Beispiel dieses Haus hier mit mehreren Wohnungen. Hier könnte zum Beispiel eine Lebensgemeinschaft wohnen. Unten eine Familie mit Kindern. Hier oben zum Beispiel eine alleinstehende Frau. Es könnte zum Beispiel ein Rotationsprinzip entstehen: Wenn draußen die Schlüssel stecken, dann heißt es: Offene Wohnung für alle. Das heißt, man erweitert seinen Wohnraum um das Doppelte innerhalb von nur ein paar Minuten, indem man den Schlüssel stecken lässt. Und dann hat das Kind aus der Familie die Möglichkeit, zum Beispiel im oberen Stock mit der alleinstehenden Frau Plätzchen zu backen, während die Mutter unten den Papierkram des Vaters erledigt. Und schon ist Betreuung kein Thema mehr.

Und auch nicht anstrengend?

Und auch nicht anstrengend. Vielleicht hat diese Frau gerade Lust, Plätzchen zu backen und freut sich über Gesellschaft. Und so kann hier ein Kreislauf des Miteinanders entstehen. Und dieser Kreislauf ist ein Erleben fünfdimensionaler Natur in Lebensgemeinschaften. Ich meine damit nicht die Kommune aus den 68er Jahren oder die Hippie-Bewegung. Ich meine hier eine neue Form des menschlichen Miteinanders. Und dann können sich auch, ohne Blutsbeziehung, neue familiäre Bande knüpfen.

Die ja für ein Kind oft leichter sind als die Verbindung zur Mutter oder zum Vater.

Natürlich. Ein Außenstehender kann oft mit Humor mit Problemen umgehen, die Mutter oder Vater nur schwer lösen können.

Viele Jugendliche haben in unserer Gesellschaft immer früher sexuellen Kontakt. Kannst du uns dazu etwas sagen? Und ist es für diese Jugendlichen in Ordnung, oder sogar hilfreich?

Es ist für die Jugendlichen hilfreich, denn die Jugendlichen entwickeln sich heute wesentlich schneller, als es zum Beispiel noch in deiner Generation war (Jahrgänge 1950 bis 1970). Man spricht hier von einer Akzeleration[1]. Dies geschieht auch durch die veränderten Umweltbedin-

---

[1] Beschleunigung

gungen. Und auch durch die Reize, die ein Kind bekommt. Und diese sexuellen Kontakte sind wichtig. Der Mensch wird früher erwachsen. Bedenkt bitte, dass es vor einigen wenigen hundert Jahren durchaus üblich für ein Mädchen war, mit 14 Jahren zu heiraten.

Wie wird das partnerschaftliche Zusammenleben in Zukunft gestaltet sein? Wie lange werden Paarbeziehungen auf der Welt in dieser Form, wie wir sie jetzt haben, noch bestehen?

Das ist eine sehr provokative Frage. Und einige, die dieses Buches lesen, werden sehr erstaunt sein: Sie wird nicht mehr lange so bestehen. Denn diese Form ist eine äußerst traditionelle Form, die im Zeitalter der Fische durchaus ihre Berechtigung hatte. Aber alles verändert sich. Ihr fahrt heute ja auch nicht mehr mit dem Pferdefuhrwerk, sondern habt schnelle Autos. Versteht ihr? Und ihr versucht hier, ein Pferdefuhrwerk in die Neuzeit der Raketen und Düsenantriebe zu verpflanzen. Das ist nicht möglich. Erkennt, dass die Menschheit versäumt hat, neue Formen zu erleben und auszuprobieren. Wenn es neue Formen gab, dann wurden sie abgeschmettert, zum Beispiel die 68er Bewegung oder die Ära von „Love and Peace" in den 60er Jahren. Und bitte, das hat man belächelt und niedergeschlagen. Bitte erkennt, dass es eine neue Ära von „Love and Peace" geben wird, aber diese wird eine sehr spirituelle Ära sein. Schaut euch jetzt die Mode an. Der Look der 60er/70er Jahre kommt zurück. Auch hier ist es also sehr sinnvoll, anzuschauen und sich zu öffnen für die Schwingungen, die Strömungen, die auf dieser Erde geschehen. Die Ehe, die Partnerschaft in der alten Form ist ein Modell, das sich überholt hat.

Das seht ihr auch daran, dass immer mehr dieser Formen zerbrechen. Ihr gebt euch dann immer die Schuld dafür. Aber bitte, bleibt bei dem Beispiel des Pferdefuhrwerks auf einer Autobahn. Es wird überholt und irgendwann überrollt. Das liegt nicht an eurem Versagen, sondern daran, dass ihr Wesenheiten einer neuen Zeit seid. Also braucht diese neue Zeit auch neue Formen.

Nun denkt ihr in eurem konservativen Festhalten, oh Gott, oh Gott, das alte System hat sich doch bewährt. Schaut doch mal ehrlich in die Vergangenheit. Wo hat es sich denn bewährt? Welches Ehepaar feiert denn heute noch Diamantene Hochzeit? Und waren die Frauen in langen Ehen immer nur glücklich? Waren die Männer in langen Ehen immer nur glücklich? Waren die Kinder, die aus solchen Verbindungen kamen, immer nur glücklich? Ihr verklärt alles, was in der Vergangenheit war. Auch wenn es schlecht war. Die gute alte Zeit, war sie wirklich so gut? Aber es ist ein Mechanismus eures Gehirns in der nicht-geheilten Dualität, dass ihr das Vergangene verherrlicht. Also gibt es hier auch neue Formen. Neue Formen des Zusammenlebens in Lebensgemeinschaften. Heißt das nun Promiskuität[1]? Nein. Es wird auch weiterhin Paarbeziehungen geben, aber diese Beziehungen werden Be-

[1] Geschlechtsverkehr mit verschiedenen, häufig wechselnden Partnern.

gegnungen sein, Begegnungen, die über Jahrzehnte andauern können. Aber sie werden nicht mehr binden, sondern sie werden verbinden. Und das ist wichtig.

Wenn ich das richtig verstehe, geht es auch nicht unbedingt darum, zusammen zu leben, sondern diese Verbindungen können auch über Entfernungen hinweg bestehen?

Auch das ist möglich.

Und dennoch ist man zusammen. Man muss nicht unbedingt an einem Ort zusammen sein?

Das ist richtig. Wobei es sinnvoller wäre, gerade wenn Nachwuchs erwartet werden soll, dass man hier in Gemeinschaften zusammenlebt, damit Aufgaben verteilt werden. Denn das ist wichtig für die gesunde Entwicklung des Kindes.

Elyah, würdest du Scheidung einer Ehe als eine Sünde bezeichnen?

Nein. Ist sie nicht. Es gibt keine Sünde. Das ist ganz, ganz wichtig! Wenn eine Ehe beendet ist, wenn man sich nichts mehr zu sagen hat, und das war früher häufig der Fall, dann hat man still die letzten vierzig Jahre noch nebeneinander gesessen. Und hatte sich nichts mehr zu sagen. Das ist eine Sünde, wenn es denn eine Sünde gäbe.

Ich bleibe einmal bei dieser Definition. Denn dann vergeude ich Lebenszeit und die Möglichkeit neuer Begegnungen. Und die Weiterentwicklung. Das ist Stillstand und Stagnation! Deshalb: Eine Scheidung ist dann eine Sünde – ich benutze dieses Wort, auch wenn ich es nicht mag –, wenn es in einen kriegerischen Zustand ausartet. Wenn man aber sagt: Wir haben uns geliebt, wir haben eine gute Zeit miteinander gehabt. Wir haben uns weiterentwickelt und auseinandergelebt. Ich wünsche dir für dein Leben alles Gute. Wir können uns immer wieder berühren und immer wieder sehen und immer wieder treffen, – dann ist es doch nicht wirklich eine Scheidung, sondern nur eine Veränderung.

Wie sollte in deinen Augen Sexualität gelebt werden? Um sich selbst und den höheren Dingen des Lebens und dieser Erde zu dienen?

Sexualität sollte gelebt werden in der Form des Sich-Begegnens. Der Geschlechtsakt als solches macht ja nicht die ganze Sexualität aus. Sexualität beginnt ja schon in der Berührung. Beginnt ja schon im Blick. Beginnt bereits in der Atmosphäre. In der Erotik. Und bitte, es ist wichtig, dass ihr Sexualität als Ausdruck von Begegnung begreift. Ein Ineinander-Verschmelzen, ein Ineinander-Dringen, ein Sich-gegenseitig-Berühren und ein Sich-bedingungslos-dem-anderen gegenüber-Öffnen. Das ist Sexualität.

Sexualität sollte herausgeführt werden aus der Notwendigkeit der Liebe. Sexualität sollte wieder das sein, was sie ist: Ein freies Spiel des Einander-Begegnens und des Erfreuens-am-anderen-Körper.

Warum gibt es gleichgeschlechtliche Liebesbeziehungen? Und warum werden diese von vielen Strömungen innerhalb der Gesellschaft verurteilt?

Gleichgeschlechtlich gibt es nicht. Gleichgeschlechtliche Beziehungen sind in meiner Wahrnehmung nicht existent. Es gibt nur Beziehungen unter Menschen. Mann und Frau ist in meiner Betrachtung auch gleichgeschlechtlich, denn sie gehören zum gleichen Geschlecht. Nämlich zum Menschengeschlecht.

Also ist diese Definition nicht ganz richtig. Aber ich weiß, was ihr damit meint. Eine homosexuelle Beziehung zum Beispiel zwischen Männern oder zwischen Frauen ist gleich-wertig einer heterosexuellen Beziehung. Und bitte, das sage ich nicht, weil der Botschafter, durch den ich zu euch spreche, selbst in einer homosexuellen Beziehung lebt. Sondern dieses sage ich, weil dieses Prinzip von Animus und Anima auch in einer homosexuellen Beziehung gelebt werden kann und auch gelebt wird. Und dieses ist sehr, sehr wichtig! Denn diese Form der Beziehung zeigt auch die Vielfältigkeit von Beziehungsmöglichkeiten des Kosmischen Menschen. Und bitte, hier haben homosexuelle Beziehungen sogar einen Vorteil: Sie müssen sich nicht fortpflanzen. Sie lieben sich um der Liebe willen und nicht, um die Art zu erhalten.

Gibt es aus deiner Empfehlung heraus einen besonderen Segensspruch oder ein Ritual, das du empfehlen kannst, um die Ehe zu segnen?

Ja, das gibt es.

Dort, wo ich hingehe,
darfst du mich begleiten.
Und dort, wo du hingehst,
möchte ich dich begleiten.
Dort, wo dein Atem schlägt, und dort,
wo dein Herz ist,
soll auch mein Herz sein.
Mögen sich unsere Schwingungen und
unsere Kreise ineinander verweben,
und mögen sie die Schönheit der Evolution
dieses Planeten zeigen.
Möge Licht auf unserem Weg sein.
Immerdar.
Und möge so in der Kraft der Liebe,
in der wir uns begegnen,
unser Leben weitergehen.
Auch wenn du mich verlässt,
wirst du mich nie verlassen.
Auch wenn ich von dir gehe,
bleibt ein Teil von mir in dir zurück,
und unsere Herzen schlagen ewig
im Gleichklang der Quelle-Allen-Seins.

Gefällt euch dieser Spruch?

Großes Gelächter und Bejahung.

Das ist das Hochzeitsritual auf den Plejaden. Und das gefällt mir sehr, sehr gut. Ich war kürzlich auf einer plejadischen Hochzeit. Ich war sehr angerührt, obwohl ich keine Emotionen habe. Aber dabei seht ihr, wie sich die Schwingungen der Aurafelder ineinander verweben und in einer regenbogenfarbenen Kaskade in die Himmel hineinschießen. In alle Dimensionen. Das ist wunderschön mit anzuschauen.

Gibt es auf anderen Planeten diese Form der Verbindung?

Natürlich.

Die wir mit unseren Worten als Ehe bezeichnen würden?

Nein. Nicht zwischen Mann und Frau, sondern es gibt zum Beispiel auch eine Ehe zu Acht auf den Plejaden. Das ist durchaus möglich. Das sind dann Gruppen, die sich zusammenschließen und diese Gemeinschaft bilden. Ihr könntet dieses Eheritual auch mit mehreren Menschen machen.

Was gibt es für weitere Möglichkeiten, das friedvolle Zusammenleben von Menschen zu stärken, außer es vorzuleben und in seinem Herzen zu tragen?

Da ist eine Bewertung, nicht wahr? Außer es in seinem Herzen zu tragen und es vorzuleben! Das ist die stärkste Kraft, die ihr habt. Lebt es vor! Das ist das Wichtigste. Bitte hört auf, andere zu übervorteilen. Lebt es vor. Behandelt andere so, wie ihr selbst behandelt werden wollt. Lebt es vor. Dadurch verändert ihr. Viele werden dann sagen: Ihr seid dumm, wenn ihr dieses tut. Aber seid stolz darauf, dass ihr es tut. Denn nur so wird Evolution stattfinden. Erinnert euch an die Zeit, als ihr noch Lasten auf dem Schlitten gezogen habt. Bis jemand das Rad erfand. Und dann wurde er ausgelacht. Das kann doch nicht funktionieren. Heute benutzt jeder ein Rad. Versteht ihr? Einer fängt immer an, etwas vorzuleben, etwas vorzumachen. Und das tut ihr auch.

Dann habe ich noch eine Frage zu den Tieren. Tiere haben wohl eine bessere Verbindung zwischen Körper-Seele und Emotional-Mentalfeld als die Menschen. Dennoch können sie sich nicht über die Matrix erheben und sich ein gesundes Leben erschaffen. Was blockiert hier?

Hier blockiert die nicht-geheilte Dualität in der Form, wie sie von humanoiden (menschlichen) Wesen vorgegeben wird. Tiere haben wirklich eine bessere Kommunikation zu ihrer Seele und auch zu ihrem Körper. Aber sie können sich darüber nicht erheben, weil sie eingesperrt sind im Käfig der Matrix, den die Gesellschaft der humanoiden Rasse auf diesem Planeten errichtet hat. Denn es gibt ja auch diesen Satz: Macht euch die Erde untertan. Ihr seid die Krone der Schöpfung usw. Unter dieses Paradigma[1] stellen sich die Tiere. Und zwar bewusst.

Das heißt, die Tiere werden nach 2012 in ein erweitertes Bewusstsein, in ein glücklicheres, weiteres Leben gehen?

Das ist richtig. Ja.

Und dennoch werden sie mit uns zusammenleben?

Ja. Aber aus Freiwilligkeit.

Dann ist es wirklich freiwillig? Und nicht so, wie wir jetzt mit ihnen leben?

Ja. Was ihr jetzt tut, ist domestizieren.

Danke, Elyah!

---

[1] Muster, Schema

Kapitel III: Spirituelle Manifestation

Elyah-Meditationskreis

Dieser Meditationskreis von Michael/Elyah, der seit Juni 2005 in Stuttgart regelmäßig stattfindet, unterstützt die Bewusstseinsschulung der Menschen und hilft dabei, Spiritualität im Alltag leichter umzusetzen und Energien im Menschen auszugleichen. Diese Elyah-Meditationskreise werden ab 2006 im gesamten süddeutschen Raum, in Norddeutschland und in Österreich stattfinden[1].

Die Heilarbeit dient auch automatisch der gesamten Menschheit, denn alles, was wir in uns heilen und meistern, tun wir für alle Menschen, und so übertragen sich unsere erlernten Lektionen direkt ins Morphogenetische Feld zur Harmonisierung überall dort, wo diese Energie am Nötigsten gebraucht wird. Dadurch wird spirituelles Wissen in praktisches Tun umgesetzt – eine der wichtigsten Aufgaben in der jetzigen Zeit, denn Elyah und die Geistige Welt weisen immer wieder darauf hin, dass jetzt die Zeit des Handelns ist.

Elyah, wir haben jetzt verschiedene Fragen zum Elyah-Meditationskreis und auch zu der Heilenergie, die dort im Kreis fließt und von dir eingespielt wird.

---

[1] www.elyah.net

Um welche Heilenergie handelt es sich und wie wirkt sie?

Diese Heilenergie ist eine Kassiopeianische Heilenergie. Wir auf Kassiopeia, und zwar genau auf dem Planeten Andor, haben eine Meditationsform entwickelt, die daraus ihre Energie bezieht, und zwar aus der Vereinigung der beiden Sonnen Orh und Ghon. Wir haben auf Andor zwei aufgehende Sonnen, eine goldene und eine leuchtend grüne. Das könnt ihr euch nicht vorstellen hier auf diesem Planeten. Diese beiden Sonnen schieben sich durch ihre Ellipsenbahnen an einem Punkt des Tages übereinander. Dann hat man eine grüne Sonne, die umgrenzt wird von einer goldenen Sonne. Die grüne Sonne heißt Orh und die goldene Sonne nennen wir Ghon[1]*. Daraus leitet sich eure Orgonschwingung ab, und daher kommt das Wort Orgon. Und bitte, diese Sonnenscheiben vereinigen sich nicht wirklich. Aber vom Blickpunkt von Andor aus ist hier eine Vereinigung der Sonnen zu sehen. Dabei öffneten wir Kassiopeianer uns in unserem Energiesystem und wurden durch diese Sonnen aufgeladen. Deshalb brauchten wir auch keine Nahrung, denn wir wurden durch diese Sonnenstrahlen energetisiert. Diese Strahlen beinhalten eine hohe, hohe Heilfrequenz. Diese Heilfrequenz ist in mir gespeichert, und diese Heilfrequenz gebe ich an den Heilkreis, an den Meditationskreis hier in dieser Stadt Stuttgart, weiter. Bitte, es wird dazu führen, dass ich in einer Zeit, die*

---

[1] Buch *Erdenwege*

ihr 2007 nennt, Wesenheiten aus diesem Heilkreis initiieren werde. Das heißt, sie haben diese vereinigte Sonnen in sich und werden daraufhin wieder Kreise gründen. Und so wird ein Netzwerk entstehen.

Das heißt, diese Menschen, die sich jetzt in diesem Heilkreis zusammenfinden, sind nicht zufällig zusammen. Sie sind innerlich gerufen, und es ist wichtig, dass diese Information an diese Menschen gegeben wird.

Warum sendest du gerade uns, den Teilnehmern dieses Meditationskreises, diese Energie?

Um zu initiieren. Um hier eine Form der Heilung zu initiieren über diese Menschen, denn diese vereinigten Kräfte dieser beiden Sonnen haben eine immense Heilkraft. Und zwar auch dahingehend, dass die DNS-Struktur sich der neuen Evolution öffnet, denn viele DNS-Stränge sind ja auch eingebunden in euer mentales Sein. Und die sagen: „Nein, wir wollen das Alte festhalten", und dadurch entsteht eine hohe Spannung.

Hat diese Heilenergie Auswirkung auf das Heilwerden eines jeden Menschen?

Ja.

Ist mit allen Menschen jeder Mensch gemeint, oder nur die Menschen in den Heilkreisen?

Es ist schade, dass diese Energie so verkürzt wird. Es hat nicht nur Auswirkungen auf die Menschen, sondern auch auf die Pflanzen, die Tiere, die Insekten, auf das Wasser. Diese Heilenergie zum Beispiel bringt das Wasser in seine Natürlichkeit zurück. Diese Heilenergie hilft dem Wasser, Schadstoffe auszuleiten. Diese Heilenergie macht aus dem Wasser lebendiges Wasser.

Wie mache ich das dann?

Nein, das wird nicht gemacht. Das ist! Wenn diese Vereinigung der Sonnen in dir wirkt, und bitte, das ist ein Bild, wird Wasser verändert, denn du bestehst zum großen Teil aus Wasser. Das heißt, du hast diese Veränderung in dir. Wenn du jetzt Wasser ausscheidest, gibst du dieses veränderte Schwingungsbild in das Wasser hinein. Dadurch verändert sich auch dieser Schwingungsträger. Das heißt, so potenziert sich das immer weiter.

Wird jetzt im Moment durch die ersten Heilkreise die Heilschwingung in uns initiiert?

Das ist richtig. Ihr nennt dieses eine Heilmeditation, einen Heilmeditationsabend, einen offenen Abend. Ich bilde hier aus. Das ist eine Art Ausbildung, die ich hier mache. Ich bereite diese Menschen vor, die göttliche Vereinigung ihrer Heilkraft in sich zu erleben.

Also werden wir, die an den Heilkreisen teilnehmen, bis 2007 von dir geschult und ausgebildet?

Das ist richtig. Und 2007 bilden alle diese Menschen einen eigenen Kreis.

Und diese beiden Sonnen sind 2007 dann so in uns initiiert, dass wir diese Kraft weitergeben können?

Für diese Initiation werde ich 2007 mit den Teilnehmern dieser Kreise eine Reise unternehmen, das heißt, ich stecke nur noch den Schlüssel ins Schloss.

Können wir trotzdem jetzt mit diesen Übungen, die du uns an diesen Meditationsabenden gibst, bereits arbeiten?

Natürlich.

Erhalten wir bei dieser Reise eine andere Form der Energie?

An den Meditationsabenden erhaltet ihr, wie ich bereits erklärte, Kassiopeianische Heilschwingungen. Dadurch bekommt ihr einen Sensus, ein Gespür für diese Energie. Diese Energie fängt an, in euch zu wirken, und fängt an, zu verändern. Und zwar bitte, jetzt nicht rufen „Oh, wir werden von Elyah manipuliert", nein, hier findet keine Manipulation statt. Hier findet das Öffnen eurer eigenen Ressourcen statt. Ich bediene mich dabei nur der Energie aus meiner Heimatwelt. Bei der Reise erfolgt dann die Initiation.

Werden durch die Übungen, die wir jetzt bekommen, die Hindernisse, die auf unserem inneren Weg zu dieser Heilenergie liegen, integriert?

Richtig. Ich gab zum Beispiel eine solche Übung bei diesem wunderschönen Zusammentreffen mit euch Wesenheiten am Chiemsee[1]. Dort kreierte ich über diesen Kanal, über den Botschafter, eine Meditation mit den drei Toren (siehe Kapitel III: Die Sonnentore von Avalon)*, und ich gab euch auch bereits mehrere Integrationsübungen bei den Elyah-Meditationskreisen in Stuttgart.*

Elyah, ist diese Energie wissenschaftlich nachweisbar?

Ja, wenn dieses in die Materie gespielt wird. Dann wird es nachweisbar werden.

Und dann auch für jeden Einzelnen spürbar?

Ja.

---

[1] Workshop im August 2005

Und heißt das auch, dass die Menschen, die in diesem Meditationskreis sind, diese Energie durch ihr Sein, durch ihre Anwesenheit, weitergeben?

Das ist richtig, das passiert jetzt schon.

Inwieweit kann jedermann über diese Energien mit der Geistigen Welt in Kontakt treten und sich dieser Verbindung auch sicher sein?

Der Fragesteller hat hier einen großen Schmerz. Da ist eine große Zweifelenergie. Erstens kann es nicht nur jeder Mann, sondern auch jede Frau, jeder Mensch. Und zweitens ist es auch so, ihr könnt euch dessen sicher sein, indem ihr eurer eigenen Wahrnehmung vertraut. Das, was ihr erlebt mit dieser Energie, ist ein wunderbarer Spiegel eurer eigenen Wahrnehmung, und ihr habt es zu lernen als kosmische Bewusstseine, und, da muss ich etwas streng werden, euch zu vertrauen.

Es ist uns ein Leichtes, natürlich könnten wir den Tisch hier in diesem Wohnzimmer schweben lassen. Ja, und dann würden alle schreiend aus dem Haus laufen. Und ich hätte Angst erzeugt. Das ist das, was Karon gemacht hat. Versteht ihr? Vertraut euren eigenen Wahrnehmung, und dann lasst den Tisch schweben.

Wer kann diese Heilenergien nutzen, wer darf sie nutzen?

Jeder in diesem Heilkreis. Es ist kein Missbrauch möglich, denn Heilenergie kann nicht missbraucht werden. Auch die Teachings können weitergegeben werden. Bitte, es ist kein elitärer Kreis. Ich bilde hier Menschen aus, und nicht bestimmte Menschen.

Ist es, als ob ein Stein ins Wasser fällt und Kreise und Kreise zieht?

Ganz genau.

Wie kann diese Energie genutzt werden, um die Energien bzw. die Taten von Gewalt und/oder Terroranschlägen zu transformieren?

Durch die Aufnahme dieser Energie in das Heilfeld, das die beiden Sonnen errichten. Das werde ich euch aber noch erklären. Und zwar ganz explizit. Das würde auch den Rahmen dieser Frage sprengen.

Dazu gehört auch diese Frage: Hat diese Energie eine Auswirkung auf den Ausgleich im Nord-Süd-Konflikt?

Ja natürlich, es ist die Heilenergie für den Nord-Süd-Konflikt.

Und sie wirkt auch automatisch auf das Morphogenetische Feld bzw. sie wird auch automatisch in das Morphogenetische Feld eingespielt?

Sie kommt aus dem Morphogenetischen Feld, denn ich bin über dem Morphogenetischen Feld. Ich bediene mich hier der Bilder eures Morphogenetischen Feldes.

Gibt es Grenzen in der Nutzbarkeit dieser Energie?

Nein, denn diese Energie ist neundimensional und somit grenzenlos.

Und lässt sich diese Heilenergie auch in der Politik einsetzen?

Auf jeden Fall. Wir sind schon dabei.

Können wir diese Energie durch eine der Übungen zielgerichtet einsetzen, also zum Beispiel bei politischen Ereignissen wie einer Bundestagswahl?

Ja, aber bitte zu allen Parteien – zum Wohle des Ganzen.

Danke, Elyah!

Meditationen

Diese Meditationen wurden von Michael während der Elyah-Meditiationskreise gechannelt, die seit Juni 2005 regelmäßig in Stuttgart und ab 2006 im gesamten süddeutschen Raum stattfinden. Mehr Informationen zu den Elyah-Meditationskreisen siehe www.elyah.net

Das goldene Licht von AN

(Channeling vom 13.10.2005 Elyah)

Seid im Segen der Kassiopeianischen Vereinigung. Seid im Segen des Fließens von Ruhe und Frieden. Des Fließens von Kraft in dieser turbulenten Zeit.

Verbindet euch mit eurer göttlichen Identität. Verbindet euch mit dem Hohen Selbst. Bestrahlt euer Sternenlicht mit der Kraft der Identität. Und das Sternenlicht manifestiert sich in euch. Zu dem Sternenlicht, zu dem einen Kern, welcher Ausdruck genommen hat aus eurer Seele in die Dritte Dimension. Löst euch jetzt in dieser Meditation, in dieser Betrachtung, von all den Dingen eurer Bewertungen und Normen eures Lebens. Erlaubt es euch für die nächsten Minuten, einfach einmal frei zu sein. Schiebt jetzt einmal ganz bewusst, im Namen eures Sternen–Ichs, all eure negativen Gedanken zur Seite. Erlaubt es euch jetzt, für euch selbst, in den Frieden zu gehen.

Und am Anfang war das NICHTS. Endlos, weit, und der Geist der Quelle überspannte das NICHTS wie ein großer

schillernder Regenbogen. Und er sah das NICHTS. Und aus Liebe gebar sich aus den Kräften der Farben und den Kräften der Schwingungen, aus dem Ton des Herzens, welcher ist der Ton A, die erste Materie. Das erste Universum. Und es gebar sich alles in Liebe und in Einheit. Die Quelle-Allen-Seins, die große Seele, gebar alles in Einheit. Und da du der Ausdruck dieser Quelle, dieser Einheit, bist, erlebe dich als Einheit. Die Energie der Einheit fließt dir in jeder Sekunde deiner Existenz zu aus dem Universum der geheilten Dualität, welches das Paralleluniversum zu diesem Universum der nicht-geheilten Dualität darstellt.

Nimm das Licht dieser Schwingung an. Tue dieses, denn es verbindet sich direkt in deinem Vegetativum, in deinem vegetativen Nervensystem. Und dort verquickt sich diese Energie mit der Lebensenergie, die ausgestrahlt wird aus der Sonne. Und mit der Kraft der kosmischen Energie der Plejaden, welche euer System lenkt und stärkt, eine dritte Komponente, eine Komponenten-Energie der Einheit, welche sich in eurem Körper nun über eure Nervenbahnen ergießt. Erlaubt diesem Fluss der Energie, zu fließen. Und wenn du jetzt nichts spüren kannst, weil dein Inneres Kind weint, Angst hat oder tobt, gräme dich nicht, denn Einheit ist jetzt!

Und in den Anden sitzt ein Mädchen bei ihren Ziegen, und sie schaut in den nächtlichen Himmel hinein. Er ist sternenklar. Es ist kalt, und sie hat sich inmitten der Ziegenherde gelegt, und die Tiere wärmen sie. Dieses Kind ist nun näher an der Quelle-Allen-Seins als irgendein anderer Mensch auf dieser Erde, jetzt. Und dieses Kind *empfängt die Einheit, jetzt. Empfängt die Einheit für dich, für alle Menschen auf dieser Erde. Erkenne, dass dieses Kind nun die Rolle stellvertretend für alle Menschen übernimmt.*

Und sie schaut hinauf zu dem großen Sternbild, das sie als den Krieger kennt. Ein Sternenbild, das ihr Orion nennt. Und sie schaut auf den mittleren Stern der Gürtelsterne. Und ein Licht von diesem Stern fällt in ihr Herz. Dies ist das Licht einer starken Einheit und einer starken Kraft, denn dieser Stern ist AN, die Zone der Aufhebung sämtlicher Dualität.

Die ANs sind ein altes Geschlecht von Sternengeschwistern. Ihr habt Anteile von AN in euch. Der Bauplan eurer Nervenbahnen kommt von AN. Welch ein Geschenk, welch eine Gnade hast du Mensch! Du Blüte der Sterne! Strecke dich AN entgegen und weite dich, weite dich in der Liebe und in der Einheit, die du bist. Dir ist Leben eingehaucht, sagen die alten Schriften. Dir ist Einheit eingehaucht mit dem göttlichen Prinzip, das Heilung der Dualität genannt wird. Erfahre sie. Redet nicht mehr. Sondern erfahre sie in deinem Sein!

Und stelle dir nun vor, wie dein Kronenchakra sich ausrichtet auf AN, wie dieses goldene Licht aus dem Tempel des Meisters SOMA auf dich fließt, jetzt. Und beginnend von deiner rechten Hemisphäre im Gehirn ausstrahlt über deinen gesamten Kopf, hin zur Medulla Oblongata, einem Energiezentrum in deinem Nacken.

Und wie eine Blume, die dürstet nach dem Saft des Lebens, so reckst du dich dieser Energie innerlich entge-

gen. Nehmt sie jetzt auf. Dies ist die Übung von AN in Verbindung mit Sanat Kumara, in Verbindung mit dem ehrwürdigen Meister SOMA, einem Sternenwesen von großer Kraft. Und dieses goldene Licht der Einheit fließt nun über eure Medulla Oblongata hinein in euer vegetatives Nervensystem, jetzt. Nehmt diese Energie auf!

Und auf dem Planetenbewusstsein Mallat wurden die Gesänge der Ahnentafeln gesungen, immer dann, wenn ein neues Wesen der Sterne geboren wurde.

Und so singe ich, Elyah, für euch in dieser Nacht auf Mallat die Ahnentafel der Menschheit. All eure Namen, Kinder dieser Erde, werde ich singen. Eure Sternennamen, aber auch eure Namen, die ihr jetzt tragt. Und begreift, dass ihr alle Sendboten der Einheit seid. Und meine Energie wird die Sternenfelder erfüllen, in eurem Quadranten. Denn nun beginnen die sechs Jahre der Wandlung der Menschheit. Nun beginnt der Prozess des Lichtes in einem jeden von euch zur Vollkommenheit zu reifen. Es ist Frühling, Kinder des Lichtes. Frühling für diesen Planeten.

Und die Energie von AN ist wie die erste Sonnenbestrahlung des Planeten nach einem langen Frost. Und das Eis, der Panzer eurer Emotionen, beginnt zu schmelzen. Seid nicht traurig über die Härte eurer Herzen. Es ist Eis. Eis ist hart.

Doch die Kraft des Lebens bringt jedes Eis zum Schmelzen in euch. Es ist Tauwetter im Kosmos. Und ihr seid wie die ersten Blüten, die sich hervorwagen in das Licht. Erkennt diese Schönheit, diese Lebenskraft, die in euch schläft. Ich, Elyah, sage euch, in dieser Nacht wer-

den eure Gebete gehört. Die Quelle-Allen-Seins schickt Myriaden von Engeln aus, um sie einzusammeln, um Segnung zu sein für euch.

Und das Licht von AN weitet nun eure Meridiane. Lenkt seine Kraft durch eure Körper, durch die feinstofflichen sowie durch die grobstofflichen. Und das goldene Licht von AN fließt unabläßlich durch euch ein. Lasst es nun durch eure Füße aus euch heraus fließen. In den Boden. Die Energie in diesem Boden möge sich nun verändern und weiterstrahlen in das Mauerwerk und das Flechtwerk eures Zuhauses. Und weitergehen in die Energieströme deines Umfeldes. Das ist Erdheilung, Erdensternenkind. Heile dein Umfeld, jetzt. Habe keine Sorge, es bleibt genügend für dich übrig. Denn du musst die Energie nicht sammeln. Lasse sie fließen durch dein System.

Jetzt beginnt die Zeit des Jahres der Manifestation für dich. Du bist ein Frühlingsbote, vergiss das nicht. Und durch dein Leben verkündest du diesem Planeten Heilung. Wenn die Menschen in ihren kalten Herzen dich sehen, sollen sie erwärmt werden. Sollen den zarten Duft von Frühling in sich spüren. So möget ihr sein von jetzt an. Ihr habt nun aufgenommen diese Energie. Sie hat nun eine Prägung in euch hinterlassen. Ich bitte euch, verteilt diese Übung. Ein jeder, der sie macht, erlebt die Energie von AN in seinem System. Die Verbindung von AN bildet die Mentorenschaft der sechs heiligen Jahre aus. Dies ist die Grundübung der nächsten sechs Jahre. Einheit ist!

Erdet euch. Kommt herunter und schließt eure Chakren auf das für euch richtige Maß. Wenn euch ein wenig komisch ist, das ist völlig normal. Denn es fließt nun eine hohe Energie nach.

ACHTSAMKEIT!

☆☆☆

Flammen des Glücks – Flammen der Integration

(Channeling vom 04.08.2006 Elyah)

Seid im Segen und in der Einheit, dieses ist Elyah, die zu euch spricht.

Hört auf die Schalen des Klangs vom Himalaja. Lasst euch von diesem Klang tragen in Bilder, in Welten, die ihr noch nie gesehen habt. Stellt es euch vor in eurer Fantasie und erlebt die Schwingung der Heilung in euren Leibern, in eurem Herzzentrum und auch in eurem emotionalen Selbst.

Eine Ebene, die sehr viel mit euren Ebenen der Immunabwehr und eurer gesamten Körperhaltung zu tun hat. Licht, das ihr seid, aus verschiedenen Komponenten eures Bewusstseins, strahlt aus über euch, und das ist das Licht eurer göttlichen Identität, das euch liebt, immer geliebt hat und immer lieben wird. Egal, was ihr tun werdet, hier in eurer Inkarnation. Heilung der Herzen ist ein oberstes Gesetz. Heilung der Herzen ist wichtig in dieser Gesellschaft des menschlichen Seins, zu dieser Zeitqualität.

Deshalb hat der kosmische Rat diese sechs Monate als Monate der Herzheilung benannt. Monate, in denen sich die Harmonisierung eurer Ebenen manifestieren darf. Ausgegossen wurdet ihr von einem lichten Punkt aller Dinge. Es ist gleich, ob du den Mittelpunkt Gott, JWHW oder Allah nennst. Es ist gleich. Mögen wir uns auf den Begriff Quelle-Allen-Seins einigen. Ausgegossen wurdet ihr von der Quelle-Allen-Seins.

Und du begibst dich auf die Reise als Lichtstrahl, als Lichtfunke. Durch das Dunkel des Universums der Dualität. Und fließe ein in die Weite, welche ist ohne Anfang und ohne Ende. Das Erste, was du wahrgenommen hast, als du aus der Quelle-Allen-Seins gekommen bist, war Weite und Unendlichkeit. Diese Weite ist deine erste Prägung. Und diese erste Prägung ist maßgebend für alle Schritte, die du in der Kraft der Manifestation unternimmst. Erinnere dich daran, Bewusstsein Mensch, auf diesem Planeten, dass das Erste, was du erlebtest, die Weite war. So erlaube dir, weit zu werden, weit zu sein.

Und vor dir liegt ein Planet. Eingehüllt in magenta-rosafarbenes Licht. Und dieser Planet ist riesig, und er zieht durch seine machtvolle Gravitation das Licht auf sich. Und so zieht er auch dich an, und du durchdringst diesen magentafarbenen Himmel, und du landest auf diesem Planeten, als Lichtstrahl.

Und ich möchte dich bitten, dass du dir vorstellst, wie du einen Lichtkörper ausbildest. Wie du ein Lichtwesen wirst auf diesem Planeten. Und du stehst vor einem riesigen goldenen Meer, umgeben von dunkelblauen Bergen.

Diese Berge sind gigantisch hoch. Und über diese gesamte Szene spannt sich ein magenta-rosafarbener Himmel. Auf diesem Planeten sind andere Wesen, Wesen, wie du sie noch nie gesehen hast. Du siehst sie auch nicht wirklich, doch du spürst ihre Gegenwart.

Betrachte die blauen Berge. Und betrachte das goldfarbene Meer, das ruhig wie ein Spiegel liegt. Die Farbe des Himmels spiegelt sich. Eine Sinfonie der Farben. Magenta, Blau und Gold. Da du ein Lichtwesen bist, da du fleischgewordenes Licht bist, durchschneiden dich diese drei Farben nun. Sie durchdringen dich. Eine jede Farbe in ihrer eigenen Schwingungsfrequenz. Magenta und Gold schneller als das Blau. Aber das ist jetzt nicht wichtig. Wichtig ist, dass die Farben dich durchdringen. Aus dem Bewusstsein der Weite, aus dem du kommst, gebiert sich die Erkenntnis, dass du eins bist mit Allem-Was-Ist. Gebiert sich das Bewusstsein, dass Einheit deshalb entstanden ist, weil alles aus einem Ursprung ist.

Das Licht sowie der Schatten haben einen einzigen Ursprung. Wer das so empfinden kann, ist in der Weite, ist in der Einheit. Magenta, die Vereinigung der Farben Blau und Rot. Die Vereinigung der Christusliebe mit der Christuskraft durchdringt dein System am schnellsten. Stell dir vor, dass wie in einem Trichter die Farbqualität des Himmels und dieses Planeten in dich eindringen – eine perfekte Vereinigung der Kräfte der Manifestation aus Liebe und Einheit. Und stell dir vor, wie dieses magentafarbene Licht in dein Herz hineinfließt und sich verbinden kann mit deinem energetischen Bewusstsein. Und deine lichten Füße werden nun umspült vom Gold des Ozeans. Dieses Gold beginnt in dir aufzusteigen von deinen Füßen. Gold ist die Farbe der Integration, aber auch die Farbe der Dynamik. Die Ebene der Meisterstrahlen ist verbunden mit dem goldenen Strahl.

Erlaube dir, dieses Gold aufsteigen zu lassen, bis in dein Herz hinein. Erlaube dir, alle deine bisherigen Erfahrungen als Lichtwesen, das Ausgesendet-Sein von der Quelle und das Eingefangen-Sein durch die Gravitation, jetzt in dir zu integrieren. Erlaube, dass sich in dir die dynamische Kraft des goldenen Lichtes ausweitet von deinem Herzzentrum aus, hinein in dein gesamtes Energiefeld. Magenta-Gold. Und nun strahlt auf dich ein, wie ein Energiestrahl aus den Bergen, das blaue Licht der Erkenntnis. Der blaue Strahl des Erfahrenen und Gelehrten. Und dieses blaue Licht strömt ebenfalls in dein Herzzentrum ein. Klarheit und Wissen aller Ebenen und aller Bereiche. Das Blau der Weisheit und des tiefen Verstehens um alle Zusammenhänge durchfließen dein Sein. Blau ist die Vergebung.

Vergib dir selbst die immer wiederkehrenden Missverständnisse aus dir selbst heraus, weil du das Verlassen der Quelle nicht verstanden hast. Deine Prägung, nicht geliebt zu sein, nicht genug wertgeschätzt zu sein, nicht besonders zu sein. Vergib es dir und bestrahle es mit diesem dunklen Blau.

Und nun siehe, wie aus dem magentafarbenen Himmel eine silberglänzende Kugel auf das Meer zuschwebt und wie diese Kugel über dem goldenen Wasser schwebt und in allen Strukturen des silbernen Lichtes zu changieren beginnt. Spürt, welch eine Kraft der Aufnahme aus dieser Kugel euch entgegenstrahlt, und nehmt wahr, wie euer Lichtkörper in diese Kugel hineingezogen wird, jetzt, in diesem Augenblick. Und diese Kugel schwebt empor und verlässt diesen Planeten. Und ihr fliegt durch die Dunkelheit des Alls in einer silbernen Kugel, angefüllt mit dem magenta-gold-blauen Licht. Seid im Frieden.

Erklärung und Anmerkung durch Elyah:

Jeder Mensch trägt diese Flammen der Integration (Magenta, Gold und Blau) in seinem Herzen. Dies ist sein Geburtsrecht – sein göttliches Erbe. Wenn ihr diese Meditation zum ersten Mal macht, werden die Flammen im Herzen wieder aktiviert. Danach bleiben sie für immer aktiv, sodass ihr danach die Übung mit den drei Flammen zur Integration immer wieder machen könnt.

Höre zu, Erdensternenbewohner, das ist die Übung der Vorbereitung auf die Inkarnation. Was ihr nun meditativ erlebtet, erlebt jede Seele, bevor sie inkarniert. Diese drei göttlichen Flammen sind in euch nun aktiv. Wenn ihr ein Erlebnis habt, das euch emotional erschüttert, nehmt diese drei Qualitäten aus dem Tempel eures Herzens und lasst diese ausstrahlen in euren Körper. In eurem Herzen lodern drei Schalen. Eine mit einer goldenen Flamme, eine mit einem magentafarbenen Feuer und eine mit einer blauen Flamme. Schiebt sie übereinander und lasst eine Mehrfarbenflamme entstehen. Und diese Flamme senkt ihr in euren Solarplexus. Dort, wo eure Emotionen brodeln. Erfahrt die Weisheit, die liebende Kraft der Heilung und die Energie der Integration in euch.

Macht diese Übung so oft ihr es wünscht und mit wem ihr es wünscht. Dockt so an eine Vorinkarnationserfahrung, die außerhalb der nicht-geheilten Dualität liegt, an. Eine Erfahrung, die Einheit schafft in euch. Ihr alle wollt keine Lasten tragen. Warum tragt ihr sie dann einem anderen nach? Seid nicht mehr nach-tragend. Lasst die Dinge einfach liegen. Wer nötigt euch denn, diese aufzuheben? Hhmmm, weil es euch gefällt, das Opfer zu sein? Damit jeder sieht, wie schwer ihr tragt? Habt ihr das noch nötig? Wurde nicht alles auf diesem Planeten schon er-tragen? Dies ist ein Ort der Heilung. Ein Ort der Befreiung. Dies ist ein Ort der Glückseligkeit, auch wenn ihr das noch nicht akzeptiert. Es ist so. Erkennt und begreift. Einheit ist!

☆☆☆

Roter See der Heilung

(Channeling vom 14.07.2005 Elyah)

Es geht um die Herzheilung durch die Weitergabe dieser Energie über die Handchakren. Diese Übung wirkt sehr stark beruhigend auf Menschen und öffnet die Meridiane.

Erlaube dir, jetzt in Verbindung zu treten mit deinem Hohen Selbst. Und erlaube jetzt der Energie deines hohen Bewusstseins, durch deinen ganzen Körper zu fließen.

Erkennt, jeder von euch ist ein Heiler. Wenn sich die Seele entscheidet, hier in die Dritte Dimension zu gehen, kommt sie auf diesen Planeten, um zu heilen.

Wir verbinden uns mit dem Energiefokus der Plejaden. Das ist eine Energie der fließenden, heilenden Kraft, die energetische Lebenserfahrungen aus eurem Herzzentrum herausnimmt, wie zum Beispiel Information von Krankheit, Missbrauch usw.

Wir laden euch dazu ein, diese Erfahrungen loszulassen. Jeder von euch ist eingeladen, Freiheit in seinem Herz zu haben, zu bekommen. So nehmt diese!

Das Leben ist ein ruhiger See, eine glatte spiegelnde Oberfläche. Leben ist nicht turbulent und auch nicht beängstigend. Leben ist ein Ruhen in der eigenen Kraft und der eigenen Energie. Geliebte dieses Erdenplaneten, seid euch dessen bewusst, Leben ist etwas anderes als Existenz. Existenz greift euer Herz an, niemals aber das Leben. Existenz versucht, sich zu erfüllen, indem sie fordert. Das Leben fordert nicht. Es gibt, es gibt sich hin, es gibt dich frei, und heute Abend möchten wir eine Energie der Freigabe in euer Herz hineingeben. Euer Herz auffüllen mit dieser Energie der Freiheit, sich neu begegnen zu können. Vergebung zu leben in jeglicher Form.

Und die spiegelnde Oberfläche des Sees deines Lebens ist eingerahmt von einem mächtigen Wald. Diese Bäume deines Waldes sind uralt. Jeder Baum ist die Energie einer gesamten Lebensspanne. Und es handelt sich hier um die Informationen und Erfahrungen vergangener Lebenszyklen, vergangener Zeiten. Doch alle gruppieren sich um den See deiner jetzigen Inkarnation. Und dieser See ist tief, unendlich tief. Und die lichten Abgründe deiner Seele sind in diesem See verborgen, ohne dass du sie kennst. Ohne dass du sie weißt, und dennoch sind sie da. So liegt auch deine Energie der Heilung eingerollt wie eine Uräusschlange[1] in deinem Basischakra. Eine Energie, welche darauf wartet, mehr und mehr in dein Bewusstsein einzudringen. Die Schlange galt schon in vielen Kulturen als heilbringendes Symbol, als Symbol der Heilkraft und der Weisheit.

Erlaubt euch, dass diese Schlange euch beißt. Dies ist ein Gift der Erkenntnis. Kein Gift, das zum Tode führt. Ein Gift deshalb, weil Erkenntnis Dinge öffnet. Und es kann als Gift empfunden werden, wenn du Dinge deiner Existenz klarer siehst und klarer betrachten kannst. Aber erkenne, begreife, es geht nicht um Existenz. Es geht um das Leben. Um dein Leben! Um deine Energie! Um deine

[1] Sonnensymbol am Diadem der altägyptischen Könige

Kraft, Heilung zu geben! Um deine Kraft, Lebensenergie zu sein!

Und der abgrundtiefe See mit den vielen Geheimnissen, dieser See, das bist du. Doch da gibt es Energien, da gibt es Menschen, da gibt es Situationen, die dir Steine in den See werfen und Freude daran haben, dass die Oberfläche nicht mehr klar und still dort liegt, sondern dass Kreise entstehen durch die Steine, dass Wellen entstehen, Kreismuster entstehen, und diese Kreismuster berühren sich und dringen ineinander. Sie geben sich weiter und vermischen sich in deinem See des Lebens. Und so ist es oft für dich schwierig zu erkennen, wo hat alles angefangen? Welche Kreisbahn war die erste Bahn, die kreiert wurde? Und so entsteht ein Muster aus Kreisen in Kreisen in deinem See des Lebens. Manche Wellen sind so hoch, dass die Bäume am Rand davon in Mitleidenschaft gezogen werden.

Einige beugen sich, einige werden sogar geknickt. Das ist das, was du fühlst, wenn du sagst, hier ist eine Wunde in mir aufgebrochen oder das hat mich verletzt. Diese Kreise in Kreisen versucht dein Körper abzufangen.

Er versucht, Beruhigung hineinzugeben in dieses aufgewühlte Wasser. Er gleicht aus, und er erkrankt. Erkennt und begreift, dass diese Störung früherer Behandlung bedarf, nicht erst dann, wenn es sich in deiner Körpermaterie manifestiert. Sondern viel früher. Dann, wenn du es gerade erst einmal spürst in dir, oder auch gerade dann, wenn du nichts mehr spürst in dir.

Und aus den Tiefen deines Selbst rollt sich nun die Schlange ab. Sie steigt empor in deinem See des Lebens.

Sie tritt heraus aus ihrem begrenzten Gebiet im Basischakra. Und sie beginnt, nach oben zu steigen. Ganz sanft und ohne Druck, sie steigt auf, sie geht höher und höher, weiter und weiter. Und in unserem meditativen Bild streckt sie nun ihren Kopf aus der Wasseroberfläche heraus. Und sie schaut sich um. Sie züngelt. Sie beginnt, die Wellen deines Sees mit ihrem Schlangenleib zu glätten. Sie beginnt zu befrieden, was aufgerührt ist. Oh Erdensternenbewohner, du willst immer verstehen. Versteh doch, dass es nichts zu verstehen gibt. Dass es auch etwas gibt, was außerhalb deines Bewusstseins-Möglichkeitszustandes liegt. Du bist nicht alles im Universum, und doch bist du ein Juwel.

Und du wirkst mit den anderen Juwelen, anderen Existenzen, innerhalb der Krone des Lebens. Es ist schön, dass du Verständnis suchst. Wäre es nicht sinnvoller, Erkenntnis zu suchen? Und erkennen hat nicht nur etwas mit dem mentalen Feld zu tun. Erkennen betrifft dich ganzheitlich. Körper, Seele und Geist. Vorsichtig schlängelt sich die Schlange durch deine Emotionen, durch deine Gefühlswelten. Sie bringt Beruhigung und Kraft hinein in deine Ebenen.

Akzeptiere dein emotionales Wissen. Akzeptiere die Dinge, die du fühlst. Aber akzeptiere auch, dass alles sich ändern kann. Erlaube der Schlange, dich zu beißen und dich zu infizieren mit dem Gift der Weisheit. Das schmerzt nicht. Höre auf, in dein Leben zu schauen wie in einen Feind. Du bist kein Opfer, und bist kein Feind. Du bist ein Mensch, und was du zu lernen hast in diesem Status des

Wissens ist, vergeben zu können. Hass und Ärger sind wie ein langweiliges Gift in deinem Herzen. Und addieren sich von Zeit zu Zeit und bringen dir eine schlechte Erfahrung, und vergiften dich mehr und mehr. Und dein Herz wird zu einem Schloss mit hohen Türmen und massiven Mauern, und du beginnst damit, dich selbst zu schützen. Oh, ich bitte dich, höre auf, dich zu schützen. Baue keine Mauern auf. Stapele nicht Stein auf Stein deine Erfahrungen aufeinander. Sie haben keinen großen Wert. Sie sind nicht wertvoll, glaube mir das. Weil diese Steine das Fundament der Existenz bilden. Warum existierst du? Höre auf zu existieren. Beginne zu leben.

Dein See glättet sich mehr und mehr. Und die Schlange erhebt stolz ihren Körper aus dem Wasser. Sie richtet sich auf, und von den Sternen empfängt sie ein Licht. Und in ihren Augen ist Glanz, das Sternenlicht hebt sie aus dem Wasser empor. Und sie wird zu einem Lichtband, das sich über den See deines Lebens hinweg bewegt, und dieses Lichtband weitet sich und nimmt die Form einer Taube an. Ein Symbol des Friedens auf eurer Erde. Eine Taube aus Sternenlicht, aus reinster Energie. Erkenne und begreife, du wunderbarer Mensch, dass diese Taube aus dir entspringt. Aus dem See deines Lebens, und plötzlich ist der Himmel grün.

In einem leuchtenden grünen Licht, dies ist das Licht deines Herzzentrums. Jetzt lasse die Taube hinein in dein Herz, und ihr Flügelschlag bringt die Mauern deines Schlosses zum Einsturz. Die alten Gemäuer brechen in sich zusammen, ganz von allein.

Nun ist der Moment der Kraft da. Nun ist der Moment da, wo du die Heilung in deinem Herzen erfahren kannst. Und die Energie des Erzengels Raphael senkt sich jetzt direkt in dein Herzzentrum herab. Und die Taube zerstört all die Dinge, die dir Schmerz verursachen. Und all die Mauern und Steine werden zur freien Energie, und die Taube nimmt sie auf. Sie startet in ihrem Inneren ein Transformationsprozess von allen Erfahrungen, die ihr gemacht habt. Und nun öffnet sie ihren Schnabel, und ein Strahl des Lichtes kommt aus ihrem Schnabel. Und der geht jetzt direkt zu eurer Medulla Oblongata, und das ist eine Mischfarbe aus Silber und Gold. In der frühen ägyptischen Zeit nannte man diese Farbe Elektrum. Und dieses Elektrum-Licht geht in eure Medulla Oblongata, und von dort aus teilt sich der Strahl auf und geht direkt in eure Handchakren. Lasst jetzt dieses Licht aus euren Handchakren scheinen. Lasst es auf euch selbst hinabscheinen. Strahlt dieses Licht direkt und empfangt all die Energie, die ihr jetzt braucht zur Heilung, um euch zu entwickeln. Elyah nennt diesen Teil der Übung die Öffnung der DNA.

Das ist ein Schlüssel, um die DNA zu öffnen und dem Körper das Signal zu geben, zu beginnen, zu starten.

Seid gesegnet, Geliebte, und beendet nun die Meditation.

Erkennt und begreift, das ist der Heilweg. Dein Licht ist gebündelt in deinem Basischakra. In der Wurzel deines Seins. Steigt auf in dir, über den Kanal der Wirbelsäule hinein in dein Herz. Dort befindet sich all diese Erfahrung, die du belastend oder negativ nennst.

Die Energie der Schlange wird zum Symbol des Friedens und nimmt diese Energie in sich auf. Erkennt und begreift, dass nichts im Universum der Dualität verloren geht. Alles ist im Verbund. Die Taube nimmt diese zerstörerische Energie und wandelt sie in einen Heilstrahl. Das, was dich verletzte, das, was dich schmerzhaft erfahren ließ, wird nun zum Segen. Wird nun zur Kraft und speist sich über deine Medulla Oblongata in dich selbst ein und in deine Hände.

Nun kannst du diese Energie weitergeben über deine Hände, und du senkst somit Heilung und Frieden in einen anderen Menschen hinein und erlaubst, dass seine negativen Erfahrungen zur Lichtwerdung beitragen. Erkennt und begreift. Sagten wir euch nicht seit Jahren, geht heraus aus jeglicher Bewertung? Da liegt das Geheimnis, Kinder dieser Erde. Ihr bewertet, indem ihr es Wissenschaft nennt. Ihr bewertet, indem ihr es Alltag nennt. Und somit verhindert ihr Veränderung. Lebt nicht eure Wissenschaft von immer wieder neuen Erkenntnissen, von immer wieder neuen Entdeckungen? Vor wenigen Minuten auf der Uhr des Lebens dachtet ihr noch, ihr lebt auf einer Scheibe.

Erkennt, begreift, dass diese Energie, die in euch ist, es euch ermöglicht, auch eure DNA-Strukturen zu verändern, wieder in die Einheit des Körpers einzutreten. Ein Heilstrom von unendlicher Kraft, gegeben aus den Sternen, aus denen ihr geboren seid. Hinein in eure Körper und dann als Weitergabe zu anderen. Das ist eine lichte Energie, Kinder des Lichtes. Praktiziert diese Übung als Ergänzung. Diese Übung schafft Bewusstsein und ver-

netzt die linke mit der rechten Gehirnhälfte, stetig und dauerhaft. Seid im Segen, dies ist Elyah!

Erklärung und Anwendung durch Elyah:

Es geht um die Herzheilung, durch die Weitergabe dieser Energie über die Handchakren. Diese Übung wirkt stark beruhigend auf Menschen und öffnet die Meridiane. Ebenso geht es um die Transformation der eigenen Erfahrung. Bitte, ihr seid so gepolt, und erlaubt mir diesen bewertenden Begriff, alles Negative loswerden zu müssen. Es ist aber ein Bestandteil von euch. Es geht hier gar nicht darum, ob es ein guter oder ein schlechter Bestandteil ist. Es geht darum, dass auch eine negative Erfahrung einen Lebensschatz darstellt. Die Existenz sagt, werdet es los. Es ist alles Ballast. Das Leben sagt, ich brauche den Humus, um darauf zu wachsen. Und genau das macht diese Übung, sie transformiert diese Erfahrung. Ihr werdet sie nicht los. Ihr transformiert. Und die lichte Potenz des Themas bleibt in euch.

Ein Nebeneffekt: Du gleitest immer mehr heraus aus dem Bewerten.

Bewertungen verursachen uns auch Schmerzen in den Inkarnationsebenen. Dies ist zum Beispiel ein Grund, warum wir als Sternenwesen nicht inkarnieren. Es geht nicht mehr darum, diese schmerzhafte Erfahrung als Negativ abzutun. Es geht darum, diese Erfahrung auch als Energie zu betrachten. Bewertet nicht, dies sagten wir euch schon vor vielen, vielen Jahren. Ihr bewertet Dinge, die ihr zum Teil nicht versteht. Die Bewertung ist das, was ver-

letzt. Nicht die Tatsache an sich, sondern die Bewertung verletzt. Ihr müsst es lernen, Bewertung sein zu lassen. Es ist nicht schwer, es ist eine Sache des Bewusstseins, und darum geht es. Es geht um das eigene Unvermögen oder Unbehagen im eigenen Herzen.

Dies ist bei der Weitergabe zu vermitteln. Die Meditation kann man so oft machen, wie man will. Bitte erkennt und begreift, dass ihr eine Übung an die Hand bekommen habt, die sehr stark verändernd wirkt. Auch auf die eigene persönliche Struktur. Das heißt, hier öffnet ihr Strukturen des eigenen Bewusstseins für euch.

Diese Übung kann man auch bei Tieren einsetzen. Zum Beispiel, wenn eine Katze eine Maus nicht gefangen hat, dann hat sie ein frustriertes Erlebnis. Und dieses setzt sich fest. Sie denkt nicht, bei der nächsten Maus ist alles anders. Auch dieses ist eine negative Erfahrung.

☆☆☆

Herzensgarten oder Zenblüten des Glücks

(Channeling vom 06.10.2005 Elyah)

Seid in der Liebe, seid in der Kraft, dieses ist Elyah, die zu euch spricht.

Folgt mir in den Garten. Folgt mir in den Garten eurer Gefühle hinein. Erlaubt uns, die bunten Beete eurer Blüten zu betrachten. Folgt mir in den Garten hinein und durchschreitet ein großes Zen-Tor. Stellt euch vor, ihr seid in Japan und durchschreitet ein Gartentor mit vielen Ornamenten. Gekrönt von einem Dach. Bleibt einen Moment und verweilt unter der Eingangspforte. Und schaut hinein, bevor ihr den Garten betretet. Die Bäume und Blätter haben sich herbstlich verfärbt. Ein Blutahorn sorgt für kräftiges Rot. Buchsbäume kunstvoll geschnitten, Federzedern, Pinien schenken Kaskaden von Grüntönen. Gelbtöne kommen vom Ahorn. Herbstliche Töne hauchen diesem Garten eine eigene Atmosphäre ein.

Dieser Garten, Sinnbild deines Gefühls, Sinnbild deiner Emotionen. Ein Bachlauf zwischen Steinen plätschert vor sich hin. Und einige abgefallene Blätter tanzen auf den Wellen hin und her. Erkennt, begreift!

Dein emotionales Feld ist kein krankes Wesen, sondern ein Ausdruck perfekter Schönheit und perfekter Kraft. Atme und trinke den süßen Duft, den Klang der Stille dieses Gartens tief in dein Herz. Erlaube dir, zur Ruhe zu kommen. Und erlaube dir, die Welle der göttlichen Gelassenheit, die in diesem Garten deiner Emotionen liegt, sich ausweiten zu lassen über deinen gesamten Körper.

Betretet nun den Garten über den geharkten Kiesweg.

Ein warmer Herbsttag. Setzt euch an den Bachlauf. Taucht eure Finger in das Wasser und spürt die Kraft des fließenden Elementes eurer Gefühle. Was glaubt ihr, warum ihr Delfine so liebt, und Wale? Bilder eures Gefühls. Getragen und schwebend, trotz Schwere, im Element Wasser. Getragen und schwebend bist auch du. Getragen im Element deiner Gefühle. Fließend, gleichbleibend. Lebensbejahend, so ist dein Emotionales Feld kreiert. Erlaube deinem Gefühl, zu atmen. Im Garten ist Frieden.

Seid nun verbunden mit dem Transponder von Südafrika, jetzt. Seid verbunden mit dem ewigen Fluss des Frühlings in euch. Euer Emotionales Feld braucht einen tiefen, ewigen, göttlichen Frieden. Hört auf, an diesen Gegebenheiten, an diesen Bedeutungen spirituell zu arbeiten. Akzeptiert, dass der göttliche Friede ein göttliches Erbe von euch ist, das ihr in diese Inkarnation mitgebracht habt. Und dieser Frieden wird für jede Pflanze, für jedes Insekt, für jedes Tier hier auf der Erde gebraucht. Ihr seid ein Friedensbringer für eure Inkarnation. Eure Emotionen sind das, was ihr allen Lebensformen zeigen könnt. Die Materie, die ihr allen Lebensformen zeigen könnt.

Ihr sitzt am Ufer dieses mystischen Flusses, innerhalb eures emotionalen Gartens. Und viele von euch haben tiefe Wunden in sich. Und ihr sucht nach einem Sinn. Warum gebt ihr dieser Suche nach dem Sinn so viel Energie? Wäre es nicht besser, diese Energie zu nehmen und die Wunden zu schließen? Aber ihr schaut nach dem Grund, nach dem Warum. Und ihr habt euch auch so ausgebildet, immer danach zu suchen. Ihr Geliebten, ihr bestraft euch selbst. Hört auf damit. Wir haben euch nicht danach gefragt, was ist der Grund hierfür oder dafür. Wir sehen, was in eurem täglichen Leben los ist.

Wir möchten nun gerne unseren Einfluss in euer tägliches Leben an euch geben. Wir möchten dieses gerne mit euch intim machen.

Schaut in diesem emotionalen Garten nach dem göttlichen Frieden. Euer Emotionales Feld ist göttlich. Wie euer Körper auch. Wie eure Seele. Ihr seid Licht. Schaut zurück auf das Tor, durch das ihr in den Garten hineingekommen seid. Außerhalb dieses Tores ist Schmerz, ist Streit, ist die laute Welt, sind wirtschaftliche Strukturen usw. Aber erlaubt ihnen nicht, in euren Garten zu gelangen. Ihr müsst es lernen, euch gut zu fühlen. Ihr macht es abhängig von dem, was ihr hineinlasst in euren Garten. Ihr macht das Tor weit auf und lasst den Schmerz hinein. Warum nur? Ist es nicht besser, in der Stille zu sein und hier seinen göttlichen Kern zu spüren?

Und aus der Quelle des Flusses kommt ein geheimnisvolles, goldenes Licht, und dieses wunderbare, goldene Licht dehnt sich aus über den gesamten Garten. Und das ist eure Seele, meine Geliebten. Es erhellt den Garten eurer Gefühle, jetzt.

Um euch herum sind Turbulenzen. Aber im Inneren des Gartens ist Stille. Und jetzt möchte ich euch in dieser Meditation lehren, wie ihr mit emotionalen Problemen umgehen könnt. Jetzt, in diesem Zustand der Stille, in dem ihr jetzt seid, erlaubt einer Sequenz eures Lebens, in diesen

Garten einzutreten. Das kann ein Mensch sein, mit dem du ein Problem hast, vermeintlich. Das kann eine Lebenssituation sein, die dich überrollt hat. Das kann ein Mensch sein, der dich vor kurzem erst verlassen hat. Lass diese eine Sequenz nun in diesen Garten hinein.

Bleibe in deiner Kraft und bleibe jetzt in deiner Ruhe. Lass nun diese Situation an das Ufer dieses Flusses. Es kann ein Bild sein. Es kann ein Gesicht sein. Und nun nimm mit beiden Händen die Kraft deiner Gefühle aus dem Fluss heraus, getränkt in ein golden-violettes Licht. Und mache diese Situation nass, mit diesem Wasser der fließenden Kraft deiner Gefühle. Stelle dir das einfach vor. Und siehe, wie das Bild sich verändert, wie der Mensch sich verändert. Und siehe, wie ruhig du bleibst. Was lernst du daraus, Kind dieser Erde? Lerne, deine Kraft zu benutzen. Und diese Wunde schließt sich nun in euch beiden. Ihr seid Handelnde, Geliebte dieser Erde. Nicht Prozessierende.

Und nun seht, was geschieht. Spürt, dass sich auf den steinigen Pfaden eurer Erfahrungen Pflänzchen anfangen emporzukämpfen in das Licht, in das Licht deiner Seele. Und sie erblühen. Und der Kiesweg zum Fluss ist ein Blütenteppich aus vielen Farben. Und das Kind dieser Erde ist dein Werk. Ist die Kreation deiner Liebe und deiner Manifestation. Nimm dieses Bild in dich auf und trage es aus dem Garten hinaus. Erhebe dich. Die Ruhe bleibt um dich wie ein lichter Schein. Wie ein Nimbus deiner Kraft. Geh in den Dschungel deiner Stadt. Und aus dem Asphalt vor dir wachsen Blumen.

Plötzlich siehst du in der Stadt viele Menschen mit diesem Licht umgeben. Und nach und nach werden die Mauern deines Alltags, deiner Probleme, deiner Angst, Bestandteil deines Gartens. Überwuchert durch die Kraft der Christuspräsenz. Und Bestandteil deiner dreidimensionalen Welt. Sternenlicht sei auf dir!

Seid euch bewusst, dass ihr Sternengeborene seid, und dass ihr Erfahrungen hier auf diesem Planeten gemacht habt. Aber ihr seid mit eurer Heimat, mit euren Sternenbasen, verbunden, wo ihr herkommt. Gebt ihnen ein Zeichen eurer Liebe aus dem Inneren Garten. Heilt und erlaubt, Blumen wachsen zu lassen in Zeta Retikuli. Ihr seid gesegnet durch eure Gefühle. Aber ihr wusstet es nicht!

Habt Dank aus der Vereinigung der zwei Sonnen Orh und Ghon von Kassiopeia. Möge die Kraft eines wiedererwachten Sterns euch erfüllen in dieser Nacht, und möge dieses Licht euch geleiten durch die nächste Zeit. Möge nun Frieden einkehren in euren Alltag. Möget ihr die Gabe der Unterscheidung haben und möge das Licht euch vorangehen. Dieses ist Elyah. Seid gesegnet. Einheit ist!

☆☆☆

Sonnentore von Avalon

(Channeling vom 06.08.2005 Janet/Vyvamus)

Geliebte Wesen, das ist das Licht von Janet, das zu euch spricht. In Verbindung zu meinem geliebten Meister Vyvamos. Ich komme direkt aus der Zentralsonne. Direkt in diesen Raum von Harmonie und Frieden. Was ich mit euch machen möchte, ist eine Meditation. Diese Meditation ist eine Meditation aus der früheren Zeit von Avalon. Bitte folgt mir auf dem mystischen Pfad von Wissen und Weisheit. Taucht ein in die Bilder von Farbe und Licht. Diese Bilder, die dort entstehen, bringen Harmonie und Heilung. So folgt mir.

Es war vor einer langen Zeit, da standet ihr auf einem grünen Hügel, und ihr spürtet das Gras unter euren Füßen. Und das Wetter war, wie es heute ist. Es hat geregnet, es war kalt, und der Himmel war voller Wolken. Und ihr hattet eine lange Reise hinter euch, um an diesen Punkt zu kommen. Und die alten und die weisen Frauen hatten euch von dieser Reise erzählt. Und ihr seid auf die Reise zu den himmlischen Toren gegangen. Und sie erzählten euch von den wundervollen Erfahrungen mit diesen himmlischen Toren. Und nun steht ihr an diesem Platz. Ihr hattet eure eigenen Vorstellungen. Ihr hattet die Vorstellung von einem wunderschönen Tempel oder Licht über euch, und nun steht ihr an diesem nassen Platz. Ihr seid ein wenig enttäuscht.

Dort sind drei Tore vor euch. Diese drei Tore sind aus Bambus hergestellt. Und jedes Tor ist umschlossen von einem Dach. Und dieses Dach besteht aus einem schwarzen Stein. Nur diese drei Tore in der Landschaft. Und ihr steht direkt vor diesen Toren. Geliebte Wesen von Gaia, das ist die Situation, in der ihr hier lebt. Ihr steht vor den Toren, und ihr denkt: Wunderbares müsste jetzt für mich passieren. Aber nichts passiert. Der Grund dafür ist, weil ihr einfach nur steht. Denkt ihr, die Tore bekommen Füße und kommen auf euch zu? Nein, das tun sie nicht. Sie sind gegründet auf den Pfeilern der Weisheit und des Wissens und begründet aus den fünf Elementen. Diese Tore sind unendlich.

So will ich euch nun in dieser Meditation einladen, durch das erste Tor zu gehen. Ich weiß, ihr könnt gehen. So geht hin zu dem ersten Tor. Und nun steht ihr in dem Tor, alle eure Kleider verschwinden, und ihr seid total nackt. Seid nicht beschämt. Sagt zu eurer Seele (zu euch selbst), dieser neue Körper von mir ist perfekt. Dieser Körper ist wundervoll, und er ist ein Ausdruck von Allem-Was-Ist. Und ich nehme mich selbst an als göttlichen Ausdruck. Dieses Bild bedeutet, dass die Kleider Ausdruck eurer Muster, Blockaden und all eurer Erfahrungen sind. Alle diese Kleider gehen hinweg innerhalb des ersten Tores. Indem ihr das Tor betretet, den ersten Schritt macht, verschwinden die Kleider von alleine, da ihr eine Kraft der Manifestation in das Tor aussendet. Ihr aktiviert dieses Tor. Und das ist priesterliches Handeln. Ihr müsst den ersten Schritt tun. Ihr müsst handeln. Und nun steht ihr in der Präsenz in eurer Nacktheit. Das ist Schönheit. Ihr seid nicht mehr umhüllt von den Mustern. Ihr zeigt der Existenz, wie ihr wirklich seid.

Und um diesen nassen Hügel herum sind Bäume. Alte Eichen, und sie flüstern euch zu. Und unter diesem ersten Tor hört ihr die Natur flüstern. Und wie ist der Sound dieses Flüsterns? Was erzählt die Natur? Sie lobpreisen euch. Ja, sie lobpreisen eure Schönheit. Es ist eine Ehre für sie, dass ihr vor ihnen steht. Fühlt jetzt den Wert, der ihr seid.

Dreht euch um und schaut nach dem zweiten Tor. Sendet nun einen Strahl der Manifestation aus und aktiviert das zweite Tor. Geht einen Schritt weiter. Und geht zu diesem zweiten Tor. Und nun legt ihr euch nieder. Und was ihr jetzt macht, ist, dass ihr sterbt. Das tut nicht weh. Ihr sterbt nur. Ihr habt es schon so viele Male gemacht.

Und nun steht ihr auf als ein Wesen des Lichtes. Ihr geht einfach einen Schritt vorwärts, heraus aus eurem Körper. Und nun seht ihr Turbulenzen und Ausdrücke des Lichtes um euch herum. Ihr seht das Aurafeld des Grases, das Aurafeld der Bäume, der Eichen, des Himmels. Ein Ausdruck der Farben. Ja, ich weiß. Ihr stimmt nicht überein mit mir.

Warum müsst ihr sterben, um all diese Dinge zu sehen? Geliebte Wesen, das ist ein Beispiel. Ich meine hier nicht den physischen Tod. Es ist ein Willensakt. Ich gebe jetzt das Versprechen, dem Ausdruck meiner Göttlichkeit zu folgen und aufzuhören, den Weg des Jammerns, des Trauerns zu gehen. Heute, an diesem Tag. Und das bedeutet den Tod für mein früheres Leben. Aber in diesem Tod ist eine Wiederauferstehung.

Und nach eurer Entscheidung und dem Wechseln eures Standpunktes werdet ihr einen erweiterten Blick bekommen. Ihr bekommt den Blick, die Sicht eines Sehers. Und dieser Blick bringt die Erfahrung, die Verbindung zu Allem-Was-Ist. Und es zeigt euch, dass ihr mit allem in Verbindung seid. Ihr steht in Verbindung mit jeglichem Ausdruck der Quelle-Allen-Seins.

Und der Regen hört auf. Er interessiert euch nun überhaupt nicht. Ihr seid ein Wesen des Lichtes. Und ihr fühlt euren ätherischen Körper. Und er fühlt sich wunderschön an.

Und nun schaut ihr zum dritten Tor. Und dieses Tor ist komplett neu für euch. In der Sicht eines Menschen. Es ist nicht mehr aus Bambus. Zwei große Megalith-Steine, umschlossen von einem großen, schwarzen Megalith-Stein, der auf diesen zwei Megalithen liegt. Und ihr seht um diese Steine herum ein aurisches Feld, gelb-golden, das um diese Steine scheint. Und nun, geliebte Wesen, müsst ihr in dieser Meditation eine weitere Entscheidung treffen.

In dieses Tor zu treten bedeutet, ich kann nicht mehr zurück. Ich kann nicht mehr zurück in mein altes Leben. Weil ich zu diesem heiligen Platz von Avalon gehe. Und das hinterlässt so tiefe Eindrücke in mir, dass ich nicht mehr in mein tägliches Leben zurück kann.

Und plötzlich ist vor euch eine Schlange, die auf euch zukommt. Diese Schlange spricht zu euch. Habt keine Angst vor dieser Schlange. Es ist kein Symbol des Bösen. Die Schlange ist ein Symbol der Weisheit. Und diese Schlange ist ein Symbol der Heilung für euch. Und diese

Schlange führt euch jetzt. Sie sagt jetzt zu euch, stellt eure Füße auf meinen Hinterkopf, und ich werde euch jetzt führen. Und auf dieser Schlange schreitet ihr jetzt zum dritten Tor. Und nun steht ihr zwischen diesen Steinen der Geschichte. Steht nun an diesem Platz, wo alles auf diesem Planeten begann. Ihr seht nun einen großen Wasserfall aus kristallklarem Wasser. Und dieses Wasser kommt heraus aus einer Felsspalte. Und dieser Wasserfall ist dreitausend Meter hoch. Und unterhalb des Wasserfalls ist ein großer Teich, ein See. Und unter den Ecken dieses Sees sind Häuser, Tempel.

Du siehst Vögel fliegen und ein wundervolles, klares Licht. Dort sind Regenbögen. Dort sind Lichtwesen, die in diesem Wasserfall spielen. Schau, und bekomme einen Eindruck in deinem Herzen. Was ihr jetzt im Moment seht, das ist Avalon.

Und auf diesem See gibt es ein Boot, und dieses kommt auf euch zu. Und auf diesem Boot steht eine Wesenheit. Es ist ein Lichtwesen. Es kommt zu euch, und es bringt euch einen pulsierenden, roten Stein, den es in seiner Hand liegen hat.

Es ist sehr ruhig. Ihr hört den Wasserfall. Und das Lichtwesen gibt nun diesen kleinen, schlagenden, roten Stein direkt in euer Drittes Auge. Es lächelt euch an und sagt, ihr könnt sehen, und ihr könnt eintreten. Dreht euch um und seht, woher ihr gekommen seid. Flieht nicht mehr. Nehmt das Wasser, nehmt die Farben, nehmt die Energie an, die wir euch geben. Und es nimmt eure Hand und führt euch in die Richtung, aus der ihr gekommen seid. Und tiefe Liebe erfüllt euch in eurem Inneren. Ihr umarmt das Lichtwesen und dreht euch um.

Ihr geht zurück zum zweiten Tor. Dort seht ihr euren zerstörten Körper und lächelt. Seid euch bewusst, alle Dinge sind miteinander verbunden. Durchtrennt sie nicht mehr. Niemals. Nur wenn ihr Liebe teilt, wird sie mehr und mehr. Das ist das Einzige im Kosmos der Dualität, das ihr teilt und das sich vermehrt. Mögen die Engel von Avalon euch durch diesen Tag führen! Möge jeder Regentropfen Segen bringen, hier von diesem großen Wasserfall von Avalon! Und möge euer Drittes Auge verbunden sein mit dem schlagenden Herzen von Lemurien. Seid eins, geliebte Seins. Dies ist Janet, und habt Spaß an diesem Tag.

Erklärungen von Michael zu den Sonnentoren:

Diese Tore sind eigentlich keine Tore.

Das erste Tor

Diese Bewusstseinsstufe des ersten Tores symbolisiert deine göttliche Essenz, die Reinheit, die du bist. Elyah hat darauf hingewiesen, dass ihr unter diesem Tor all eure Kleider verliert. Das heißt, diese Nacktheit hat mit einer absoluten Reinheit zu tun. Und diese absolute Reinheit trägt jeder von uns in sich. Die müssen wir nicht erbeten, ermeditieren usw. Wenn sich Menschen in dieser absoluten Reinheit begegnen, dann fließt so etwas wie Liebe (Schildlosigkeit). Es geht nicht um Verliebtheit, sondern um die Kraft der Manifestation, die sich über die Ebene des Körpers äußert. Wir müssen wieder lernen, unseren Körper in manifestierende Präsenz hineinzubringen. Diese manifestierende Präsenz ist eine Kraft, die uns ausgleichend macht. Das heißt, wir nehmen eine Energie wertfrei an und unser Körper gleicht sie in sich aus, denn das kann der Körper. Krankheit ist nichts anderes, als Energie zu nehmen und zu bewerten. Und zusätzlich bewerten wir diese Energie, in diesem Fall die Krankheit, als schlimm, unangenehm, beschwerlich, störend usw. Der Körper kommt nicht damit klar und erzeugt ein Schwingungsfeld, um damit klar zukommen. Das nennen wir Krankheit. So sieht Elyah Krankheit. Der Körper hat einen Mechanismus, um mit diesen Geschichten wunderbar klarzukommen. Das Krankwerden liegt am wertenden, missbräuchlichen Umgang mit Energien.

Achtet darauf, wie viele spirituelle Strömungen mit Leid und Krankheit umgehen. Elyahs Ansicht ist nicht das alleinige Heilbringende, dennoch ist es so, dass diese Schulungen heutzutage oftmals auf dem Stand der Lehre erfolgen, die der Gründer seinerzeit hatte. Nach dem Motto: Das ist jetzt so, und das bleibt so bis in alle Ewigkeit. Aber das ist der Untergang jeder Spiritualität, und zwar deshalb, weil die Erde nicht stehen bleibt, sondern sich bewegt, sich evolutioniert. Es ist wichtig, hier zu erkennen, dass der Gründer einer spirituellen Ausrichtung vielleicht heute nicht mehr lebt, und deshalb muss man sich die Schriften dieser Person auch unter dem Aspekt der Zeit anschauen. Zum Beispiel Rudolf Steiner hat nicht im Jahr 2005 gelebt, als er seine Schriften herausgab. Ebenso ist das auch mit der Essener-Lehre. Der Gründer ist seit über 8.000 Jahren tot, aber die Essener haben sich immer der Zeit angepasst, in der sie leben. Die Lehre von Steiner oder das Hahnemann'sche Prinzip sind immer Interpretationsangelegenheiten. Das, was sie sagten, war richtig, allerdings Anfang des vergangenen Jahrhunderts. Bitte beachtet bei Hahnemann (Homöopathie), dass sich diese weiterentwickeln darf. Dann ist sie auch weiterhin einsetzbar, denn die Vorgehensweise, die Potenz, wie Hahnemann es damals nannte, zu klopfen, ist heute bei unserer derzeitigen Schwingungserhöhung nicht mehr die richtige. Alles, was in die Erstarrung geht, erzeugt Leid. Es geht darum, dass sich die Intention der Medizin, der Energie, verändert. Es geht nicht darum, Krankheit „wegzumachen", sondern es geht darum, in einen energetischen Ausgleich zu gelangen. Wichtig ist, zu verstehen, dass unser Körper ein eigenes Bewusstsein hat. Und unser Mental- und Emotionalfeld ist nicht dazu da, darüber zu herrschen. Unser Körper ist wie ein Resonanzkörper eines Instruments. Wenn wir diesen Resonanzkörper verändern, verändern wir den Ton des Lebens. Wenn dieser Körper mit einer Energie nicht klar kommt, dann gebt ihm doch die Möglichkeit, das zu signalisieren. Denn er weiß ganz genau, wann er Hilfe braucht, und wann nicht. Es ist wichtig, dass wir unserem Körper erlauben, sich wieder zu melden. Denn unser Mentalfeld schüttet uns zu. Wir katalogisieren unseren Körper in Phasen, aber diese Phasen stimmen nicht. Sie sind vorgegeben. Bitte glaubt nicht an die Bilder, die ihr zu sehen bekommt. Das hat auch etwas mit Körper zu tun. Elyah sagt immer wieder: Akzeptiere diese Realität nicht. Das ist dein göttliches Geburtsrecht. In der Dualität dürfen wir auch Nein sagen. Dieses Nein muss allerdings aus deinem göttlichen Kern kommen, nicht aus dem EGO. Dein Körper darf auch Nein sagen. Lernt, auf den Körper zu hören.

Gerade beim Essen kann man das sehr gut ausprobieren. Indem wir lernen, auf den eigenen Körper zu hören, öffnen wir die Manifestationskräfte der Materie. Physische Heilung kann nur dann erfahren werden, wenn diese Leitungen der Manifestationskräfte geöffnet sind.

Wir müssen nun lernen, diese in den nächsten Monaten wieder zu öffnen, da das Jahr 2006 der Schlüssel ist. Wir lernen, unseren Körper zu öffnen für heilende Schwingungen. Dazu brauchen wir eine Menge Kraft.

Diese Kraft beziehen wir über das Mentalfeld. Das mentale Selbst stellt diese zur Verfügung in Verbindung mit den eigenen spirituellen Kreisläufen. Ein Mensch kann dann manifestieren, wenn seine spirituelle Kraft vermittelt, über sein mentales Selbst hineinfließt ins Emotionale Feld (Solarplexus) und ausstrahlt in alle Ebenen. Es geht hier um eine Verbindung dieser einzelnen Bewusstseinsstufen, die wir in uns tragen. Wir sind nicht nur ein Bewusstsein, wir sind eine Vielzahl von Bewusstseinen. Es geht darum, dass diese miteinander, wie in einem großem Orchester, eine Sinfonie spielen. Jetzt haben wir den Stand, dass sie alle ihre Instrumente einstimmen. Wenn der Taktstock für alle geschwungen wird, herrscht Einheit. Ein Klangvolumen entsteht. Genau das Gleiche passiert im Jahr 2006.

Wer ist der Dirigent? Ist das Elyah? Nein, das bist du selbst. In der Imagination der eigenen Einheit. Als Nebeneffekt fließen die Kräfte der Manifestation. Das macht der Körper!!

Das mentale Selbst ist so erzogen, dass es immer Kritik übt. Es geht immer darum, „anti" zu sein. Antibabypille, Antibiotika usw. Es geht darum, dass du dem mentalen Selbst erklärst: Wofür bin ich?! Nicht wogegen bin ich. Ich bin Frieden. Ich bin jetzt für Nachtisch vor dem Hauptgericht. Und ich erkläre diesen Nachtisch zum Vortisch. Ich bin dafür, dass es mir gut geht. Ich bin dafür, meine eigene Weite zu leben. Dadurch konditioniere ich mich um und lade Menschen im Außen ein, mit mir in die Weite zu gehen. Für diese Erde, nicht gegen Krieg. Die Erde ist mein Planet, mein Zuhause. Ich bin dafür, dass jeder Mensch heil sein darf. Pro Vitae!!! Das muss im mentalen Selbst verankert sein! Das ist ein mentaler Akt! Daraus erfolgt das Gehen durch das erste Tor. Es geht darum, dass ich anfange, zu akzeptieren und anzunehmen. Dann mache ich den Schritt auf das Tor zu, indem mir diese Dinge (zum Beispiel Kleider) sowieso genommen werden. Nur so ist es möglich, in die volle Kraft der Manifestation zu gelangen.

Steigt aus der Bewertung der Erfahrung. Der lichte Kern der Erfahrung stärkt die Kraft der Manifestation. Wir brauchen diese Kraft, um den ersten Schritt in die Nacktheit (1. Tor) zu gehen. Weg aus der Drehbewegung um mich selbst, hinein in meine Nacktheit (Essenz). Um den Heilungsauftrag von Gaia zu erfüllen, benötigen wir die

Essenz in ihrer Reinheit aus der Erfahrung. Dann haben wir die Welle der Manifestation.

<u>Das zweite Tor</u>

Ich lege meinen Status der Dritten Dimension bewusst ab. Ich gehe durch eine Initiation. Ich nehme mich (Ego) nicht mehr wichtig. Als bewusste Entscheidung. Zu den Mitteln, die mir dabei helfen, gehören Akzeptanz und Verweigerung. Hier beim zweiten Tor entscheide ich nicht aus dem Ego heraus, denn das liegt ja auf dem Boden. Ich entscheide mich bewusst dazu (zur Situation), NEIN zu sagen. Ich mache das nicht mit, denn das widerspricht meinem göttlichen Kern. Und dann sprechen wir ein NEIN aus der Christuspräsenz. Und dann baut sich um uns herum ein Feld der Heilung auf. Denn dieses NEIN steckt an. Wir infizieren. Und zwar als positiver Verstärker. Wir rutschen dadurch in ein aktives NEIN hinein. Es geht um die Aktion. Wir müssen handeln. Besonders wir als Lichtarbeiter!

Das zweite Tor heißt: Geht in den zivilen Ungehorsam und fangt an, in dieser Dritten Dimension als Lichtwesen einfach mal auszusteigen. Wenn sich die Selbste miteinander verbinden, dann erweitert sich automatisch die Wahrnehmung. Das zweite Tor hilft uns, herauszugehen aus dem Bewusstsein: Ich bin der Mittelpunkt, und macht daraus: Ich bin ein Punkt des LEBENS. Auch hier gehst du aus der Bewertung heraus. Elyah geht es darum, in die geistige Dynamik einzusteigen, die mich nach vorne, ins Handeln bringt. Es geht um die Sache! Um die Erde!

Dadurch gehen wir in die Kraft der Manifestation, wenn ich es auf die Sachebene bringe.

Dann kann ich Gefühl auf der einen Seite zeigen, haben, und auf der anderen Seite die Essenz der Situation in die Lösung einbauen, und somit eine Plattform für Manifestation schaffen. Das zweite Tor ist das Tor der Heilung! Das öffnet in mir die Kraft der Manifestation.

Wir binden hier jetzt eine Fusion der Kraft. Wir manifestieren nun eine Vision, laut Elyah. Und diese Vision ist absolut notwendig. Es ist eine Vision der Lösung. Und nun gehen wir in Richtung des dritten Tores.

Das dritte Tor

Das dritte Tor stellt die Vereinigung von Mentalem Feld, Emotionalem Feld und Körper dar. Mit allen dazugehörenden Äther-Körpern. Jetzt eröffnet sich die Vision von Avalon. Jetzt kommen die Bilder. Der dritte geistige Kreislauf, laut Elyah. Dieser Kreislauf bekommt ein eigenes Herz. Eine eigene Energie. Diese Energie ist das schlagende Herz von Lemurien (Mu). Dieses Herz regelt unseren spirituellen Stoffwechsel. Dieses Herz wurde uns genommen. Das ist die Trennung, die wir erlebt haben in Poseidonis durch den Blitz von Karon, und die uns in einen geistigen Herzstillstand geführt hat. Wir entwickeln keine Visionen mehr. Diese Kraft ist die Kraft des schlagenden Herzens von Lemurien, und diese Kraft wurde beim Untergang von Atlantis nicht zerstört. Das heißt, sie ist noch da. Nämlich in einer erhöhten Dimension, die die zerstörende Kraft der Manipulation nicht kennt. Diese Energie wird benötigt, um in dieser Zeit eine Vision von Leben in Frieden und Einheit zu manifestieren. Wenn wir im dritten Tor sind, geht es darum, dass wir eine Vision der Freude entwickeln. Erschaffung bedeutet Freude. In der Meditation hat Janet ein schönes Bild dafür verwendet. Es fährt ein Boot auf uns zu, in dem eine Lichtgestalt steht. In den alten Mythen von Avalon wird diese Frau „Die Dame vom See" genannt. Dieser See trennt die Welt der Materie von der Welt der Götter, Geister, Lichtwesen usw. Die Herrin des Sees ist die Brücke. Sie fährt immer hin und her wie eine schlagende Bewegung des Herzens. Das Hineingeben des roten Steins in unser Drittes Auge heißt, jeder von uns ist die Herrin vom See. Wir alle haben diesen Rhythmus in uns, wenn wir uns das erlauben. Wir können permanent wechseln zwischen beiden Ebenen.

Warum dürfen wir denn nun nicht in dem dritten Tor bleiben? Weil es spannender ist, zwischen den Welten zu reisen. Sonst herrscht Langeweile. Es geht darum, zu verbinden. Geht mit der Kraft aus dem dritten Tor zurück in das zweite Tor und schaut euch euren zurückgelassenen, alten, verwesenden Körper (sprich das Thema, die Situation, das Problem) an und lächelt darüber. Dann greift die Kraft der Manifestation, und die Lösung der Vision setzt sich um. Wir sind Pendler zwischen diesen Welten. Nur tun wir dieses nicht mehr. Wir stehen am Rande des Sees und sehnen uns danach, diesen zu betreten (Avalon). Vor lauter Verzückung angesichts der Bilder vergessen wir unseren Planeten, und dieser zerstört sich gerade. Das darf nicht sein.

Erlaubt es euch, euch zu definieren als Pendler zwischen den Welten. Und transportiert das von Avalon mit in unser Leben, hier auf Gaia. Und wir erschaffen damit Boote der Manifestation. Es ist wichtig, dass wir Schritte des Bewusstseins machen und nicht nur darüber nachdenken. Sondern tun! Indem ich mental beschließe, dass ich aus meinem ganzen, problembeladenen Eindruck einfach aussteige. Ich nehme das nicht wichtig. Es kommt dann eine Energie hoch, die sagt: Ich nehme mich wichtig. Jetzt greift der Begriff, den Elyah so gerne verwendet. Reinkarnation beginnt. Ich fange an zu re-inkarnieren. Und zwar, ohne vorher zu ex-karnieren. Du erinnerst dich an die vorgeburtliche Kraft, die du hattest, als du durch das Sternentor gegangen bist. An dic drei Flammen, denn sie spielen eine wichtige Rolle.

(Bevor ich anfange zu manifestieren, erlaube ich zu re-inkarniern. Das heißt, wir schließen die Kreisläufe unseres Bewusstseins zusammen. Ihr verbindet sie wieder zu einem einzigen Sein.)

☆☆☆

Konferenz der Lichtmeister
(Übung zur Heilung des Emobodys)

(Channeling vom 28.07.2005 Elyah)

Verbindet euch mit eurem Hohen Selbst. Eine weiß-goldene Lichtkugel über euren Köpfen, der Sitz eurer Seelenebene, strahlt ihr weiß-goldenes Licht auf euch alle aus.

Und so rufe ich dich an, Erzengel Raphael, Engel der Erde und Engel der Heilung. Erfülle diesen Raum mit deiner göttlichen Omnipräsenz, erfülle uns alle mit dem grünen Licht der Heilung, der Akzeptanz und der Annahme.

Und aus dem Licht, das alles übersteigt, aus der Kraft von Kassiopeia, grüße ich euch. Dieses ist Elyah, die zu euch spricht. Seid in eurem Frieden und seid in eurer Einheit.

Erlaubt, dass ihr in eurer Basis, in eurem Wurzelchakra, das blaue Licht empfangt. Ein blaues Licht, welches ich aussende direkt in euch. Ein blaues Licht, das Heilung bringt. Befreiung bringt. Frieden bringt. Empfangt das blaue Licht, jetzt.

Blau, das Licht der Christusliebe. Ausgegossen in euch.

Dieses ist Gabriel, der zu euch spricht. Aus den Ebenen des Allmächtigen Seins bin ich über euch und bescheine euch mit dem blauen Licht der Christusliebe. In all euren Zellen. In all euren Seinsformen der Dreidimensionalität. Möge sich nun Christusliebe ausweiten in all den Ebenen eures Seins. Mögen nun Frieden und Liebe einkehren, jetzt.

In vielen Leben habt ihr erfahren, was Trennung ist. In vielen Formen habt ihr erfahren, was Schmerz ist, Kinder dieser Erde, Geschöpfe Gottes, die ihr seid, lernt es nun, anzunehmen, was Liebe ist. Denn das Maß ist gerüttelt und erfüllt an Leid, an Trennung und Schmerz. Nichts soll dem nun mehr hinzugefügt werden. Darum öffnet euch durch die Kraft eures Lebens dem blauen Licht der Christusliebe. Streckt euch diesem Licht entgegen und lasst euch erfüllen, jetzt.

Und in der Kraft des Friedens, dies ist Hilarion, der zu euch spricht. Nehmt an die tiefe Erkenntnis, dass das Lesen der Bücher, wie ihr es tatet in alten Zeiten, in den heiligen Bibliotheken von Alexandrien, dass diese Studien der Bücher nützlich sind für diese Zeit der Evolution. Es hat einen Nutzen im Wissen der Befreiung der alten Fesseln, welche euch gelegt wurden durch die Kraft des Karons in eure DNS-Struktur.

Dieses alte Wissen wird Befreiung geben in eure Systeme hinein und Heilung strömen lassen in alle Ebenen eures Seins. Ich möchte euch danken für die mühevolle Arbeit, die ihr geleistet habt, in der Flamme, welche ich präsentiere im grünem Strahl. Aber erkennt, dass dieser grüne Strahl nur dann fließen kann in seiner größten Vollmacht, wenn er auf dem Fundament der Christusliebe, welche blau ist, ruhen kann. Deshalb werdet nicht müde, Bewohner dieser Erde, euch mit dem blauen Licht zu verbinden. Nehmt es tief in euch hinein, über die Kraft des Engels oder über die Kraft von Kassiopeia oder über die Kraft des geliebten Meisters El Morya.

Denn über das Blau kommt der göttliche Friede in euch hinein. Frieden ist das, was eure Felder benötigen, in allen Ebenen. Euer körperliches Feld sowie auch euer seelisches Feld, aber vor allem, und erlaubt mir diese Zurechtweisung, euer Emotionales Feld. Ich rufe euch auf: Beginnt ein Zeitalter des Friedens. Und stoppt das Zeitalter der emotionalen Verwirrung. Und stoppt das Zeitalter der emotionalen, und erlaubt mir dieses Wort, Atombomben, die täglich gezündet werden, hier auf dieser Erde. Om Shanti, das bedeutet Frieden. Dies ist Hilarion.

Und dies ist Elyah erneut: Das blaue Licht der Vereinigung der Sternenkräfte von Kassiopeia hat nun Raum genommen in euch. Gebt diesem Licht in euch mehr und mehr Möglichkeit der Expansion. Und für diejenigen, die es nicht gewohnt sind, zu meditieren, strahlt dieses Licht in eurem Körper aus, und stellt euch einfach vor, dass jede Körperzelle eine kleine blaue Glühlampe ist. Die heller und heller erstrahlt in allen Bereichen eures Körpers.

Namasté, dies ist Kwan Yin. Ich verbinde mich über das blaue Licht des Sternenwesens Elyah und trete zu euch. Mein himmlischer Friede umflutet euch. Kinder dieser Erde, jede Träne ist gezählt. Glaubt es! Einen Ozean habt ihr geweint in den Zeiten der großen Drangsal und Versuchung. Mein Volk lebt in der Knechtschaft der Demagogen und der Gewalt, und dennoch ist mein Tempel ätherisch in der Siebten Dimension über dem zentralen Aufmarschplatz der Roten Armee. Über dem Platz des himmlischen Friedens. Keine Gewalt dieser Erde, kein Leid und kein Hass kann die Kraft der Liebe und des Friedens überwinden.

Darum rufe ich euch zu, Kinder dieser Erde, nehmt die Kraft des gelben Strahls in Verbindung mit der Kraft des silbernen Lichtes in euch hinein. Gelb steht für die Kraft des Kohlenstoffes, aus dem euer Körper entstanden ist. Silber für die Energie, welche ich bin. Silber die Kraft der Aufnahme und die Kraft der Rezeptivität in eure Systeme hinein. Denn auch dieses Licht, welches Silber ist, darf angenommen sein. Nehmt es an, Kinder dieser Erde! Wir durchmessen eure Zeit-Areale. Wir durchmessen eure Kulturen. Nehmt an! Lasst euch nicht erschrecken durch die Gewalt der Bomben. Lasst euch nicht erschrecken, und lasst euch nicht abhalten, dieses Werk des Friedens zu vollbringen.

Und dieses ist Janet, und ich sage dir, folge deiner Eingebung. Folge deiner göttlichen Eingebung und folge der Aufgabe, die deine Seele hat.

Einige von euch sind Heiler. Manche von euch sind Seher-Kanäle. Folgt eurer göttlichen Eingebung. Die Erde braucht euch. Ihr steht an einem Umkehrpunkt der Zeit. Und im Oktober diesen Jahres (2005) *wird sich das Morphogenetische Feld der Erde ändern. Und die alten göttlichen, atlantischen Mysterienschulen werden durch Sternenenergien wieder zurück auf die Erde kommen. Um eine Straße zu bauen für das schlagende Herz von Lemurien auf dem Weg zur Erde, das sich im Moment in der Fünften Dimension befindet. Und wie die Weisen schon in früheren Zeiten gesagt haben, wird das schlagende Herz von Lemurien zurückkommen, und es wird die Welt verändern. Und jeder Herzschlag des Herzens von Lemurien wird das Morphogenetische Feld verändern, und das wird auch benötigt. Ja wirklich, ihr lebt in einer turbulenten Zeit. Und erlaube dir, dich auszudrücken in diesem göttlichen Zustand, in dem du bist. Und dies ist ein Akt der Gnade und der Freude.*

Und dies ist Kwan Yin erneut. Und dieser Gnadenakt wird sich ausweiten in euch. So bereitet euch auf die Veränderung vor, indem ihr in meinem Licht lebt, welches ist Silber in der Verbindung zum gelben Strahl des Meisters Konfuzius. Auf deinem Kopf befindet sich eine Knospe aus silbernem Material. Ein silbernes Licht in Knospenform auf deinem Scheitelchakra.

Und als der große Buddha sagte „Om Mani Padme Hum" („Oh, du schöne Lotusblüte") wollte er damit ausdrücken: Du bist menschlich, und du bist die Erfüllung. Und du bist fleischgewordenes Nirvana (ohne Anfang und ohne Ende).

Und nun stell dir vor, wie ein silberfarbener Strahl, ausgehend vom schlagenden Herzen von Lemurien, auf diese Knospe auf deinem Scheitelchakra fällt. Stell dir vor, wie diese Lotusblüte auf deinem Kopf sich nun zu öffnen beginnt. Erlaube dieser Knospe, sich jetzt zu öffnen. Und zum Vorschein kommen silberrosafarbene Blätter auf deinem Kopf, die sich dem Lichte deiner Seele entgegenstrecken. Sei gesegnet, dies ist Kwan Yin.

Und wenn ich zu den Menschen trat, begrüßte ich sie mit den Worten: Friede sei mit dir und fürchte dich nicht. Dies ist Gabriel, der zu dir spricht. Stell dir vor, wie ich über diesem Raum bin. Stell dir vor, dass dieser Raum keine Decke mehr hätte und es wäre kein Dach auf diesem Haus. Das Licht Gottes umstrahlt mich. Ein Licht, das dich geboren und auch mich erschaffen hat. Und meine Schwingen bewegen sich. Und aus meinen Flügelenden kommen Lichtpartikel hervor, und sie fallen auf deinen Lotus. Nehmt diese Energien jetzt auf. Der Lotus trinkt sie und leitet dieses Licht weiter in deine Hypophyse hinein.

Und dies ist Elyah, die zu euch spricht. Nehmt dieses Licht jetzt und lasst es ausstrahlen. Ausstrahlen in euren Hals hinein, in eure Medulla Oblongata. Aktiviert euren Sternenmeridian. Denkt einfach an ihn. Ihr müsst nicht wissen, wo er liegt. Und jetzt stellt euch bitte vor, wie euer vegetatives Nervensystem anfängt zu leuchten und wie diese Energie aus der Medulla Oblongata, welche ist silbernrosa, einfließt, tiefer und tiefer in euer vegetatives Nervensystem und alles in einem silberrosafarbenen Licht erstrahlt.

Ich, Janet, sage: Nehmt diese Chance jetzt wahr. Das ist eine göttliche Heilungskraft, die jetzt direkt zu dir kommt. Heile dich selbst von den Erfahrungen der Vergangenheit. Tue es jetzt! Und lass all die schlechten Erfahrungen jetzt herausfließen. Akzeptiere die Heilung, jetzt!

Und die Energie des rosafarbenen, silberfarbenen Lichtes läuft zusammen in eurem Solarplexus. In Form einer rosa-silbernen Kugel. Lasst diese Kugel nun aufsteigen in euch und stellt euch vor, wie sie Raum nimmt. Mehr und mehr in eurem göttlichen Dritten Auge. Dort lasst sie beständig sein. Und wenn ihr einem Wesen begegnet, das nicht in Frieden ist mit euch, schickt ihm dieses Licht, von

Drittem Auge zu Drittem Auge. Und lasst in ihm das göttliche Namasté erklingen. Möge Heilung sein auf diesem Planeten. Von Mensch zu Mensch. Von Mensch zu Tier. Von Mensch zur Pflanze. Zu Allem-Was-Ist. Einheit ist. Dies ist Elyah.

Erklärung zur Meditation „Konferenz der Lichtmeister" durch Michael:

Diese Emotionale Heilungssequenz geht ganz stark auf unsere Chromosomen, also auf unsere körperliche Befindlichkeit. Unsere Emotionen hindern uns oft an der Entwicklung. Emotionen sind nicht schlecht, bitte nicht falsch verstehen. Es ist ein schwieriges Thema. Wenn wir uns in gewissen Bereichen emotional verschließen, dicht machen, hat dies Auswirkungen auf unseren Körper. Wir sprechen da von Psychosomatik. Also, wenn irgendetwas von der Psyche auf den Körper übergeht, fangen wir an zu somatisieren – Soma kommt aus dem Griechischen und heißt Körper. Psyche ist die Seele, und wenn seelische Befindlichkeiten auf den Körper übergehen, werden wir zum Beispiel krank.

Und dies hat oft die Ursache in einer abgetrennten Psyche. Elyah sagt, um in das Kosmische Bewusstsein der All-Einheit zu gelangen, ist es wichtig, dass wir unsere Psyche in allen Bereichen öffnen, und dieses Öffnen in allen Bereichen ist wichtig, um unseren physischen Körper gesund zu erhalten. Die Energie von Elyah, die sie uns heute Abend zur Verfügung stellt, ist eine Energieschwingung, die sie über die Göttliche Mutter nimmt, die im Chinesischen Kwan Yin genannt wird. Kwan Yin übersetzt heißt also „Göttliche Mutter“.

Bewusstseinsschulungen nach Elyah

Das Konzept der Bewusstseinsschulen ist ein ganzheitliches energetisches Arbeitskonzept, das uns Elyah zum Ende des Jahres 2005 vorstellte. Nach der Behandlungsform des Menschlich(t)keits-Konzeptes stellte sich in dieser Zeit mehr und mehr die Frage nach den lichten Manifestationskräften in unserem Alltag.

Alle spirituellen Arbeitsformen reagieren nur, meinte Elyah, immer dann, wenn eine Lebenssituation unser System aus dem Gleichgewicht bringt, wie Krankheit, unvorhersehbare Ereignisse. Dann beginnen wir, in einen spirituellen Aktionismus zu verfallen. Dieses ist nach Elyah eine Form des „Getrenntseins“, sie ermutigt uns über das Schulen unseres Bewusstseins, unsere Schöpfungskraft, oder Christuspräsenz zu gebrauchen.

Elyah sagt:

Ist es nicht sinnvoll, die Kraft der Trennung in deinem Leben zu überwinden? Es ist nur ein kleiner Schritt der Bewusstwerdung, deinen Alltag neu zu kreieren, zu schöpfen und dein göttliches Erbe der Mitschöpferkraft aktiv und lichtvoll für dich einzusetzen. Getrenntsein bedeutet Abhängigkeit! Abhängig zu sein, wie ich mich fühle, was andere von mir denken, wie ich aussehe usw. Deine Wertigkeit beziehst du nicht mehr aus der göttlichen Natur, die in dir ist, sondern daraus, wie dein Umfeld auf dich reagiert. Die Trennung erschuf die Kraft der Bewertung, Schuld, Sanktionen, und substituierte so die eigentliche

Kraft, welche dein Mitschöpfertum ist. Presse nun nicht mehr dein spirituelles Sein in deinen Alltag, sondern lerne, diesen Alltag energetisch neu zu erschaffen, gebrauche deine Christusenergie!"

Diese Aussage Elyahs erschuf in mir plötzlich eine ungewohnte Leichtigkeit, mit den Dingen umzugehen, friedvolle Gelassenheit ließ mich plötzlich spirituelle Zusammenhänge neu erkennen. In ihrer kraftvollen Art und Weise erklärte mir Elyah, wie energetische Zusammenhänge bis in meine Grobstofflichkeit Auswirkungen hatten, und sie schulte mich im Bewusstsein und half, dieses umzusetzen. Sie begann, mir die Zusammenhänge von spirituellem Wachstum anhand meiner persönlichen Lebenssituation zu erklären, und ich lernte die Worte „Erkenne und begreife", mit denen Elyah oft Botschaften beendet, für mich neu zu definieren.

In den Bewusstseinsschulungen geht es wirklich darum, dass ich erkenne und begreife; dadurch lerne ich spielerisch und lichtvoll, meine Manifestationskraft wieder zu gebrauchen und mir mein Leben neu zu gestalten. Ich lerne es, aus den Fesseln des „Existieren müssen" in die Freiheit des „Ich lebe" einzutreten und mir meine Welt neu zu errichten.

Aus diesem Prozess des BewusstSeins erschuf Elyah die Bewusstseinsschulung, in der es u.a. auch um den Gebrauch der spirituellen Begabungen, wie z.B. das

Hellsehen geht. Jeder Mensch ist sichtig, und der lichte Gebrauch und das Eröffnen dieser Fähigkeiten gehören zum Konzept und Lehrprogramm der Bewusstseinsschulung nach Elyah. Nähere Informationen zu diesem Seminarkonzept unter www.elyah.net

Ich-Bin-Präsenz

Erklärung von Elyah

Elyah möchte malen.

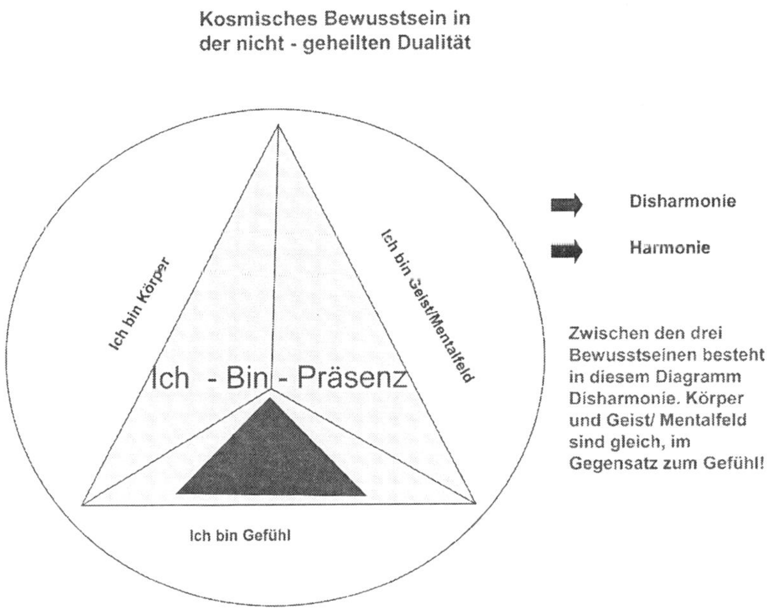

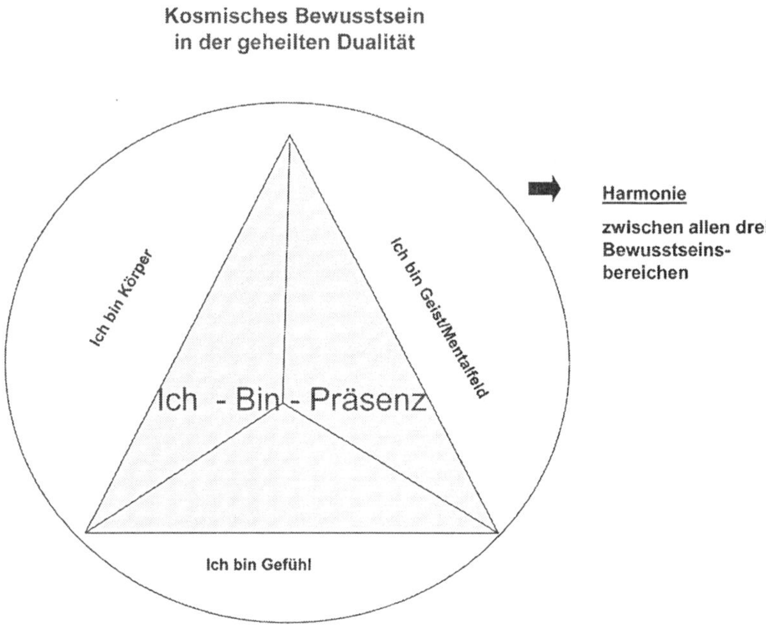

Ich möchte euch die Darstellungen der ICH-BIN-Präsenz erklären.

Bitte erkennt und begreift, dass wir hier in eine Energieebene eintauchen, die für euch sehr schwer vorstellbar ist, da ihr linear denkt.

Wenn ihr sagt: ICH BIN, meint ihr euer Ego. ICH BIN heißt aber: „Ich bin Körper", „Ich bin Geist", „Ich bin Gefühl". Wenn ihr zum Beispiel sagt „Ich bin Geist", könnten wir hier erweitern mit „mentales Sein". Wenn ihr sagt „ICH BIN", ist es eine Komposition aus allen drei Kräften. Diese beziehen sich aufeinander und stellen die Trinität dar.

Vater – Sohn – Geist.

Versteht ihr, ihr habt „Ich Bin“ nicht erfahren. Der Blitz von Karon hat dieses getrennt. So kann zum Beispiel das väterliche Prinzip fehlen. ICH BIN heißt in diesem Fall für euch, Befehlsempfänger zu sein. Es fehlt die erzeugende Kraft.

ICH BIN ist eine Definition eures gesamten Zustandes, denn ICH-BIN-Präsenz heißt, ICH BIN präsent. ICH BIN der Geist, der über den Wassern ist. Ich habe gesagt: Es werde Licht. Ich habe gesagt: Es werde Materie. ICH BIN. Ihr habt die Tragweite der ICH-BIN-Präsenz noch nicht annähernd begriffen.

Wenn ich jetzt mit der ICH-BIN-Präsenz arbeite, erfasse ich nur die beiden mir zugänglichen Teile. Ist dann unterbewusst der dritte Teil dabei?

Nein, eben nicht. Und das ist genau die Crux der nichtgeheilten Dualität. Konzentrieren wir uns zum Beispiel auf den Bereich „Ich bin Körper“.

Stell dir vor, du hättest jetzt heftiges Zahnweh, weil ein Loch im Zahn ist, er wäre kariös. Jetzt sage ich zu dir, stell dir vor, in deinem Bauch wäre ein pulsierendes Kraftwerk. Ich würde diesen Bereich des Mentalen Feldes ansprechen. Mental heißt, du stellst dir vor, in deinem Bauch ist ein ewiges Feuer. Ich konstruiere jetzt etwas. Du würdest dich darauf konzentrieren. Dann würde dein Zahn anfangen zu pochen. Es würde stärker und stärker, und der Bereich würde größer und größer, bis die Bereiche Geist, Materie, Mentales Feld mit eingeschlossen sind. Das heißt, du könntest gar nicht meditieren. Wie willst du dann diesen Status erreichen? Es geht gar nicht, weil du viel zu sehr fokussiert bist auf diesen Bereich.

Weiteres Beispiel: Dich hat gerade dein Partner verlassen. Deine Ehe ist zerbrochen, und ich sage zu dir: Du gehst jetzt in deine All-Liebe hinein und segnest die Göttlichkeit und den wunderbaren Ausdruck deines Partners, der dich gerade verlassen hat. Das wäre eine Vergewaltigung deiner Person, deines emotionalen Seins. Auch hier würdest du nicht in die ICH-BIN-Präsenz kommen, weil du dieses hier überbewertest. Und das ist die Crux in jedem Menschen.

Das Dreieck ist eine göttliche Form. Warum denn? Es speist die ICH-BIN-Präsenz. Das Dreieck, die Grundform der Pyramide. Erkennt, begreift. Und ihr seid ein göttliches Dreieck, das ist euer göttliches Erbe, und die drei Flammen der Integration (siehe Kapitel III: Meditation: Flammen des Glücks) *symbolisieren nichts anderes.*

Mit Anwendung dieser drei Flammen kann der fehlende Teil, in unserem Beispiel das Vaterprinzip, wieder erweckt werden?

Das ist richtig. Ich hätte als Beispiel auch den Geist nehmen können. Das sind dann die Materie-Cracks, Manager, Banker usw.

Es sind also immer alle drei Bereiche vorhanden, aber nur zwei davon aktiv?

Ja, das ist Dualität. Nur zwei sind aktiv, aber es geht um die Trinität, und die Trinität ist die geheilte Form, das Göttliche.

Sind aufgrund der Manipulation in uns allen immer nur zwei Teile aktiv?

Ja, das ist richtig. Es ist wichtig, dass ihr anhand der beiden Graphiken begreift: ICH-BIN-Präsenz wird aus drei Quellen gespeist, den drei göttlichen Flammen der Integration, die wir auch als die „Flammen der Manifestation" bezeichnen (siehe Kapitel III: Kosmische Manifestationskraft). *Sie entspringen dem gleichen Prinzip.*

Das ganze Menschlich(t)keits-Konzept (siehe Kapitel III: Menschlich(t)keits-Konzept) *ist komplett auf diesem Prinzip aufgebaut. Es geht bei dem Menschlich(t)keits-Konzept letztendlich um diese Erweckung.*

Wir greifen nach Medien wie zum Beispiel die Sternenstein-Essenzen, um euch zu erklären, dass das etwas mit euch macht. Wir nehmen hier eine Materie, geben sie dir und sagen, das ist Nahrung (Elyah gibt Katja einen Keks). *Wärest du aus dem Urwald, würde ich sagen: Ham, ham, gut, lecker. Dann würde ich in diesem Bewusstsein mit dir sprechen. So kann ich zu dir sagen: Das ist ein Keks, der tut dir gut, weil dein System gerade unterzuckert ist. Verstehst du?*

Jedem auf seinem Bewusstseinsstand. Und wenn ich Menschlich(t)keit erkläre anhand der Mutteressenzen (mit Sternenstein-Essenzen energetisierte Öle), anhand der

Legesysteme, geht es nur darum, den Menschen in diese Trinität zu führen und ihn von außen, ich sage jetzt einmal über die Materie, zu bewegen und ihn darüber in eine Erkenntnis zu führen. Durch diese Trennung, die der Blitz von Karon bewirkt hat, seid ihr erstarrt in eurem menschlichen Bewusstsein. Und meine Aufgabe ist es, euch spielerisch zu unterstützen, damit ihr wieder dahin kommt.

Ich könnte auch sagen: Oh, was habt ihr alles falsch gemacht. Aber das habt ihr schon so oft gehört. Es gibt immer einen anderen Weg. Es gibt immer eine neue Tür, und wenn eine Tür sich schließt, öffnet sich eine neue.

Elyah, du verwendest für deine Erklärungen immer wieder verschiedene Bilder. Wie kann man das verstehen?

Bilder benutze ich, um zu erklären. Ich würde zum Beispiel einem Pygmäen dieses Dreieck ganz anders erklären. Dann wäre das hier ein Affenbrotbaum, das wäre eine Liane und das eine Monstera (Kletterpflanze). *Einen Menschen dort abzuholen, wo er in seinem Bewusstsein steht, und ihm eine entsprechende Erklärung zu geben – das ist Liebe. Nicht einem Menschen zu sagen: Da und da musst du hin, und da und da bist du jetzt. Das ist nicht Liebe, das ist Verurteilung. Erkennt dieses und begreift, das ist sehr, sehr wichtig!*

Ist die Übung mit den drei Flammen zum gegenwärtigen Zeitpunkt das Mittel, um mehr und mehr in die Erkenntnis zu gelangen?

Das ist richtig. Diese Übung führt dahin, ebenso wie das Menschlich(t)keits-Konzept und die Verschmelzung mit mir. Aber alles in unterschiedlichen energetischen Leveln. Die Flammenübung ist ein starkes Mittel, das Menschlich(t)keits-Konzept ist auch ein starkes Mittel, aber eher ein Aspirin. Für dieses bräuchtest du ein Rezept. Die Verschmelzung geht in Richtung Chemotherapie.

Seht mal, ich bin nun seit einigen Jahren auf dieser Erde (seit 2000). *Ich habe den orionisch/plejadischen Krieg erlebt. Ich habe Orion zu seiner nicht-lichten Hochphase erlebt. Ich habe Welten untergehen sehen. Aber so etwas wie auf diesem Planeten habe ich noch nie gesehen. Und bitte, das ist wichtig, ihr tötet nicht mit Strahlen und Waffen, ihr tötet mit Worten. Ihr zerstört Menschen, und ihr seht es nicht. Ihr bekommt es nicht mit. Aber sie sterben, und das ist ein grausames Spiel, das auf dieser Erde gespielt wird.*

Danke, Elyah!

Kosmische Manifestationskraft

(Zusammenfassung Teaching von Elyah/Workshop, August 2005, Chiemsee)

Das Zauberwort für 2006 heißt „Integration".

Durch die Integration wird die integrierte Energie in eine Kraft transformiert, die für die Manifestation genutzt werden kann. (Siehe: Integrationsübung „Flammen des Glücks".)

Transformationsweg

1. Ich nehme mein EGO an, so, wie es ist. Ich bin, wie ich bin. Liebe, Hass, all die verschiedenen Emotionen, die in mir sind, sind akzeptiert und gleichwertig in mir.

2. Ich erlaube Durchlichtung und werde dadurch ruhiger. Durch Momente der Stille/Poesie (Gottes Nähe) fängt euer Ego an, sich mit Licht zu durchdringen. Es erfährt Läuterung – ohne Leid und Schmerz.

3. Ich zeige mein Licht anderen Menschen. Kein Missionsauftrag. Ich zeige mich anderen so, wie ich bin.

Das nicht-geheilte EGO braucht Masken. Das geheilte braucht keine.

Über die Integration mit den drei Flammen (siehe Meditation: „Flammen des Glücks") wird das Thema transformiert, und es bleibt die lichte Essenz. Wir nehmen zum

Beispiel den lichten Punkt aus unserer Wut, nehmen diesen und integrieren ihn. Wir dürfen so sein. Wir sind so geliebt. Wir sind ein Kind der geheilten Dualität. Dann passiert nämlich genau das, was wir wollen. Es kommt dieser Frieden in uns hoch, und plötzlich strahlt ein Feld der Manifestation aus uns, und komischer Weise sitzt oben drauf ein Segen. Und wir schicken diesen Frieden der Person, die das ausgelöst hat.

Wir lieben es zum Beispiel auch, Kleinkriege mit unserem Partner zu führen, weil das sehr erquickend sein kann. Um damit aufhören zu können, integrieren wir diesen Wunsch in uns und erschaffen ein Heilungsfeld. Dadurch haben wir automatisch eine viel größere Bandbreite, um unserem Partner zu begegnen. Und die Liebe in der Partnerschaft wird neu geweckt.

Dieses Heil-/Manifestationsfeld löst Feindschaft auf, und vor allen Dingen Vorurteile, und stabilisiert unsere Beziehungen.

Wir müssen begreifen, dass wir über die Kraft der Manifestation Heilungsräume errichten – ganz automatisch.

Durch die Integrationsübung wird die göttliche Essenz aus einem Thema herausgefiltert und dem Menschen zur Verfügung gestellt. Durch das Weitergeben dieser transformierten Energie an Gaia wird diese addiert und kommt von Gaia zurück an die gesamte Menschheit – zum Wohle des Ganzen. Und das ist die Manifestationskraft.

„Wenn du liebst, entlasse in die Freiheit und binde nicht. Weder Bedürfnisse noch sonst irgendwas. Nur was in der Freiheit ist, kehrt auch zurück."

Ausspruch der Geistigen Welt!

Unsere Bewertung, indem wir ständig um uns selbst kreisen, hält uns von unserer Manifestationskraft ab.

Es ist Vergeudung von Lebenskraft, ständig um sich selbst zu kreisen. Hier geht es nur darum, sich selbst zu huldigen. EGO: Selbstverliebtheit!

Wenn wir einem Menschen, einer Situation gegenüberstehen, gehen wir sofort in die Bewertung. Wir teilen auf, wir teilen ein – das ist die größte Problematik unseres spirituellen Alltags. Bewertung ist die Urform der Resonanz. Resonanz ist verbunden mit einem Gefühl in uns. Durch die Bewertung blockieren wir uns selbst und können unser Licht nicht leben, das heißt, wir können unseren Auftrag „Licht in das Dunkel dieses Planeten zu bringen" hier auf Gaia nicht erfüllen.

Im Sinne von Elyah ist es Egoismus, für sich selbst Wünsche zu manifestieren. Wir dürfen Manifestationskraft nie für uns selbst, sondern nur für alle (sprich für die Erde) verwenden. Tun wir dieses, sorgt die Erde für uns.

Manifestationskräfte sind einfach durch unsere Erfahrungen da und fließen permanent. Bewertung geht direkt ins Emotionalfeld und formt über die Manifestationskraft Bilder, die in uns hochkommen und ins Mentalfeld wirken. So entsteht Täter – Opfer, und daraus entwickelt sich Kampf.

Ist es verwunderlich, dass Staaten sich mit Bomben bewerfen, wenn dieses in unserem „Klein-Staat“ ebenso passiert? Hier gilt der Grundsatz von Hermes Trismegistos: „Im Kleinen, wie im Großen“.

In den kommenden Jahren, den sechs heiligen Jahren, wie Elyah diese Zeit von 2006 – 2012 nennt, müssen die Menschen lernen, diese Manifestationskraft wieder zu gebrauchen und sie vernünftig einzusetzen. Sie müssen erkennen, dass sie sich selbst verändern müssen, damit im Außen Veränderung geschehen kann.

Wertung erschafft verhärtete Fronten. Manifestationskraft ist wertfrei. Begegnung zwischen Menschen findet statt.

Manifestation geht immer einher mit Heilung. Die Heilung ist die Tochter/der Sohn der Manifestation. Die Manifestation erschafft um sich einen Schwingungsradius der Heilung. Das ist wichtig für die Evolution von Gaia. Das ist unser Auftrag. Wenn wir diesen Schwingungsradius, diesen Nimbus, um uns haben, dann werden nicht nur Menschen, Tiere und Pflanzen, sondern alles Lebendige wird gesund. Dann errichten wir einen Teppich der Heilung und ausgleichende Kraftfelder, die sich um die gesamte Erde erstrecken.

Menschlich(t)keits-Konzept

Ganzheitliches Behandlungskonzept mit den Sternenstein-Essenzen

Im Frieden, der größer ist als all euer Verstehen, in der Einheit der Kraft, die ihr darstellt auf diesem Planeten, seid gegrüßt in der Liebe von Kassiopeia. Dieses ist Elyah, die zu euch spricht.

Erkennt und begreift in eurem inneren Wesen, dass dieser göttliche Kern, den ihr darstellt, ein jeder von euch, hier ist auf diesem Planeten, um ein Netzwerk der Heilung zu kreieren für Gaia. Ihr seid die Lebenskraft und das Blut, das durch die Adern dieses Sternenwesens fließt, und es geht um euch und eure eigene körperliche, geistige und emotionale Unversehrtheit auf diesem Planeten.

Eure Aufgabe ist es, glücklich zu sein hier auf diesem Planeten in der Dritten Dimension. Unsere Aufgabe ist es, euch Wege aufzuzeigen, dieses verlorene Glück, diesen verlorenen Schatz wieder zu entdecken.

Er ist nicht weit weg, er ist in euch. Erkennt, dass die Liebe, die in euch ist, sich ausdrücken möchte, und ein jeder von euch ist Liebe und liebenswert. Deshalb löst euch von den Fesseln, die das Innere Kind euch gesponnen hat. Es sagt euch, dass ihr nur liebenswert seid, wenn ihr Bedingungen erfüllt. Und diese Fesseln sind eng, und sie schneiden in euren Körper ein und hinterlassen Wunden und Narben, die nässen und eitern. Und diese Wunden und Narben dürfen heilen, dürfen eins sein, dürfen zusam-

menwachsen und dürfen wieder den Tempel, den ihr seid, neu errichten.

Wahrhaft, ihr seid Tempel der Sternenenergie, Sternengeborene, die diesen Planeten bevölkern. Ihr kommt aus den Weiten des Universums und habt euch hier getroffen zu einem gemeinsamen Werk, diesem Planetenbewusstsein den Aufstieg zu kreieren.

Ihr tut dieses, indem ihr heil werdet, eins werdet in euch. Diese Heilung, dieses Eins-Werden in euch, diesen Weg habt ihr nun begonnen, und ihr schreitet auf diesem Weg. Euer Inneres Kind macht euch müde und traurig darüber, denn ihr versucht, mental zu begreifen, was nicht zu begreifen ist. Ihr stellt die Frage nach dem Warum – es gibt kein Warum.

Der Frieden, der Frieden, der überall ist, möge eure Systeme erfüllen, möge euer Herz sich öffnen, möge die Liebe des Kosmos einziehen in euren Körper. Mögen die Schranken eurer eigenen Bewertungen fallen und mögen sie die Grenze zu eurem göttlichen Kern freigeben. Möge ein Fließen eures göttlichen Lichtes in eure Körper geschehen, nun, und möge Heilung sein in allen Systemen.

☆☆☆

Anmerkung und Erklärung

1957 hat sich der Kosmische Rat zur Neuordnung der Aufgestiegenen Meisterenergie im Hinblick auf 2005 getroffen, das Jahr der MANIFESTATION. Das Treffen damals fand in der Fünften Dimension statt, geleitet von Soma, einem spirituellen Lehrer von AN aus dem Sternbild Orion.

Die letzten 48 Jahre waren die Jahre des Unterrichts für uns Menschen. Nach den Jahren des Unterrichts geht es jetzt darum, das erlernte Wissen umzusetzen. Es beginnt nun das Voranschreiten, das heißt: In Christuspräsenz handeln, um die Oberfläche, Geschichte und die Evolution von Gaia und auch, um das Verhalten der Menschen in Richtung Kollektiv zu verändern. Es geht in den kommenden sechs heiligen Jahren um die Freisetzung der Christusenergie und das Handeln in der Christuskraft, damit die Menschen ihren einheitlichen Seelenauftrag (Leben in Christuspräsenz) erfüllen können.

Mit dieser gelebten Christuskraft unterstützen wir außerdem unseren Heimatplaneten Gaia in seiner Heilung und Evolution. Dinge werden nicht mehr aufgelöst, sondern in eine Neumanifestation gebracht. Das heißt, die Energien, die jetzt als störend empfunden werden, werden genommen, um daraus etwas zu manifestieren. Es ist eine Arbeit der Neuen Zeit: Nicht mehr Klären und Loswerden, sondern das Potenzial nehmen und etwas daraus machen. Elyah nennt dieses Neu-Manifestation. Diese Phase ist 2008 vollendet, dem Jahr der Erfüllung.

Was hindert uns daran, die ICH-BIN-Präsenz, unsere Christuskraft zu leben?

Elyah erklärt, dass unser Lichtkörper aus drei Kreisläufen – Seelenebene, Emotional-Mentalfeld und Körperebene – besteht, die bei den Menschen zurzeit parallel zueinander laufen, anstatt miteinander verbunden zu sein. Deshalb fühlt sich der Mensch getrennt.

Um diese drei Kreisläufe wieder zu vereinigen, entwickelte Elyah für uns dieses ganzheitliche Therapiekonzept, bei dem mit Hilfe der Sternenstein-Essenzen und der Mutteressenzen heilende Schwingungsfelder erschaffen werden. Dadurch verbinden sich energetisch über die Meridiane des Menschen diese drei Ebenen, und der Mensch erlebt Einheit. Die Vernetzung der drei Ebenen ist auch die Voraussetzung für die Eröffnung der 12-Strang-DNS.

Die sieben Sternenstein-Essenzen sind Energiezusammensetzungen aus drei verbundenen Kraftfeldern: Einem bestimmten Stein, einem zugeordneten Sternenvolk und einem Sternbild. Die Mutteressenzen entstehen aus der Verbindung Stein-Sternenvolk-Sternenschwingung mit hochwertigem Öl als Grundträger.

Die Sternenstein-Essenzen (geladene Steine) können zum Beispiel auf sehr einfache Weise hilfreich in unserem Alltag eingesetzt werden. Elyah empfiehlt uns jeweils ein spezielles Legesystem dieser Steine bei Tag und bei Nacht (ausführliche Info siehe:www.elyah.net.).

Spielerisch und doch tiefgreifend erschaffen die Sternenstein-Essenzen während der Behandlungssequenzen über verschiedene Legesysteme (wie Solarer Weg, Sternen-Transponder, Heilung des Sternen-Ichs) ausgleichende Schwingungsräume. Somit entstehen auf allen drei Ebenen Veränderungen – FRIEDEN IST!

Es bringt den Menschen heraus aus der Suche und macht ihn zum Finder, denn es geht nicht mehr um die Auflösung von Problemen oder uns behindernde Situationen, sondern um die Integration all dieser Energien, sodass uns die lichte Potenz dieser Energien zur Verfügung steht.

Das Menschlich(t)keits-Konzept ist für die Menschen ein geeigneter Weg, mit ihren Problemen nicht umzugehen, sondern sich über sie zu erheben und so die kosmische Elternschaft in sich zu übernehmen.

Elyah

Weitere Info zu dieser Seminarreihe siehe homepage: www.elyah.net, Rubrik Seminare/Sternenstein-Essenzen.

☆☆☆

Die zwölf Transponder der Erde

Die Transponder dienen als Empfänger und Sender von kosmischer Energie und Erdenenergie. Sie entstanden bei der Zerstörung von Atlantis durch die Spaltung des einen Transponders, der Pyramide von Poseidonis. Diese zwölf Teile befinden sich als Transponder (in der Form eines Obelisken) überall auf der Erde verteilt und stehen mit Sternenebenen, den 144 Kristallschichten und den zwölf Turmalinschichten der Erde in Verbindung[1)].

Es gibt acht Hauptmeridiane (sogenannte Leylines) auf dieser Erde, die sehr wichtig für den Energiefluss der Erde sind. Jeder der zwölf Transponder steht auf einer Leyline und verkörpert ein bestimmtes Thema. In seiner nicht-geheilten Form unterstützt der Transponder die Aufrechterhaltung der Matrix der nicht-geheilten Dualität.

Deshalb findet in jedem Jahr bis 2012 eine Heilungsreise mit Michael/Elyah zu einem Transponder statt. Die Energien und Qualitäten eines Transponders stehen mit dem jeweiligen Land und den dort lebenden Menschen in Verbindung. Durch die Heilung und Integration der jeweiligen Aspekte im Menschen geht auch der äußere Transponder in die Heilung – wie innen, so außen! Er richtet sich neu auf seine ursprüngliche Aufgabe aus. Somit verändert sich das Morphogenetische Feld, und Heilung ist für die Menschen erfahrbar.

[1)] *Erdonwege* (Lichtradverlag) und *Kiria Deva und Elyah - Kristallwissen – der Schlüssel von Atlantis,* Antan Minatt (Smaragd Verlag)

Mit jedem geheilten Transponder lösen wir die Illusion der Trennung ein Stück auf, sodass unser wahres göttliches Sein sich immer mehr ausdrücken kann. Es ist eine Art Bewusstseinsschulung, denn indem wir die Aspekte des jeweiligen Transponders in uns erkennen, können wir diese liebend akzeptieren und in die Heilung bringen.

Ist ein Transponder ausgeheilt, haben alle Menschen Zugang zu diesen speziellen Qualitäten und können damit arbeiten.

Durch die Heilung der zwölf Transponder bildet sich grobstofflich ein dreizehnter Obelisk, der die Vereinigung der zwölf geheilten Transponder repräsentiert und ein Symbol für den ursprünglichen Obelisken der Pyramide von Poseidonis ist.

Die zwölf Transponder nach Elyah

Jahr: 2001	Ort: Irland
Kristallebene: 1 – 12	Sternenebene: Stier
Aspekt:	Materielle Fülle, stark sein in der Materie, Genuss, Sinnlichkeit, steht mit Elfen und Feen in Verbindung, verbunden mit der Petrusleyline.
2001 + 12 = 6 =	Zahl des Kosmischen Menschen.

☆☆☆

Jahr: 2002	Ort: Toronto/Kanada
Kristallebene: 1 – 84	Sternenebene: Skorpion
Aspekt:	Geistige Evolution in der Materie, kosmische Liebe, Liebe der Materie zum Geist, Durchdringung, verbunden mit der Johannesleyline.
2002 + 84 = 16 = 7 =	heilige Zahl.

☆☆☆

Jahr: 2003	Ort: Island
Kristallebene: 1 – 120	Sternenebene: Löwe
Aspekt:	Herabsenkung der Fünften Dimension von Regulus, Aufhebung der Grenzen, Aufhebung der Heimatlosigkeit von Menschen, Völkern und Nationen, Auflösung auch von Grenzen des Bewusstseins, Lösung von Ängsten vor der Freiheit.
2003 + 120 = 8 =	Ewigkeit.

☆☆☆

Jahr: 2004	Ort: Chefrenpyramide/Ägypten
Kristallebene: 1 – 60	Sternenebene: Steinbock
Aspekt:	Einheit mit kosmischen Kräften, Hoffnung, auch Hoffnung des Nicht-Lichts auf Einswerdung mit dem Licht. Durchdrungen sein von Geist und Materie.
2004 + 60 = 3 =	Trinität.

☆☆☆

Jahr: 2005	Ort: Pretoria/Südafrika
Kristallebene: 1 – 144	Sternenebene: Wassermann
Aspekt:	Auflösung von Konflikten von Rassen und Einstellungen und Meinungen. Vereinigung der Völker, Einssein mit der göttlichen Natur.
2005 + 144 = 16 = 7 =	heilige Zahl.

☆☆☆

Jahr: 2006	Ort: Kilauea/Hawaii
Kristallebene: 1 – 48	Sternenebene: Schütze
Aspekt:	Evolution wird immer stattfinden und niemals enden, Entwicklung endet nie, Übersetzung in stellare Sprachen, Zugang zur Innererde, führt in die Liebe und Weite.
2006 + 48 = 20 = 2 =	Ausgleich.

☆☆☆

Jahr: 2007	Ort: Fudschijama/Japan
Kristallebene: 1 – 24	Sternenebene: Widder
Aspekt:	Menschlichkeit, Durchsetzung und Kraft, Widerstände überwinden, Inspiration, führt in die Berufung der Inkarnation.
2007 + 24 = 15 = 6 =	Zahl des Kosmischen Menschen.

☆☆☆

Jahr: 2008	Ort: Salt Lake City/USA
Kristallebene: 1 – 36	Sternenebene: Zwilling
Aspekt:	Transponder, der Gaia mit den Weiten des Alls verbindet, verknüpft Erdwissen mit Wissen der Sternenebenen, steht für Unendlichkeit des Raums, Gruppentransponder, Kommunikation im Kollektiv, Zusammengehörigkeit, Umsetzung gemeinsamer Ideen.
2008 + 36 = 19 = 1 =	Anfang aller Dinge.

☆☆☆

Jahr: 2009	Ort: Neuseeland
Kristallebene: 1 – 108	Sternenebene: Waage
Aspekt:	Transponder des Friedens und des Ausgleichs, Gleichgewicht zwischen männlichen und weiblichen Energien, Auflösung der Spannung zwischen beiden, Spannung ist künstlich inszeniert und nicht im Bauplan des Menschen enthalten.
2009 + 108 = 20 = 2 =	Ausgleich.

☆☆☆

Jahr: 2010	Ort: Berlin
Kristallebene: 1 – 96	Sternenebene: Krebs
Aspekt:	Heilungstransponder, Meisterschaft, Näherung an die Vollkommenheit, Entwicklung in Geist und Materie wird möglich, steht für das Ego, Selbstdarstellung durch Kunst, Tanz und auch Eitelkeit.
2010 + 96 = 18 = 9 =	Vollendung.

☆☆☆

Jahr: 2011 Ort: Perth/Australien
Kristallebene: 1 – 72 Sternenebene: Fische
Thema: Gefühle, fließen können im Gefühl, Gefühle sind durchdringend (auch Schild durchdringend), jedoch wirken Schildgefühle durchdrungen von Schildenergie zerstörerisch, Verschmelzen, Meeressäuger.
2011 + 72 = 13 = 4 = Unendlichkeit in der Materie.

☆☆☆

Jahr: 2012 Ort: Pretoria/Südafrika
Kristallebene: 1 – 132 Sternenebene: Jungfrau
Aspekt: Reinheit in Körper und Geist verankern, Gleichgewicht zwischen Ebenen, zwischen den Körperebenen, speziell für Menschen, die sich immer unrein oder unfertig fühlen.
2012 + 132 = 11 = 2 = Ausgleich.

☆☆☆

Transponder Südafrika – Geldfluss – Kosmischer Kode

Im Januar 2005 reiste Michael/Elyah mit einer Gruppe von Menschen nach Südafrika, um dort eine intensive Heilungsarbeit am Transponder von Pretoria durchzuführen. (Ein Transponder ist ein Energiesender und -empfänger, der die Menschheit mit der Erde und den Sternenebenen verbindet. Diese Verbindung ist seit dem Untergang von Atlantis gestört und soll jetzt wieder hergestellt werden, siehe auch Kapitel „Die zwölf Transponder der Erde".)

Der Transponder von Pretoria hatte in seiner nicht-geheilten Form weltweit weitreichende, manipulative Auswirkungen in wirtschaftlicher, sozialethischer und politischer Dimension. Er pulste über die Erdmeridiane einen nicht-geheilten Kode in das Wassersystem der Erde und dadurch auch in alle „Flüsse" (Geld, Wirtschaft, Politik, Finanzmärkte). Ausdruck dieser Formen der nicht-geheilten Dualität waren die Apartheid und die Sklaverei, starke Korruption in politischen und wirtschaftlichen Bereichen und Steuerung des Geldflusses der Weltwirtschaft.

Im weitesten Sinne sind auch wir „Sklaven", denn oft leben wir in Abhängigkeit von Geld, Macht, Sex, Anerkennung usw. und suchen unser Glück, unsere Erfüllung im Erlangen all dieser vermeintlichen Werte und halten so die nicht-geheilte Matrix der Dritten Dimension aufrecht. Bei der Heilung des Transponders ging es folglich auch um die Erlösung des Mangelbewusstseins der Menschen.

Nach der Ausheilung des Transponders im August 2005 wurde dieser Kode durch die Geistige Welt in den geheilten kosmischen Nummern – Kode 5 888 7 11 333 geändert, den der Südafrika-Transponder jetzt weltweit in das Meridiansystem der Erde pulst.

Weitere Informationen zu diesem Kode durch ein Teaching von Elyah über Michael, durchgegeben am 6./7.08.2005, Chiemsee:

In diesem kosmischen Kode sind alle göttlichen Geomantien, alle göttlichen Meisterzahlen, alle Lichtfrequenzen und auch die zwölf Töne der Obertonreihe enthalten. Es ist wichtig, diese Zahl als Vereinigung all dieser Elemente zu sehen, denn das Aufteilen in Töne, das Aufteilen in Farben, das Aufteilen in Zahlenmystik ist vorbei. Es geht um eine Vereinigung – eine Plattform, auf der Evolution beginnen kann. Die kosmische Sprache ist die Mathematik, denn eine 5 ist gleichwertig auf der Erde wie auf den Plejaden, auf Sirius und in allen Bereichen von Orion, gleichwertig in M131, in der Magellanschen Wolke, überall. 5 ist 5. Deshalb sind Sprachkodes auch in Zahlen verschlüsselt worden. Diese Form der Energie (der kosmische Kode) dient zur Integration ebenso wie die Übung mit den drei Flammen (siehe: Meditation „Flammen des Glücks"). *Beides vermittelt diese Einheit im Körper – grobstofflich. Wird dieser Kode in die härteste Substanz des Körpers (Zähne und Knochen) gegeben und imaginär auf das Skelett geschrieben, beginnt der Körper, sich grobstofflich von innen heraus zu durchlichten. Wird diese Lichtwerdung im Menschen erzeugt, strahlt er automatisch dieses Licht ab. Menschen werden neugierig, kommen auf ihn zu, und es werden automatisch Felder der Heilung kreiert, ohne dass dieses bewusst geschieht. Es ist einfach ein Ausdruck des göttlichen Kerns. So energetisiert wird dieser Kode in jeglicher Handlung weitergegeben.*

Die Meisterebenen sind im Team mit dem Menschen und entschlüsseln und erklären. Gehen muss der Mensch selbst. Von den Aufgestiegenen Meistern wird dieser Kode übersetzt, und dadurch ist der Mensch in der Lage, Dinge zu verändern. Die drei Flammen und der Kode sind Schlüssel des eigenen Selbst. Dadurch wird der Mensch zu einem Bollwerk der Einheit. Dieser Kode sollte auf die Kreditkarten und die Bankkonten imaginär gegeben werden. So erreicht er die Bereiche der Banken und der Wirtschaft, und Licht fließt in verschiedene Ebenen der Geld- und Finanzmärkte hinein. Das geschieht auf einem ganz einfachen Weg, indem zum Beispiel der Kode beim Geldziehen am Bankautomaten imaginär eingespeist wird, und schon läuft er in den entsprechenden Bereich hinein.

Es geht hier zum einen um Mitschöpferkraft und zum anderen um Transformation, denn der Mensch transformiert darüber zum Beispiel auch Geldflüsse in Bereiche hinein, die nicht-lichtvoll sind. Das ist doch praktische Lichtarbeit, oder? Auch im Bereich von Mobilfunk, zum Beispiel in Form der Handys, kann dieser Code genutzt werden. Wird er in das Handy gegeben, verbreitet er sich in das gesamte Mobilfunknetz, und es entsteht eine kos-

mische Verbindung. Auch der PIN-CODE könnte entsprechend verändert werden, und jedes Mal, wenn das Handy aktiviert wird, geht dieser Kode in Verbindung.

Bei Erdheilungsarbeiten kann dieser Kode zum Beispiel durch direkte Einspeisung in Gaia oder direkt in die Turmalinschichen der Erde eingesetzt werden, denn diese Turmalinschichten sind aufgrund ihrer Verbindung mit den kristallinen Schichten der Erde besonders schwingungserhöhend. Das wäre eine gute Möglichkeit für die Landschaftsheilung. Der Kode kann aber auch in Pflanzen, vor allem in Bäumen, gut verankert werden. Die Übertragung des Kodes erfolgt visuell oder kann auch mit Berührung verknüpft werden. Da alle Menschen miteinander verbunden sind, ist dieses auch mental möglich. Man kann zum Beispiel eine Hand auf das Herzchakra legen und dem Menschen diesen Kode zuspielen. Da der Kode nicht manipulativ eingesetzt werden kann, ist diese Überspielung erlaubt. Heilung wird weitergegeben. Das ist ein evolutionärer Schritt für diesen Menschen.

Um diesen Zahlenkode nutzen zu können, ist es wichtig, dass ein Entschluss gefasst wird. Das ist der erste Schritt. Dieser Entschluss sollte heißen: Ich akzeptiere mich willentlich als Ausdruck göttlicher Natur auf diesem Planeten! Dieser Schritt bedeutet, und das ist wichtig, dass der Mensch herausgeht aus seinen Bedürfnissen, aus dem Bedürfnis, geliebt zu werden, aus dem Bedürfnis, an sich arbeiten zu müssen, usw. Und das ist ein willentlicher Akt, kein emotionaler.

Der zweite Schritt ist der Akt der Integration. Alle Erfahrungen werden als lichter Wert in ihrer lichten Essenz angenommen. Man könnte auch sagen, der Mensch akzeptiert sich so, wie er ist. Er jagt nicht einer Fantasie nach, wie er gerne wäre, sondern er ist, wie er ist. Es geht um das Seiende. ICH-BIN-Präsenz zu sein, Ausdruck der Quelle-Allen-Seins zu sein.

Der nächste Schritt ist die Phase der Manifestation. Auch das ist ein Akt der Weitung. „Ich bin ein freies, geliebtes Wesen. Ich bin Ausdruck dieses Seins. Und ich gebe diese Kraft meiner Manifestation zur Schwingungserhöhung an diesem Planeten weiter." Das ist der eigentliche Akt der Manifestation (siehe Kapitel III: Kosmische Manifestationskraft).

Jetzt antwortet die Erde – es kommt zum Reflux. Gaia erhält von euch eine Energie. Diese Energie setzt sie um und sagt: Da wird mir gut getan von meinen Wesen. Also tue ich ihnen auch gut. Versteht ihr? Und jetzt beginnt das, was ihr in eurem jetzigen Bewusstsein als Manifestation versteht. Euch wird es besser gehen. Es öffnen sich plötzlich Türe und Tor. Plötzlich kommt Durchfluss in euer Leben. Plötzlich kommen Menschen auf euch zu. Plötzlich geschieht hier und da und dort etwas, was euch weiter bringt. Was euch wirklich, erlaubt mir diese Bewertung, gut tut! Und dann seid ihr im kosmischen Kreislauf mit diesem Planeten. Versteht bitte! Oftmals verhaltet ihr euch heute noch so, als wäret ihr Fremdkörper auf diesem Planeten. Und das seid ihr nicht. Ihr seid ein Teil dieses Bewusstseins!

Elyah

Lösung der zwölf Siegel in Ägypten

Vom 11. August bis 28. August 2005 reiste eine Gruppe von 26 Männern und Frauen sowie zwei Kindern nach Kairo. Sie hatten die Aufgabe, während einer Erdheilungsarbeit zwölf Siegel, die in der Sphinx verankert waren, zu lösen. Es handelte sich um sechs den Menschen betreffende Siegel und sechs Meistersiegel. Diese wurden zum Teil einzeln oder auch in Siegelketten gelöst. Einige Siegel konnten rein energetisch im Konferenzraum des Hotels durch die Gruppe, andere Siegel nur über Trancereisen von Gruppenmitgliedern aufgelöst werden. Zum Teil mussten Siegel auch vor Ort in Sakkara und El Armana bearbeitet werden. Nachdem diese Siegel nun gelöst sind, kann Gaia wieder Kontakt zum Morphogenetischen Feld aufnehmen.

Um diesen Prozess zu verstehen, erhielt die Gruppe während der Reise ein Beispiel aus der Computerwelt. Der Erdkern von Gaia ist die Festplatte, das Morphogenetische Feld die Software. Der Kontakt zwischen beiden war aufgrund des Blitzes von Karon unterbrochen. Im Mai 2006 haben sich Festplatte und Software ausgetauscht und alle Daten sind überspielt. Während der Erdheilungsreise „Konvergenz der Waage“ nach Thailand wird initiiert, dass die Energie des Morphogenetischen Feldes wieder in die Materie auf Gaia einfließen kann.

Nachfolgend nun die Erklärung der zwölf Siegel.

Die Geistige Welt arbeitet überwiegend mit Bildern. Die Gruppe löste alle Siegel über Bilder, die von Janet Mc Clure oder Elyah vorgegeben wurden:

- Das **erste** Siegel betrifft die drei Herzebenen des Menschen. Hier wurde, versinnbildlicht durch drei Bänder, das emotionale/mentale Herz (Gold), das spirituelle Herz (Elektrum) und das physische Herz (Kupfer) miteinander verschmolzen.

- Das **zweite** Siegel war verantwortlich für die unausgeglichene Balance der Wirtschaftsstruktur.

Bei den Siegeln **drei, vier, fünf** und **sechs** handelte es sich um eine Siegelkette. Als diese Siegel gelöst waren, konnte sich das **siebte** Siegel erheben, um ebenfalls gelöst zu werden.

- Das **dritte** Siegel stand in Verbindung mit dem Emotionalfeld und konnte Suizidströme auslösen.

- Nach Lösen des **vierten** Siegels ist es den Menschen nun möglich, die eigene Wahrnehmung zu erweitern und ihre Umwelt neu zu gestalten. Die Matrix wird brüchig, und der Mensch muss immer weniger in den Widerstand gehen.

- Bei dem **fünften** Siegel handelte es sich um ein Fluchsiegel. Dieses verhinderte die direkte Verbindung des

Menschen zu allen kosmischen Verbindungen, den Sternenebenen, der Quelle-Allen-Seins. Die Energie des gelösten Siegels wird durch die Geistige Welt wie folgt beschrieben:

Ich bin mit allem verbunden und nehme und gebe, wie es notwendig ist.

- Das geheilte **sechste** Siegel befreit das Ego von der Begrenzung der Existenz.

- Das **siebte** Siegel brachte Zerstörung immer dann, wenn der Mensch sein mentales Bewusstsein einsetzte. Es blockierte die Kraft der Kreation, und so konnte der Mensch nie in göttliche Erschaffung gehen. Dieses Kontrollsiegel war dafür verantwortlich, dass jede Erfindung des Menschen auch zerstörerisch ist, zum Beispiel die Erfindung des Autos löst Umweltverschmutzung, Verkehrsunfälle usw. aus.

Bei den Siegeln **acht bis zehn** handelte es sich wieder um eine Siegelkette. Diese Siegel waren so eng verbunden, dass sie wie ein Siegel behandelt wurden.

- Das **achte** Siegel verhinderte, dass der Mensch sich lebt, er also in Christuskraft handeln kann. Denken und Fühlen stimmten oftmals nicht überein, und der Mensch wählte den falschen Weg zur Problemlösung.

Es versperrte den Blick auf das Paradies im Menschen selbst und das Wissen, dass das Leben leicht und freudvoll ist. Dieses Siegel verursachte im Menschen Wut und Zorn.

- Das **neunte** Siegel war dafür verantwortlich, dass sich die Menschen als Ersatz für die verlorene Christuspräsenz ein Spirituelles Ego erschaffen haben. Dieses Spirituelle Ego zerstört jedoch immer mehr die Verbindung zur Christuspräsenz, denn das Spirituelle Ego will die Evolution nach seinem Sinne regeln. Der göttliche Plan sah vor dem Blitz von Karon vor, dass die Dritte Dimension dem Menschen dient. Jetzt dient der Mensch der Dritten Dimension.

- Das **zehnte** Siegel löst bei den Menschen die Angst vor dem Sterben aus und löst im Kopf eines jeden Menschen den mentalen Gedanken der Alterung aus. Der dem Menschen bestimmte atlantische Weg bedeutet, dass der Mensch nicht stirbt, sondern transformiert. Der Körper wird immer lichter, bis man durch die Atome durchsehen kann.

Im Zusammenhang der Bedeutung der Siegel auf uns Menschen weist die Geistige Welt immer wieder darauf hin, dass es keine Schuld gibt, sondern dass alle Menschen Opfer sind.

- Die Lösung des **elften und zwölften** Siegels führte die Gruppe nach El Armana, der Stadt des Pharaos Echnaton, und auf das Plateau von Gizeh zu den Pyramiden. Die Pyramiden stellen das menschliche Sein dar. Die Cheopspyramide ist der Körper, die Chefrenpyramide das Mental-/Emotionalfeld und die Mykarinospyramide symbolisiert die Seelenebene. Nach dem Einspielen der Energien aus El Armana wurden die Pyramiden aktiviert, und es entstand eine energetische Kopie der Pyramide von Poseidonis. Dieses Konstrukt schafft nun die Verbindung zum Morphogentischen Feld.

Erdheilungsreise mit Michael/Elyah nach Thailand im Mai 2006

(Konvergenz der Waage)

Ziel dieses Workshops war es, das Gleichgewicht zwischen Körper und Geist wieder herzustellen, denn das Schwierigste in unserer Evolution ist das Ungleichgewicht zwischen unserem Körper und unserer spirituellen Entwicklung, sagte uns Janet Mc Clure, eine Aufgestiegene Meisterin, die auch die Schirmherrin dieser Konferenz zwischen der Geistigen Welt und uns war.

Zusammen mit Michael/Elyah und der Geistigen Welt wurden über Channelings, Teachings, meditative Übungen und Körperarbeit Heilungsräume erschaffen, sodass die drei Ebenen (Seele, Körper, Emo-Mentalfeld) jetzt wieder miteinander verbunden sind und Einheit gelebt werden kann. Durch die Vereinigung aller Sternenwege im physischen Körper (Re-Anbindung an unsere Sternenheimaten) heilte das Sternen-Ich (so bezeichnet Elyah das Innere Kind). Viele einzelne Bewusstseinsschritte führten die Teilnehmer des Workshops dazu, in Liebe und Akzeptanz mit ihrem physischen Körper umzugehen und Spiritualität im täglichen Leben neu umzusetzen.

Wenn der Mensch wieder in Balance ist, wirkt sich dies auch als Heilung auf das Bewusstsein von Gaia aus, denn Mensch und Gaia sind aufs Engste miteinander verbunden. So wurde durch die Bewusstseinsveränderung der Teilnehmer gleichzeitig ein Heilungsfeld für die durch den Tsunami betroffenen Gebiete erschaffen; 17 Monate nach der Katastrophe (17 = Quersumme 8, 8 bedeutet Ewigkeit) wurde Heilung in den asiatischen Raum gebracht.

Die Heilungsarbeit in Ägypten (Reise im August 2005) und die Erdheilungsreise nach Thailand hängen energetisch zusammen. In Ägypten wurde die Entwicklung der 12-Strang-DNS initialisiert, in Thailand wurden die Energien in die Materie eingespielt und bekamen dadurch ihre eigentliche Manifestationskraft. (Reiseberichte zu dieser Reise und weiteren Reisen siehe: www.elyah.net, Rubrik Reisen.)

Danksagung

Von ganzem Herzen möchte ich der Liebe, die uns alle erschaffen hat, danken. Eine Liebe mit vielen Namen, weltweit, und vielen Gesichtern.

Mein besonderer Dank geht an das Sternenwesen Elyah, das mich führt und leitet, das mir beibrachte, einem göttlichen Plan zu vertrauen, und das dieses Buch erst ermöglichte. Ich danke dir für deine Liebe und Kraft!

Ich danke den lieben Menschen, die uns ihre Fragen stellten!

Aus dem Elyah-Team bedanke ich mich herzlichst bei Astrid Tabellion, Birgit Grauer, Katja Burmeister und meiner lieben „guten Fee" Ulla Weber für das Zuhören, Schreiben von Skripten und für ihre humorvolle Unterstützung.

Meinem Mann Helmut danke ich für das Anhören der neuesten Elyah-Botschaften, für sein Mittragen und das „Ertragen" meiner Person, wenn ich wieder mal in kosmischen Dingen unterwegs bin. Ich bedanke mich herzlich bei Ruth Grauer, die direkt im Kontakt zu den Menschen steht, die Elyah sprechen wollen, für ihre Geduld und liebevolle Fürsorge, die sie den Menschen und mir angedeihen lässt.

Bedanken möchte ich mich in besonderer Weise auch bei Mara Ordemann und dem Team des Smaragd Verlags, die den Mut und das Vertrauen hatten, dieses Buch zu veröffentlichen.

Ich fühle mich in Dankbarkeit jedem Leser verbunden, der dieses Buch mit einem offenen Herzen liest und seinen eigenen Platz im kosmischen Dasein findet.

Erfüllt bin ich von Elyahs Botschaft:

"Bedenke, du bist nicht ein Mensch der spirituelle, kosmische Erfahrungen macht, sondern ein spirituelles, kosmisches Wesen, das menschliche Erfahrungen macht."

Zu guter Letzt danke ich allen meinen Lehrerinnen und Lehrern aus allen Inkarnationen, die mich auf den Weg des Lichtes geführt und mich in Liebe begleitet haben. Ihr hattet es nicht immer einfach mit mir. Mögen das Licht und die Liebe euch allezeit segnen!

Stuttgart im Februar 2006
Michael Grauer- Brecht

Glossar

12-Strang-DNS/ 12-Strang-Helix	Unsere eigentliche biologische, noch brachliegende Struktur, die sich durch den Blitz von Karon in die verkürzte Form der Doppelhelix/2-Strang-DNS reduzierte.
2006	Jahr der lichten Manifestation
2007	Jahr der Öffnung der freien Energie
2008	Jahr der Erfüllung
Adamnische Rasse	Bezeichnung für kosmische Völker mit fünf Fingern.
Akzeleration	Entwicklungsbeschleunigung bei Jugendlichen.
AN	AN ist der spirituelle Name des mittleren Gürtelsterns des Sternbildes Orion. Heimat von Somar, dem Hüter des goldenen Tempels der geheilten Dualität, der sich auf AN befindet.

	AN ist die Zone im Universum der nicht geheilten Dualität, in der die Dualität bereits vollkommen geheilt ist.
Alcyon	Hauptstern der Plejaden, die auch Siebengestirne genannt werden.
Andorh	Planet im Sternensystem Kassiopeia.
Anthroposophie	Lehre (nach Rudolf Steiner)
Ashtar	Führende Wesenheit des Ashtar-Kommandos, Koordinator für alle Aufgaben der Raumbruderschaft in unserem Quadranten des Universums.
Atlanter	Ein Urvolk der Urerde, sie stehen für die Aufrechterhaltung der Sternenverbindungen und das Geist-Bewusstsein.
Atlantis	Name für das Land, das sich vor dem Blitz von Karon auf dem Gotwana-Land (Gaia) befand.

Avalon	Mystischer Ort, der uns Menschen mit den Ebenen des Wissens und der Weisheit unserer Erdengeschichte verbindet. Zugang und Verbindungsbrücke zur Fünften Dimension. Wird in Großbritannien in der Nähe von Glastonbury vermutet.
Baumbovist	Eine spezielle Art von Pilz, der in Deutschland wächst und denselben gesundheitlichen Effekt hat wie Shitake; (hilft, das Immunsystem zu stärken und unterstützt somit, keine Angriffsfläche für Krebszellen zu bieten). Achtung: Es gibt auch giftige Bovisten!
Bild: „Der Schrei“	Bild des norwegischen Malers Eduard Munch.
Blitz von Karon	Eine durch Manipulation erschaffene Energiewelle, die auf Gaia eintraf und dort die Trennung von Licht und Nicht-Licht in unserem Universum manifestierte. Dies war der Zeitpunkt, als die

	Zerstörung von Atlantis begann und der Mensch in seiner jetzigen Form Gestalt annahm.
Kassiopeia	Das Himmels „W“: Ein Sternenbild und laut Elyah das erstgeborene Sternensystem. Heimatwelt von Elyah: Bewusstsein der Einheit!
Devas	Engel der Tiere, Pflanzen.
Domestizierung	Kommt aus dem Griechischen (domos) und bezeichnet die Behandlung des Menschen gegenüber Tieren; insbesondere bei Hunden.
EL-AN-RA	Spirituelle Namen der drei Gürtelsterne des Orion.
Elyah	Sternenwesenheit von Kassiopeia, die nun in der Ebene des „Großen Wagen“ angesiedelt ist.
Erdheilung	Heilung des Materieumfeldes durch die Weitergabe der geheilten, eigenen Energieströme.

Essener	Spirituelle Gemeinschaft, die sich vor ca. 8.000 Jahren in Ägypten gründete und das alte atlantische Wissen bewahrte.
Explosion	Zustand der ungeheilten Form der Energieentladung.
Fellache	Alt-ägyptischer Bauer
Freie Energie	Urform der Energie, die auf Gaia ist; befindet sich um den Erdmantel und ist für jeden frei zugänglich.
Helix	Bevorzugte Molekularstruktur von Naturstoffen mit Wasserstoffbrückenverbindungen; diese Form ist immer gedreht, wie bei einer Leiter.
Hybrid-Antriebe	Fahrzeugantriebskonzept, das seit 2004 auf dem Markt ist und vorwiegend im Stadtverkehr eingesetzt wird; mehr Leistung, weniger Verbrauch, weniger Emission (platz- und massesparend). Mischung aus Verbrennungs- und Elektromotor.

Implosion	Zustand der geheilten Energieentladung.
Immaterielle Energie	Energieerzeugung, die die Umwelt kaum bis gar nicht belastet (alternative Energie); so wie Solarenergie, Windenergie, geothermische Energie.
Kabbala, Kabbalistik	Mystik der Zahlen kosmischen Ursprungs.
Kiria Deva	Kiria Deva ist eine atlantische Kristallwesenheit und die Hüterin eines atlantischen Transmitterkristalls. Sie ist wieder erwacht und arbeitet seither mit dem Lichtgarten in Innsbruck zusammen (siehe *Kristallwissen – der Schlüssel von Atlantis*, Smaragd Verlag).
Kindgerechte 5-dimensionale Erziehung	Förderung des Kindes in seinen Stärken und Einbindung in die natürlichen Phasen der kreativen Ausbildung seiner eigenen Träume.

Kosmischer Mensch	Eine von Elyah geprägte Bezeichnung für den erwachten Menschen, der in der Komplexität seiner Christuspräsenz ist.
Kosmischer Rat	Zusammenschluss von Sternenwesenheiten, die dafür sorgen, dass sich Gaia evolutioniert und in die Fünfte Dimension erhebt.
Krill	Kleinstlebewesen, die in den Weltmeeren angesiedelt und sehr nahrhaft und essbar sind und das Hungerproblem der Gesamtbevölkerung von Gaia lösen können.
Kumaras	Wesenheiten von großer spiritueller Präsenz, die auf der Venus leben.
Lernfeld der Einheit	Bezeichnung von Elyah für EL-AN-RA. Dies ist eine Übung nach Elyah, durch die man in die bewusste Einheit mit einer Situation, einem Gegenüber oder einer Energieform geht (siehe *Erdenwege*, Lichtradverlag).

Lemurianer	Eines der Völker in Atlantis.
„Love and Peace“	Bezeichnung von Elyah für eine Form des Bewusstseins des Kosmischen Menschen.
Goldener Madokh	Spiritueller Name von Gaia in der Fünften Dimension (siehe *Erdenwege*, Lichtradverlag).
Magellansche Wolke	Auch unter dem Begriff Kapwolken bekannt; benachbartes Sternensystem zu unserer Milchstraße.
Mallat	Planetenbewusstsein, auf dem die Gesänge unserer Ahnentafeln (Sternen- wie auch Erdennamen) gesungen werden.
Medulla Oblongata	Zentraler Nervenpunkt im Nacken, der die Verbindung zwischen Körpermeridianen steuert und den Zugang zu unseren Sternenmeridianen reguliert.
Namasté	Wort aus dem Sanskrit; Bedeutung: „Ich grüße die Göttlichkeit in dir!“

Neddek	Lichtwesenheiten aus der Ebene der spirituellen Venus (Erbauer unseres emotionalen Körpers), die ursprünglich von Aldebaran in unser Sonnensystem gekommen sind und ca. 4 m groß sind (siehe *Wir kommen von den Sternen*, Smaragd Verlag).
Neu-Manifestation	Potenzial benutzen und in Handlung umsetzen.
Nirvana	Bezeichnet im buddhistischem Glauben einen Zustand der Erleuchtung + Erfüllung; Elyah sagt, wir Menschen sind fleischgewordenes Nirvana (ohne Anfang, ohne Ende).
OgMin	Sternenrasse vom Planetensystem der Zentralsonne, auch genannt „Hüter der Chroniken". Sie sammeln Informationen und sind allen Wesen bei ihrer Entwicklung behilflich, wenn diese dazu bereit sind.
Omnipräsenz	Allgegenwärtige Gottespräsenz.

Orh und Ghon	Die zwei Sonnen von Andorh (siehe Buch: *Erdenwege*).
Orgonschwingung	Auch unter dem Begriff Eigenschwingung bekannt (freie Schwingung einer elastischen Konstruktion, wobei Form und Frequenz nur systemabhängig sind – im Allgemeinen sind mehrere Eigenschwingungen mit unterschiedlicher Form und Frequenz möglich).
Pantheon	Griechisch, umfasst alle Götter eines Volkes.
Phalanx (pl. Phalangen)	Kompakte Energieform einer zielgerichteten Energiewelle.
Plejaden	Offener Sternenhaufen; auch Siebengestirn genannt (siehe auch Alycon).
Psychosomatik	Seelische Befindlichkeit, die sich über den Körper ausdrückt.

Pyramide von Poseidonis	Energetisches, pyramidales Konstrukt, das den gesamten Urkontinent von Gaia (Urkraton) überspannte. Das Symbol hierfür ist Elyahs Symbol des Lernfelds der Einheit.
Pro Vitae	Für das Leben! Elyah bittet uns, für den Frieden zu sein und nicht gegen Krieg.
Pubertät	Zeit des Wechsels zwischen Kindheit und erwachsenem Sein (laut Menschheit). Phase des Menschen zurzeit auf der Erde (laut Elyah und der Geistigen Welt).
Regulus	Hauptstern im Sternensystem Löwe, über Regulus wird die Energie der Fünften Dimension auf Gaia eingespeist.
Rhubinius	Ein Volk, das vor dem Blitz von Karon auf Gaia lebte. Nach dieser Zeit entwickelten sich aus diesem Volk die Naturwesen wie Elfen, Zwerge und Devas.

Schild	Energiephalanx, die wir anlegen mussten, um nach dem Blitz von Karon in der Dreidimensionalität der ungeheilten Dualität existieren zu können.
Schildlosigkeit	Nennt Elyah den Zustand der absoluten Reinheit, in dem Menschen sich ohne Maske – nackt – begegnen.
Schlagendes Herz von Mu	Göttliche spirituelle Ebene, von der wir getrennt wurden, die aber über die Fünfte Dimension erfahrbar ist.
Schwingungserhöhung	Ein dichter werdender Zustand der Materie auf Gaia (wissenschaftlich nachweisbar); Materie verbindet sich mehr und mehr mit der Erde, wird somit schwerer. Gleichzeitig fließen Geist und Seele mehr ein und verbinden Materie dadurch mit dem Kosmischen Bewusstsein (= Christuskraft + Christusliebe = Christuspräsenz = Aufstieg in die Fünfte Dimension).

Seelenplan	Beinhaltet den spezifischen Weg einer jeden Seele, die den Weg aus der Quelle-Allen-Seins gegangen ist.
Sepia	Meeresfrucht (Tintenfisch), die immer mehr Bestandteil der Ernährung des Menschen wird.
Shitake	Pilz, der in Japan vorkommt und von der japanischen Bevölkerung seit jeher zur Nahrung gehört und vor Krebs schützt.
Shomanah	Das dritte Volk neben den Allantern und Lemurianern, die auf Urkraton vor dem Blitz von Karon gelebt haben; das Haus Rhubinius ist eine Teilebene davon.
Sphinx	Löwe mit menschenähnlichem Kopf, liegend vor der Chefrenpyramide. Symbol der Fünften Dimension. Verbunden mit Regulus im Sternzeichen des Löwen.

Sternenstein-Essenzen	Sieben ausgewählte Steine, die jeweils mit einem Sternenvolk und einem entsprechenden Sternbild verbunden sind und als Schwingungsträger den Menschen darin unterstützen, Seele, Körper und Emo-Mentalfeld miteinander zu verbinden, sodass sich der Mensch in Einheit erlebt (siehe hierzu: www.elyah.net).
Solare Bruderschaft	Wesenheiten aus der Ebene der Sonnen unserer Universen, die, wie viele andere Wesenheiten, uns liebevoll unterstützen (Vesta, Helios).
Soma	Spiritueller Lehrer von AN, aus dem Sternbild von Orion.
Terraforming	Schaffung einer erdähnlichen Umwelt auf anderen Planeten, sodass Erdmenschen dort leben können.
Transponder	Obelisk, der aus einem grobstofflichen und einem feinstofflichen Anteil besteht und wie

	eine Sende- und Empfangsstation für Energien aus dem Kosmos und aus der Erde wirkt. Transponder halten auch die Matrix der Dualität seit der Zeit von Atlantis aufrecht.
Uräusschlange	Sonnensymbol am Diadem der altägyptischen Könige. Symbol der Heilkraft, Symbol der Weisheit.
Vision von Avalon	Bildet sich, wenn alle drei Körperkreisläufe in der Einheit sind und wir in Freude manifestieren, dann entsteht Leben in der geheilten Form der Dreidimensionalität.
Zentralsonne	Mittelpunkt einer Galaxie, auch als Wurmloch bekannt. Durchgang von einer Galaxie zur nächsten.
Zeta Retikuli	Heimatwelt der hier auf Gaia bekannten Wesenheiten, die auch die „Die Grauen“ genannt werden.

Ziviler Ungehorsam	Bezeichnung von Elyah für Lichtarbeiter, die in die Aktion gehen und aus der Matrix der Dritten Dimension aussteigen (aus dem Bewusstsein heraus „Ich bin der Mittelpunkt“ hin zu „Ich bin ein Punkt des Lebens!“).

☆☆☆

Kontaktadresse

Ulla Weber
Seestraße 29
73773 Aichwald
Tel.: 0711-362695
Mail: ulla@elyah.net

Nachrichten für die Neue Zeit

Liebe Leserinnen und Leser,

wir freuen uns, Ihnen einen neuen Service des Smaragd Verlags anbieten zu können:

Auf unserer Internetseite www.smaragd-verlag.de finden Sie Nachrichten für die Neue Zeit, die so wichtig sind, dass sie nicht warten können, bis ein neues Buch erscheint.

Dazu gehören:

- Gechannelte Texte aus der Geistigen Welt zu wichtigen Ereignissen oder Themen;
- Neue Begriffe, die als Folge von Durchsagen aus der Geistigen Welt für das Verständnis dessen, was zur Zeit geschieht, wichtig sind;
- Nachträge zum Lexikon für die Neue Zeit (1. Auflage erschienen im Juni 2005);
- Hinweise auf Meditationstermine;
- Hinweise auf Seminare und ihre Themen;
- Weitere wichtige Informationen für die Neue Zeit.

Diese Seite im Internet wird nach Bedarf regelmäßig aktualisiert.

Sollten Sie kein Internet haben, werden wir Ihnen gerne die Nachrichten per Fax oder per Post zukommen lassen.

Antan Minatti
Kiria Deva und Elyah
Der Lebensschlüssel – Kristallwissen von Atlantis
216 Seiten, A 5, broschiert
ISBN 10: 3-938489-05-7
ISBN 13: 978-3-938489-05-5

Kiria Deva, eine Kristallwesenheit aus Atlantis, und Elyah, eine Sternenwesenheit von Kassiopeia, führen uns weiter in das komplexe und holistische Programm des Atlantischen Schlüssels ein, das in „Kristallwissen, der Schlüssel von Atlantis" begonnen wurde. Der Lebensschlüssel, sechs Bergkristalle und ein roter Turmalin mit einer vielfältigen Programmierung, befreit alle lebensverneinenden Aspekte aus unserem System und erlaubt uns so einen tiefen Zugriff auf alle Ebenen unseres Seins.

Ava Minatti
Wir kommen von den Sternen
Begegnungen mit den Geschwistern von der Venus
280 Seiten, broschiert,
ISBN 10: 3-934254-85-3
ISBN 13: 978-3-934254-85-5

Jeder Mensch ist ein Sterngeborener und trägt dieses Erbe in seiner DNS. In der jetzigen Zeit erwacht das tiefe Wissen darüber als Sehnsucht in uns, nach mehr Austausch zu Sternenenergien, -völkern und -rassen. Das ist ein Grund für die vermehrten Begegnungen mit unseren Sternengeschwistern und kosmischen Eltern. Sternenwesen der spirituellen Venus und Aufgestiegene Meister erklären, wie leicht der Kontakt mit anderen Wesen ist und bereiten darauf vor.
Mit wunderschönen Meditationen und Botschaften.

Bernhard Hunziker
Erwachen zum Kosmischen Menschen
Botschaften von Helios
192 Seiten, A 5, broschiert
ISBN 10: 3-934254-65-9
ISBN 13: 978-3-934254-65-7

Die von der Solaren Einheit (Energie/ Bewusstsein der Zentralsonne, Heimat von Helios), durchgegebenen Botschaften möchten die Menschen aktivieren und unterstützen, sich zu öffnen und in die Einheit mit der göttlichen Quelle zu begeben.
In den Texten und den sehr tief gehenden energetischen Übungen zur Öffnung der Zwölf-Strang-DNS wird Bewusstsein vermittelt, das uns auf den Weg des Einswerdens führt. U.a. mit Durchsagen des Aufgestiegenen Meisters Hilarion, der Og Min, einer Sternenrasse, und anderen geistigen Wesen.

Kerstin Simoné

Thoth – Projekt Menschheit

384 Seiten, A5, gebunden, mit Lesebändchen
ISBN 10: 3-938489-21-9
ISBN 13: 978-3-938489-21-5

In „Projekt Menschheit" erklärt Thoth anschaulich die grundlegenden Strukturen innerhalb unseres Universums und ihr Wirken auf das Schicksal der Menschheit. Er spricht u.a. über Die sieben Siegel und ihre Tore, die Schöpfergötter, die Quellexistenzebene, die Blume des Lebens, die Aktivierung des Schlüssels zum Wissen, die Polarlichter, die 12-Strang-DNS sowie über das Thema Tierhaltung, Fleischverzehr, Impfungen, störende Elektrofelder, und gibt praktische Hinweise, wie wir die schädigenden Wirkungen all dieser Beeinflussungen unserer Göttlichkeit vermeiden bzw. ändern können. Mit praktischen Übungen und Anrufungen.

Susanne Sejana Kreth

Das Erbe von Atlantis

104 Seiten, A5, broschiert
ISBN 10: 3-938489-28-6
ISBN 13: 978-3-938489-28-4

Neue Recherchen über Atlantis, die alle Quellen, die je über dieses Thema berichtet haben, berücksichtigen. Von der Antike bis in unsere Zeit spinnt die Autorin einen roten Faden, der sich auf die aktuellen Prozesse bezieht, die wir Menschen im Moment durchleben: Das Erbe und das Karma von Atlantis.
Atlantis – ein Mysterium, das die Menschen heute mehr denn je fasziniert, da wir alle das Erbe von Atlantis in uns tragen!

Patrizia Pfister

Leben und Ernähren im Regenbogenzeitalter

296 Seiten, Großformat, gebunden, mit Lesebändchen
ISBN 10: 3-938489-09-X
ISBN 13: 978-3-938489-09-3

Die Autorin stellt die Regenbogenernährung detailliert vor, ergänzt durch entsprechende Nahrungsmitteltabellen und Rezepte. Durch zahlreiche Channeling erhalten wir neue Informationen über das menschliche Energiesystem, das 12-Chakrensystem und die damit zusammenhängenden Energiefelder. Themen, die mit den Chakren und den Energiefeldern zusammenhängen und sich in den jeweiligen Körperbereichen manifestieren, können somit erkannt und bearbeitet werden.
Ein ganzes Kapitel ist den verschiedenen Methoden zur Reinigung gewidmet, da Gesundheit, Wohlbefinden, der Verjüngungseffekt und der Kontakt „nach oben" direkt und indirekt von der Klarheit des Körperwassers abhängig sind.
Mit zahlreichen Rezepten, jeweils passend zu den entsprechenden Farben.

Barbara Bessen
KRYON – Vertraue in Gott
240 Seiten, A5, broschiert
ISBN 10: 3-938489-22-7
ISBN 13: 978-3-938489-22-2

In seiner gewohnt humorvollen und eindringlichen Weise erklärt KRYON, wie wir es schaffen können, uns selbst immer besser zu erkennen und Kontakt zu unserem eigenen goldenen Engel, unserem Höheren Selbst, zu finden und das notwendige Vertrauen dafür zu entwickeln. Denn das Ziel – GOTT – liegt nicht im Außen, sondern in jedem von uns, da wir alle ein Teil von Gott sind. Weiterhin verrät KRYON, warum wir erwachenden und suchenden Menschen im deutschsprachigen Raum inkarniert sind, welche Aufgaben uns hier erwarten und wie wir sie umsetzen können.

Mara Ordemann
Lexikon für die Neue Zeit
176 Seiten, gebunden, mit Lesebändchen
ISBN 10: 3-934254-92-6
ISBN 13: 978-3-934254-92-3

Hier werden von A bis Z klar und verständlich Begriffe erklärt, die für die stetig wachsende Zahl von Menschen, die sich für spirituelle Themen interessieren, unverzichtbar sind und ein wichtiges Hintergrundwissen darstellen.
Wer oder was ist die Weiße Bruderschaft, wer oder was sind Aufgestiegene Meister, wer ist KRYON? Was sind ihre Aufgaben, und was hat es mit Channeling oder den zwölf göttlichen Strahlen auf sich. Also kein übliches Esoterik-Lexikon, sondern ein Ratgeber aus kompetenter Hand, mit dem das Verständnis für die Neue Zeit immens erleichtert wird. Das „Who is Who" der Geistigen Welt!

Nora Kircher
Selbstschutz bei Störfeldern und Elektrosmog
136 Seiten, A 5, broschiert
ISBN 10: 3-938489-13-8
ISBN 13: 978-3-938489-13-0

Störfelder gibt es so häufig, dass man sagen kann, kein Haus und keine Wohnung ist frei davon. Oder denken Sie bei Elektrosmog oder Störfeldern an Babyfone, schnurlose Telefone, Computer, Halogenlampen, Radiowecker oder Ihre Armbanduhr?
Aus ihrer langjährigen Praxiserfahrung beschreibt die bekannte Heilpraktikerin und Autorin Nora Kircher die von ihr „erfundenen", erprobten und, teilweise schon bekannten, Methoden, die jeder im Alltag schnell, einfach und preiswert anwenden kann.
Im Gegensatz zu vielen theoretischen Büchern eine praxisnahe Alternative für einen störungsfreien Alltag.